1980

서울의 봄, 그 후

1980
서울의 봄, 그 후

성균관대학교 민주동문회 80학번

1980년 뜨거운 봄과 그 후
우리의 삶에 경의를!

오경희

80동기회장

성대민주동문회 80학번의 책《1980 서울의 봄, 그 후》를 세상에 내놓게 되어 기쁩니다. '빛의 혁명' 한가운데서 뜻을 모았고, 서로의 맘을 담아 1년이란 시간을 기울여 이룬 결실이기 때문입니다.

2024년 12월 14일, 우리 동기들의 송년회는 여의도 집회의 참여로 시작했습니다. 크기와 모양이 다른 색색깔 응원봉들의 등장, 변화와 발전, 진화의 상징을 목격한 현장에서 우리는 감동했고, 많은 청년의 등장과 그들의 목소리에 기뻤습니다.

그날 '80학번 문집'을 만들자는 민병래의 적극적인 제안에 호응하며 60대 중반에 들어선 우리의 삶을, 역사를 돌아보기로 했습니다. 1980년을 시발점으로 각기 떠난 삶의 기차가 머물고 있는 지점과 어디를 향해 가고 있는지 궁금했습니다. 자신의 삶을 들여다보며 성찰할 수 있는 시간임과 동시에 색색깔의 응원봉마냥 각각 다르게 빛나고 있는 친구들의 삶을 응원하고 싶었습니다. 앞서서 82학번 후배들의 문집《이토록 빛나는 1982》가 출간된 것도 계기가 되었구요.

모두 의기투합했습니다. 2025년 3월, 헌필이의 추모식 날 의지를 되새기고 문집발간위원회를 꾸렸습니다. 2025년 8월, 동이의 추모식 때 진행 상황을 점검하고 서로를 독려했습니다. 2025년 12월 19일, 세상에 선을 보였으니 1년 정도의 짧은 시간이었습니다. 그러나 이 책에는 청년 시절부터의 우리 삶이 녹아 있습니다. 고뇌와 눈물이 배어 있습니다. 이 책은 우정의 기록이고 개인사이자 성대 학생운동사이며 우리 시대의 증언입니다.

《1980 서울의 봄, 그 후》는 3부로 구성되어 있습니다.

1부에서 이희용과 남봉우는 1960년·1961년 생이 살아온 시대, 80학번이 거쳐온 역사를 조명합니다. 이희용은 80학번이 가난에서 벗어나 성장 가도에 올라탄 세대였으나, 기층 민중의 희생에 눈뜨며 인생관을 고민하는 숙명 속에 있었다고 말합니다. 남봉우는 이희용 글의 연장선에서 불의한 권력에 분노하고 약자에게 따뜻한 마음으로 다가가려 한 80학번의 독특한 세대 감성을 서술합니다. 이어서 민병래는 성대운동사에서 80학번이 놓은 징검다리를 분석합니다. 여기에는 1980년 서울의 봄 시기, '병영집체훈련 거부투쟁'과 이른바 '회군'에 대한 문제의식이 담겨 있습니다. 율전캠퍼스의 운동사까지 좀 더 풍부하게 드러내기에는 어려움이 있었으나 전체적인 측면에서 80학번의 운동사를 재조명했습니다.

2부는 80학번이 살아온 45년 삶에 대한 기억과 성찰입니다. 스무 살 안팎에 만난 우리는 참 맑고 씩씩했죠. 용기 있게 어깨를 걸고 광장으로 달려나갔습니다. '병영집체훈련 거부'를 외치고 대성로에서 서울역까지 달리며 '전두환 타도'도 외쳤습니다. 그 길에서 우리는 벗이고 동지였습니다. 그로부터 45년, 우리에게는 참 많은 변화가 있었습니다. 학생운동부터 지금 서 있는 자리까지 인생 행로가 다양하니 글의 결 또한 풍성합니다. 2부는 그런 면에서 '집단생애사'라고 할 수 있습니다.

모두 30여 명의 친구가 정성 어린 글을 보내주었습니다. 다채로운 가운데 일관된 결은 우리가 지향했던 공동체에 대한 고민이 담겨 있습니다. 모두 소중한 글입니다. 아들을 잃은 아픔을 친구들에게 내보인 지환이, 폐암 4기의 투병 속에서 인생을 성찰하는 글을 보내준 범석에게 특히 고맙다는 인사를 전합니다.

3부는 먼저 간 친구들에게 바치는 조사이고 추억을 되새기는 장입니다. 함께 손을 잡고 걷던 다섯 친구, 상윤·동이·헌필·경희·호열이와 너무 이른 이별을 했습니다. 이 친구들이 오롯이 혼자 겪어야 했을 '죽음'을 떠올려봅니다. 지금 이 친구들이 우리 옆에 있다면 어떤 모습일까 상상도 해봅니다. 아직 이 친구들과 함께하고 싶은 게 많아 소중한 친구들의 빈자리가 아프게 다가옵니다. 돌아보면 우리 모두 상처가 많은데 꺼내놓지 않았고, 드러내지 못하여 변변히 치료받지 못했다는 생각도 해봅니다. 모두가 회복의 여정을 걸으며 언젠가 만날 친구들에게 이 책으로 인사를 전하고 안부를 묻고자 합니다.

일일이 거론하고 싶은 '성민동 80동기회' 친구들 모두에게, 글을 쓰며 때론 다시 아픔을 느끼고 책을 내놓기까지 여러 과정에서 힘들기도 했을 친구들에게도 진심으로 위로와 뜨거운 감사의 마음을 전합니다. '할 수 있을까'라는 주변의 시선에도 불구하고 '성민동 80동기회' 친구들 모두가 해냈습니다. '책을 낳는다'는 표현에 고개가 끄덕여지는 이 과정에 수고를 마다하지 않은 문집발간위원들이 있습니다. 이희용은 끊임없이 교열을 보고 글을 빛나게 하는 보석세공사 역할을, 김남호는 편집과 발간을 책임지는 역할을 묵직하게 해주었습니다. 책과 글의 맥락을 함께 살펴봐 준 원유미와 김인봉이 없었다면 이 책은 세상에 존재를 드러내지 못했을 것입니다. 특히 취재부터 글쓰기, 전체적인 틀을 잡는 등 전방위적인 노력과 정성을 쏟으며 이 책의 산파 역할을 톡톡히 해낸 민병래 발간위원장에게 감사하다고 말하고 싶습니다.

1980년은 우리 삶의 이정표이고, 전환점이었습니다. 우리 모두 어디에 있었건 어떤 삶을 거쳐왔건 '참 애썼다'고 등 두드려주고 싶습니다. 역사와 개인의 삶을 조망해본 우리의 이야기를 세상에 꺼내놓으며 우리 젊은 날의 꿈이 다음 세대에게 전해지는 소망을 조심스럽게 품어봅니다. 오늘의 청년은 자신이 만든 '빛의 혁명'에 '선배 세대의 이야기'를 버무려 또 다음 세대에게 전하겠지요. 그렇게 우리의 꿈은 이어지고 완성될 것입니다.

1980년과 더불어 2025년은 역사적으로도 우리에게도 특별한 시간입니다. '1980년 서울의 봄 그 후' 우리는 역사의 현장에 참여하고 내 삶의 여백을 즐길 수 있으며 앞으로도 다채로운 모습으로 삶을 살아갈 것입니다. 여생에 함께 손잡고 가는 친구들이 있어 삶이 든든합니다.

성민동 80 친구들! 예까지 걸어오느라 고생했습니다. 남은 삶, 우리 한판 신나게 놀아보지요!

《1980 서울의 봄, 그 후》의 발간을 뜨겁게 축하합니다!

권정호

(사)성균민주기념사업회 이사장

성대 학생운동사에서 80학번은 획기적인 중심축으로서 양적 팽창과 질적 도약을 이룬 세대로 평가됩니다. 1980년 대학교에 입학하자마자 병영집체훈련 거부투쟁을 원초적 체험으로 갖고 서울의 봄과 광주항쟁의 세례를 받았으며 전두환 군사독재의 폭압에 맞서 가장 치열하게 투쟁한 그 집단성, 통일성, 전투성으로 빛났던 자랑스러운 후배들로 각인되어 있습니다.

80학번 동문이 입학한 지 45년이 되는 올해, 육순이 넘은 나이에도 민주주의 수호를 위해 땀 흘리며 각자의 자리에서 열심히 살아온 동기 동문들이 자신들의 이야기를 글로 엮어 문집을 발간하는 것은, 독특한 세대 감성을 공유하는 80학번이 우정을 나누고 다진다는 친목 차원뿐만 아니라 과거 학생운동, 노동운동 및 그 밖의 삶의 영역에서 각자의 발자취를 공적 자산으로 기록화한다는 점에서 대단히 의미가 깊다고 생각합니다.

엄혹한 시절 젊음을 바쳐 각자 치열하게 살아온 삶의 기록들을 묶은 문집은 동기들을 더 깊게 이해하고 자기 삶을 돌아보는 계기가 된다는 점에서 유익하고, 먼저 간 동기들을 추모하는 글도 과거 동료들의 투혼을 소환하여 현재 우리 모습을 비추어본다는 점에서 의의가 크다고 봅니다. 시대의 전환기를 질풍노도처럼 달려온 성민동 80학번의 집단 생애사가 한 권의 책에 담긴 것 같아서 감회가 새롭습니다.

이 책《1980 서울의 봄, 그 후》는 성대민주동문회에서 작년 82학번의 문집 발간에 이은 쾌거입니다. 80학번 후배님들의 문집 발간이 동기들의 우정과 결속을 다지고 성균민주기념사업회, 성민동이 나아가는 길에 든든한 견인차 역할을 하는 디딤돌이 되기를 진심으로 기원합니다.

성민동 80학번 동문들의 문집《1980 서울의 봄, 그 후》의 발간을 뜨겁게 축하합니다!

차례

1부   80학번의 시대

2부　아름답고 치열한 우리

3부 먼저 간 그대

80학번의 시대

"사랑도 명예도 이름도 남김없이…"
지금까지 가장 많이 불렀던 노래 〈임을 위한 행진곡〉의 이 첫 대목은
우리 80학번의 삶을 연상시킨다.
80학번 대부분은 대중 앞에 나서길 내켜 하지 않고
자신이 한 일을 드러내거나 뽐내려 하기보다
묵묵히 맡은 일에 책임을 다하려는 성정을 지녔기 때문이다.

성장 과실 누리고
시대 모순에 저항한 세대

**80학번의 인식 형성 과정과
역사적·사회적 의미**

이희용

신문방송학과

"잘살아보세. 잘살아보세. 우리도 한번 잘살아보세…."

〈잘살아보세〉는 80학번이 어릴 적 가장 자주 듣던 노래 가운데 하나다. 1960~1970년대, 온 국민은 가난에서 벗어나 보자며 〈새마을 노래〉 가사처럼 '새벽종이 울릴 때'부터 땀 흘려 일했고, 국민교육헌장 문구대로 '나라의 융성이 나의 발전의 근본임을 깨달아' 국가 건설에 매진했다. 이 과정에서 생존권이 위협받고 기본권이 침해되었으나 반대 목소리와 저항의 움직임은 철저히 짓밟혔다.

80학번은 경제 성장의 과실을 누린 첫 세대나 다름없다. 굶주림에서 막 벗어나기 시작했으며 진학과 취업의 문호가 급속히 넓어졌다. 먹고 입는 것과 사는 곳도 달라졌다. 그러나 눈부신 성장 가도의 뒤안길에는 농민·노동자를 비롯한 기층 민중의 희생이 있었다는 점을 깨달은 뒤 삶의 태도와 진로를 놓고 고민했다.

80학번은 1961년 3월생부터 1962년 2월생까지가 일반적이다. 그러나 당시에는 출생 신고를 늦게 하거나 실제보다 일찍 취학하는 사례가 적지 않아 같은 학년이라고 해도 나이는 들쭉날쭉했다. 더욱이 성대에는 후기 대학의 특성상 재수생이 흔했고 삼수생도 드물지 않았다.

베이비 붐 물결 속에 태어나
압축 성장 경험

80학번이 출생한 시기 전후는 나라 안팎으로 혁명과 독립의 기운이 넘쳐나던 때였다. 1959년 쿠바에서는 사회주의 혁명이 성공을 거뒀다. 1960년은 '아프리카의 해'로 불린다. 아프리카연합AU 55개국 가운데 17개국이 식민지에서 벗어났다. 더불어 아시아·아프리카·남미 등지에서 많은 나라가 독립을 쟁취했다.

국내에서도 혁명과 반혁명의 거센 파도가 연거푸 덮쳐왔다. 이승만 대통령의 장기 집권과 독재에 억눌리고, 권력 엘리트들의 무능과 부패에 분노한 민심은 1960년 3·15 부정선거를 계기로 폭발해 4·19혁명으로 자유당 정권을 몰아냈다. 그러나 5·16쿠데타로 박정희 군사정권이 들어서면서 개발독재 시대를 맞았다.

유럽과 미국에서는 2차 세계대전 이후 태어나 자란 세대를 베이비 부머라고 일컫는다. 1946년 미국의 합계출산율(15~49세 가임기 여성 한 명이 평생 낳을 것으로 예상되는 평균 출생아 수)이 전년도의 2.49명에서 2.94명으로 급증한 데 이어 1947년에는 3명대로 늘어나 1964년까지 그대로 이어졌다. 일본에서는 1947~1949년 출생한 약 810만 명을 덩어리란 뜻의 단카이 團塊 세대라고 부른다.

우리나라의 베이비 붐 세대는 6·25전쟁이 끝난 뒤 1955년부터 1963년까지 태어난 약 710만 명을 가리킨다. 연도별 출생아 수는 1952년(72만 2,018명)부터 지속적인 증가세를 보이다가 1959년 100만 명대에 들어섰고 이듬해 108만 535명으로 정점을 찍었다. 계속해서 1964년까지 6년 연속 100만 명대를 기록했다. 1971년 이후로는 하락세를 거듭해 2020년부터 20만 명대를 기록 중이다.

베이비 붐 세대에 속하는 80학번이 대학에 입학할 때까지 한국은 세계적으로 유례없는 압축 성장을 이뤄냈다. 그 시기는 박정희 정권이 1962년부터 1981년까지 4차에 걸쳐 마련한 경제개발 5개년 계획 기간과 일치한다.

광부와 간호사·간호조무사의 독일 파견이 각각 1963년과 1966년 시작되었고, 1964년부터 10년간 베트남전 파병이 이뤄졌다. 1965년에는 온 국민의 거센 반대를 억누르고 한일기본조약을 맺었다. 1973년부터는 건설 노동자들이 중동으로 파견되었다. 이들이 보낸 돈과 대일청구권 자금 및 차관 등은 공단 조성과 도로 건설 등 경제개발의 종잣돈이 되었다. 안으로는 노동 3권을 억압하며 장시간 노동과 저임금을 강요했다. 국민의 피땀을 마중물 삼아 국부를 퍼올린 것이다.

이에 힘입어 1960~1980년 한국 경제는 연평균 10퍼센트 안팎의 성장률을 기록했다. 1인당 명목 GDP(국내총생산)는 1960년 79.7달러에서 1980년 1,744.3달러로 약 21.9배나 늘어났다. 수출액은 1960년 3,282만 7,000달러에서 20년 만에 533배 급증했다. '한강의 기적'이라는 찬사가 쏟아졌고 '하면 된다'란 신화가 만들어졌다.

고도성장의 기반은 수준 높은 저임금 노동력이었다. 한국인 특유의 교육열과 농촌 홀대에 따른 이농 현상이 이를 뒷받침했다. 1960년 도시 인구 비율은 28퍼센트에 지나지 않았으나 20년 뒤 57퍼센트로 늘어났다. 1971년부터 새마을운동이란 이름으로 농촌 근대화 사업을 추진했으나 벌어지는 도농 간의 격차를 메우기에는 역부족이었다.

긴장 상태 조장해
병영국가와 공안정국으로 내몰아

박정희 정권은 국민을 국가동원 체제로 내몰았다. 북한의 위협 속에 조국 근대화라는 목표를 추구하기 위해서는 국론 분열 없이 정부 정책에 순응해야 한다는 명분과 논리를 내세웠다. 국민 의식 개조 운동을 벌이는 한편 끊임없이 남북 간 긴장 상태를 조장해 병영국가로 만들고 공안정국으로 몰아갔다.

1964년 인민혁명당(인혁당) 사건, 1968년 김신조 부대 침투, 통일혁명당(통혁당) 사건, 울진·삼척 공비 침투와 이승복 어린이 피살, 1969년 이중간첩 이수근 체포, 1974년 대통령 부인 육영수 피살, 인혁당 재건위원회 사건, 1979년 남조선민족해방전선준비위원회(남민전) 사건 등이 신문과 방송을 장식하며 공포감을 자아냈다. 이중 정권이 조작한 사건도 많았고, 일부 실체가 있다고 해도 대부분 부풀려졌다.

해방 직후와 6·25전쟁 때 실시되었다가 1955년 폐지된 교련 수업이 1969년부터 고등학교와 대학교에서 재개되었다. 4·19혁명으로 해체된 학도호국단도 1975년 부활했다. 초등학교마다 이승복 동상이 세워졌으며 반공 궐기대회와 웅변대회가 수시로 열렸다. 1968년에는 일본 교육칙어를 본뜬 국민교육헌장을 제정해 각급 학교 학생들에게 외우게 했다. 1972년부터는 국기 배례 때마다 '국기에 대한 맹세'를 큰 소리로 암송해야 했다.

매일 오후 6시 국기강하식 때는 전국에서 〈애국가〉가 울려 퍼져 거리를 지나던 행인들은 걸음을 멈추고 국기를 향해 경례했다. 극장에서도 영화 상영 때마다 〈애국가〉가 흘러나와 모든 관객이 일어서서 경의를 표했다. 1968년 주민등록제 실시, 야간 통행금지, 출판·영화·음반·공연 검열, 장발과 미니스커트 단속, 숙박계 작성, 불심검문과 임검 등도 국민을 옥죄었다.

학생, 종교인, 정치인, 사회단체 대표, 언론인, 문화예술인 등은 독재와 인권 탄압에 항의했다. 노동자·농민·도시 빈민 등도 생존권 투쟁에 나섰다. 1964년 한일 굴욕외교 반대 투쟁(6·3항쟁), 1970년 전태일 열사 분신, 1971년 광주대단지(성남시) 투쟁, 1974년 전국민주청년학생총연맹(민청학련) 사건, 동아일보 자유언론실천선언, 1975년 3·1민주구국선언, 1978년 함평 가톨릭농민회 투쟁(함평 고구마 사건), 동일방직 노조 투쟁, 1979년 YH무역 노조 투쟁, 부마항쟁 등이 정권의 기반을 흔들었다.

박정희는 강경책으로 일관했다. 1961년 5·16쿠데타를 일으킬 당시 군사혁명위원회를 구성해 비상계엄령을 선포한 것을 시작으로 1964년 6·3항쟁과 1972년 10월 유신 때 계엄령을 내렸으며, 1979년 피살 직후에도 최규하 대통령 권한대행에 의해 계엄령이 선포되었다. 계엄령으로 시작해 계엄령으로 막을 내린 정권이었다. 1965년 한일협정 때와 1979년 부마항쟁 때는 부산에는 계엄령, 마산에는 위수령을 발동했다.

유신 헌법에 규정된 긴급조치도 제9호까지 공포되어 반정부 투쟁을 막는 전가의 보도처럼 활용되었다. 개헌 논의조차 못 하게 한 초법적 조치 탓에 억울한 희생자가 속출했다. 술자리에서 불평을 털어놓다가 애꿎게 철창신세를 진 사례도 많았다. 희대의 악법으로 꼽히는 긴급조치는 1980년 헌법 개정으로 사라진 데 이어 2010년 이후 대법원과 헌법재판소가 잇따라 위헌이라고 판시해 그에 따른 범죄 전력은 모두 무죄가 되었다.

혁명 시대 태어나고도
혁명 정신 배울 기회는 없어

오랫동안 농경사회를 유지하던 인류는 기술 발달에 따라 산업사회를 거쳐 정보사회로 이행했다. 다른 나라들은 수백 년간에 걸쳐 이룬 이 과정을 한국은 반세기도 지나지 않아 마치다 보니 심각한 아노미 현상을 겪을 수밖에 없었다. 급속한 이농과 도시화, 핵가족화, 수도권 집중 현상 등이 나타나며 세대 갈등과 빈부 격차도 심해졌다. 1971년 대통령 선거를 계기로 두드러지기 시작한 영호남 지역 감정은 1980년 광주민주화운동을 거치며 고착화했다.

1980년 고교 졸업자들의 대학(전문대 포함) 진학률은 27.2퍼센트였다. 80학번 또래 중에는 고등학교는 물론 중학교도 제대로 다니지 못한 이들이 적지 않았다. 전체 진학 적령 인구 가운데 대학에 가는 비율(고등교육기관 진학률)은 11.4퍼센트에 불과했다. 1980년 대학 입학자 성비는 남자 72.6퍼센트, 여자 27.4퍼센트로 남자가 2.5배 많았다. 서울 지역으로 국한하면 이 격차는 더욱 커진다. 남아 선호 사상이 남아 있던 시절이고 여성의 사회 진출도 제한되어 하숙이나 자취 비용 등을 감당해가며 딸 혼자 외지에 두려고 하는 가정이 드물었기 때문이다.

당시 가정에서는 가부장 문화가 지배적이었고 남녀 차별도 심했다. 학교에서도 군사부일체君師父一體라는 유교 전통과 군사정권의 습성 등이 결합해 교사의 권위가 절대적이었고 선후배 간 서열의식도 철저했다. 폭력과 폭언과 얼차려는 일상이었다. 아무 이유도 없이 교사나 선배한테 맞거나 인격 모독을 당해본 경험이 누구에게나 있었다. 여학생도 예외는 아니었다.

혁명의 시대에 태어났으나 혁명 정신을 배울 기회는 거의 없었다. 초등학교 때부터 오전·오후반이 있고 한 반에 학생이 100명 가까이 되는 콩나물시루에서 공부한 터라 토론식 수업은 전무하다시피 했다. 중·고등학교에서도 병영식 통제와 주입식 교육이 일반적이어서 저항 정신이나 비판 의식을 기르기가 힘들었다.

학교 교사나 집안 어른이 늘 하는 말도 "모난 돌이 정 맞는다", "가만히 있으면 중간은 간다" 등이었다. 80학번의 부모 세대가 일제 강점기와 전쟁, 반공 독재정권을 겪으며 좌익운동이나 반정부 투쟁의 길이 얼마나 험난한지 생생하게 체험했기 때문이다.

가부장적 전통과 군사 문화 속에 길든 습성은 대학에서도 이어졌다. 선배의 말은 절대적이었고 여학생의 역할은 제한적이었다. 일부 학과나 서클 등에서는 폭행과 얼차려, 성희롱 등도 빈발했다. 학습을 통해 민주주의와 저항 의식에 눈뜨고 페미니즘 이론도 배웠으나 문화와 전통이 바뀌는 데는 오랜 시간이 필요했다.

10·26과 12·12, 5·18의 소용돌이 속에 입학

80학번의 대학 입학을 전후한 시기는 현대사의 물줄기가 또다시 거세게 소용돌이칠 때였다. 1979년 집권 19년째를 맞은 박정희 정부는 안팎의 위기에 직면해 있었다. '인권 외교'를 표방한 미국의 카터 대통령은 '주한미군 철수' 카드를 내밀며 긴급조치 9호 해제를 요구했고, 심복이던 김형욱 전 중앙정보부장은 일본에서 회고록을 출판해 박정희의 등에 칼을 꽂았다. 장기 집권과 철권통치에 부글부글 끓던 민심은 폭발 직전이었다.

그해 5월 '민주 회복'과 '선명 야당'을 표방한 김영삼이 신민당 총재에 복귀하자 여야의 긴장감이 높아졌다. 그런 가운데 갑작스러운 폐업으로 일자리를 잃은 YH무역 여공들이 신민당사로 찾아와 농성을 벌였다. 경찰의 강경 진압 과정에서 노조 상임집행위원 김경숙이 목숨을 잃었고 주요 당직자들도 경찰에 무차별 폭행을 당했다.

박 정권은 문동환 목사와 고은 시인 등을 배후조종 혐의로 구속하는 한편 전당대회 투표 절차를 문제 삼아 김영삼의 총재 자격을 박탈한 데 이어 뉴욕타임스 회견 내용을 빌미로 의원직 제명까지 밀어붙였다. 김영삼의 정치적 고향인 부산에서는 격렬한 시위가 일어났고 인근 마산으로도 번졌다.

이 부마항쟁의 대응책을 놓고 김재규 중앙정보부장과 차지철 경호실장이 갈등을 벌이던 중 김재규가 박정희를 저격하는 10·26사태가 일어났다. 갑자기 권력 공백이 발생하자 억눌렸던 목소리가 한꺼번에 분출하는 가운데 김종필·김대중·김영삼의 '3김씨' 집권 가능성이 부상했다. 그러나 합동수사본부장을 맡은 전두환 보안사령관은 12·12 군사반란을 일으켜 계엄사령관이던 정승화 육군 참모총장을 체포한 뒤 권력을 장악했다.

이듬해 개학과 함께 대학마다 병영집체훈련 거부, 어용 교수 퇴진, 학원민주화 등을 요구하는 집회와 농성이 펼쳐졌다. 5월 들어서는 각 대학이 연합해 서울 도심에서 계엄 해제, 유신 잔당 퇴진, 조속한 정치 일정 제시 등을 요구하는 대규모 가두시위를 벌였다.

전두환 신군부는 5월 17일 비상계엄을 전국으로 확대하며 전국 대학에 휴교령을 내리는 한편 주요 정치인, 재야인사, 학생, 노동운동가 등을 체포했다. 광주에서는 휴교령에도 불구하고 5월 18일부터 시위가 계속되자 계엄군을 동원해 학살극을 벌였다. 이런 공포 분위기 속에 전두환 신군부는 집권 기반을 다져나갔다.

10·26, 12·12, 5·18로 숨 가쁘게 이어지는 격랑 속에 내던져진 80학번은 정신을 차리기 힘들 정도로 혼란을 겪었다. 대부분 대학에 들어오기 전까지 철저한 반공 교육과 박정희 우상화 선전에 길들여지고 세뇌되었는데, 갑자기 박정희의 민낯과 권력의 실체를 마주했기 때문이었다. 이때 받은 충격과 이를 극복하는 과정은 대학 시절은 물론 사회 진출 이후에도 오랫동안 영향을 미쳤다.

'3S 정책' 펼치며
우민화 꾀한 전두환 정권

전두환은 1980년 5월 31일, 국가보위비상대책위원회 상임위원장에 취임한 뒤 '정의사회 구현'을 내세워 삼청교육대를 설치하고 사회정화위원회를 발족했다. 국가재건최고회의를 만들어 부정부패를 비롯한 각종 사회악을 일소하고 새로운 사회를 건설하겠다는 명분을 내

세웠던 박정희의 집권 수순을 베낀 것이다.

파격적인 교육 정책도 내놓았다. 본고사 폐지, 대학 정원 확대, 졸업정원제 실시, 과외 금지 등을 담은 7·30조치였다. 대학생들이 데모 대신 공부에 매달리도록 하려고 졸업정원제를 도입했다는 말이 돌았다. 과외 금지는 대학생들이 손쉽게 학비와 생활비를 벌 길을 막아 원성을 샀다. 입주 과외로 하숙비까지 해결하던 지방 출신들의 타격이 컸다.

전두환은 박정희가 남긴 국가 동원체제 유산을 대부분 계승했다. 1980년 10·27법난(불교계 탄압)이나 언론 통폐합 등 박정희조차 엄두를 내지 못한 강경책을 쓰기도 했지만, 1982년 통행금지 해제나 1983년 중·고등학교 교복 자율화 같은 유화책도 내놓았다. 1981년에는 서울 여의도에서 '국풍 81'을 개최해 축제 분위기 조성에 나섰다.

스크린Screen, 스포츠Sports, 섹스Sex의 영문 머리글자를 딴 '3S 정책'도 적극적으로 펼쳤다. 1981년 서울아시안게임(1986)과 서울올림픽(1988) 유치, 1982년 프로야구 개막, 1983년 프로축구와 민속씨름 출범, 심야 영화관과 에로영화 허용, 유흥업소와 성매매 업소 범람 등이 대표적이다.

대학에도 학도호국단 체제를 유지하되 간접선거 형태로 학생 대표를 선임하도록 하는 등 일부 자율권을 허용했다. 그러면서도 반정부 집회나 시위에 대한 감시와 탄압의 고삐는 늦추지 않았다. 교내에 경찰은 물론 국가안전기획부, 보안사령부 등 정보수사 기관원들이 상주하고 주요 지역에 사복형사들을 배치했다. 학생 프락치를 침투시켜 동향을 파악하고 정보를 수집하는가 하면 강제징집된 운동권 출신 사병을 '녹화사업'이라고 명명한 프락치 공작에 동원하기도 했다.

80학번의 탄생과 성장 배경, 입학 전후의 기억, 대학 시절의 경험은 자신들만의 공통적인 정서를 공유하게 했다. 출신 지역, 이농 시기, 가족 형태, 생활 수준, 재수 여부 등에 따라 인식 수준은 다소 차이를 보였고 행동 양태도 다양하게 나타났으나 이들은 누구보다 치열하게 고민하고 격렬하게 저항했다.

6월 광장에서 만난
'빵잽이'와 '넥타이 부대'

80학번의 진로는 여러 갈래로 나뉜다. 재학 중 시위를 주동해 투옥되는 것은 독재정권에 정면으로 맞서 싸우는 투쟁의 길인 동시에 민중 속으로 들어가기 위해 대학생이라는 기득권을 포기하겠다는 선언이었다.

졸업 후 취업을 택한 사례가 대부분이었으나 이 가운데 일부는 노동현장에 들어간 친구와 연계되어 활동하거나 그 친구들을 후원했다. 운동권의 생각과 방식에 동의하지 않았다고 해도 친구들의 희생에 마음의 빚을 느끼는 것이 당시의 일반적인 정서였다.

교도소를 택한 이른바 '빵잽이'들과 졸업 후 취업한 직장인들은 1987년 6월 항쟁으로 접점이 만들어졌다.

"독재 타도, 호헌 철폐." 이 구호를 외치며 광장에서 다시 만나 직선제 개헌을 쟁취하는 데 앞장선 것이다. 비록 군사정권의 연장을 막아내는 데는 실패했으나 이전보다 활동 공간이 넓어지고 선택지도 늘어났다.

1988년 1월 출범한 민주동문회의 창립 준비 과정을 주도한 것도 범운동권 출신 직장인인 '넥타이 부대'였다. 당시 80학번 운동권 상당수는 서울 구로동이나 부천·안양 등 노동현장에 들어가 있는 상태였다. 6·29선언에 따른 민주화 조치로 시국 관련 전과자들이 사면·복권됨으로써 이들도 새로운 진로를 모색했다. 학업을 이어가거나 전문직에 도전한 친구도 있었고 일부는 정치권에 들어가기도 했다.

80학번이 캠퍼스 밖을 벗어난 지 40년 안팎의 세월이 흘렀다. 나이도 60대 중반의 중늙은이가 되어 대부분 현역에서 은퇴했거나 은퇴를 앞두고 있다. 2024년 12월 31일 기준으로 연도별 생존율은 1959년생 80.2퍼센트, 1960년생 82.0퍼센트, 1961년생 84.1퍼센트, 1962년생 82.0퍼센트여서 10명 가운데 2명 가까이는 이미 세상을 떠났다.

40여 년 전 80학번이 떠맡았던 시대적 사명을 이제는 누구도 더 이상 갖고 있기를 기대하지 않는다. 80학번의 고민과 분투를 기억하는 사람도 많지 않다. 그러나 지금도 80학번 대부분은 자신이 국가와 사회에서 맡은 역할을 잊지 않고 있으며, 기회가 될 때마다 광장으로 뛰쳐나가 목소리를 높이고 있다. 그 열정과 실천의 원천은 대학생 때 질풍노도의 시기를 보내며 겪은 경험일 것이다.

젊은 날의 경험이
우리 삶을 이끌고 있다

**80학번의 고유한
세대적·시대적 특징**

남봉우
중어중문학과

"사랑도 명예도 이름도 남김없이…."

지금까지 가장 많이 불렀던 노래 〈임을 위한 행진곡〉의 이 첫 대목은 우리 80학번의 삶을 연상시킨다. 80학번 대부분은 대중 앞에 나서길 내켜 하지 않고 자신이 한 일을 드러내거나 뽐내려 하기보다 묵묵히 맡은 일에 책임을 다하려는 성정을 지녔기 때문이다.

대중 공간에서는 80학번의 이런 모습이 더 두드러진다. 성대, 서울대 등 주요 대학을 통틀어 학생 시절 운동을 경험한 80학번 중 국회의원 등 대중적인 정치인이 된 사람은 손에 꼽을 정도다. 유은혜·이화영(성대81), 김영춘(고대81), 송영길·우상호(연대81), 김민석·원희룡(서울대82), 이해식(서강대82) 등 내로라하는 대중 정치인이 배출된 81, 82학번과는 다르다.

정치인만큼이나 대중 앞에 자신을 노출시켜야 하는 문화·예술계 쪽 상황도 비슷하다. 소설가 공지영(연대81), 신경숙(서울예대82), 시인 유하(세종대81), 영화감독 박찬욱(서강대82), 강제규(중대81)들 틈에 80학번은 잘 보이지 않는다.

왜 그럴까? 거의 비슷한 시대에 대학 생활을 했고 그 후의 경험도 크게 차이가 나지 않을 텐데 왜 80학번과 81, 82학번 사이에 이런 격절감隔絕感이 존재하는 것일까. 그것은 어쩌면 80학번만의 특수성이 우리의 삶을 지배하고 있기 때문일 수 있다. 말하자면 80학번의 고유한 세대 감성이 작동한다는 의미다.

독일의 사회학자 카를 만하임Karl Mannheim은 "청소년기(17~25세)의 집단적 정치적 경험을 통해 만들어진 세대 효과generational effect가 나이가 들어도 지속된다"(1928)라는 가설을 세운 바 있다. 이 가설은 여러 연구를 통해 타당성이 증명되었다. 특히 한국 현대사에서 나름의 영역을 확보한 386세대의 독특한 정치 지형은 세대 효과를 설명하는 대표적 사례로 꼽힌다.

모든 사람이 나이 들면서 보수화되는 경향, 즉 '연령 효과age effect'를 보이지만 청년기 학생운동을 경험한 386세대 대부분은 나이와 무관하게 진보적 감성을 간직하고 있어서다.

이런 세대 담론을 근거로 보면 80학번의 독특한 특성도 이들이 청년기인 1980년 대학 신입생 때, 그리고 대학 시절에 받아들인 정치적 경험이 작동하면서 형성된다는 가설을 세우는 것이 가능하다.

80학번은
386세대가 아니라고

'386세대'가 지금은 기득권의 대명사처럼 받아들여지나 한때는 저항의 상징으로, 1997년 김대중 정권 집권 이후 대한민국의 주류로 자리매김한 세대다. 386의 문자적 의미만 보면 386세대 담론이 형성될 당시 '30대'였고, '1980년대 대학에서 학생운동'을 했고, '1960년대 출생'한 이들을 가리킨다(그즈음 사용되던 386컴퓨터에서 차용한 개념이다). 80학번 또한 당시 30대였고, 1980년대에 대학을 다녔고, 1960년대 초반 출생이라는 점에서 386세대의 범주에 딱 들어맞는다. 당연하게 80학번은 스스로를 '386세대의 맏형'으로 여겨왔다.

하지만 학계에서는 80학번을 386세대에 넣지 않는다. 386세대는 81학번부터라는 것이다. 일부 연구자는 80학번부터 386세대로 포함시켜야 한다고 주장하나 이 견해는 소수에 불과하다. 이러한 세대 연구에 따르면 80학번은 '구세대의 막내'인 셈이다.

세대 연구자들이 81학번을 386세대의 출발점으로 보는 이유로 '대입 본고사 폐지 및 졸업정원제'와 '대중운동의 경험'을 꼽는다. 전두환 신군부정권은 대학을 순치馴致할 목적으로 81학번부터 기존 정원을 1.5배 늘린 뒤 졸업정원제까지 내세워 그 정원의 130퍼센트를 뽑게 했다. 성대의 경우만 보더라도 80학번 2,720명(대학원생 포함)에서 81학번 4,060명으로 70퍼센트 정도 늘어났다. 대학을 세대의 생산자라고 하는데 81학번부터 훨씬 더 많은 학생이 생산되기 시작한 셈이다.

또 전두환 정권은 당시 미국 레이건 정권의 압력과 교황 요한 바오로 2세의 방한을 앞두고 1984년부터 학원자율화 조치를 시행했다. 이 유화 국면의 틈새를 타고 학생운동은 대중운동으로 전환했다. 서울 지역 주요 대학을 중심으로 학원자율화추진위원회(학자추)를 조직, 이때까지 학생 조직을 대표했던 학도호국단을 대신하는 학생회를 만들기 시작한 것이다.(오세제, 〈386세대의 세대 효과에 대한 경험적 연구〉, 서강대대학원, 2015)

실제 80학번은 81학번 이하보다 숫자가 훨씬 적었고, 1980년 신학기 후 잠깐 열린 대중운동 공간에서 1학년으로 참여(동원)한 게 전부다. 그나마 짧은 '서울의 봄' 경험은 전두환의 5·17쿠데타와 5·18광주민주화운동의 큰 좌절로 마무리되었다. 그리고 1984년 학원자율화 국면에서는 학교를 졸업하거나 군 입대(강집) 중, 또는 감옥에서 막 출감해 사회운동으로의 진입을 준비하는 시기였다. 그렇기에 1987년 6월 민주항쟁 당시 학생운동이나 시민운동 등 대중운동을 조직하거나 이끌 위치에 있지 않았다.

반면 81, 82학번은 1984년 자율화 국면에서는 3, 4학년으로 학자추 조직을 주도했고 1987년 민주항쟁 때는 복학생으로 대중적 학생운동을 이끌었다. 이와 같은 대중운동 경험의 차이가 80학번과 81학번 이하와의 차이를 만든 요인인 셈이다. 당시 학자추를 이끌었던 학생운동 지도부 상당수가 나중에 정치권으로 진출했다.

우리나라의 세대 담론 형성 과정을 봐도 80학번은 '낀 세대'다. 사회학자들은 한국 현대사에서 세대의 공통적인 이념 형성, 즉 세대 효과를 형성하는 데 가장 큰 영향을 준 사건으로 '한국전쟁'과 '1987년 6월 민주화운동'을 꼽는다. 전자는 '반공'과 '국가주의'를 중심으로 하는 박정희 정권의 통치 이데올로기와 맞물려 산업화 세대의 세대 효과를 형성했다. 후자는 민주주의의 대중화를 이끌어내며 민주화 세대의 세대 효과를 만들어냈다.

이에 반해 80학번이 신입생 때 겪었던 1980년의 광주민주화운 동은 역사적으로 큰 전환점이자 1987년 6월 항쟁의 사실상 출발점 이지만 세대 담론 형성과 관련해서는 중간 단계로 봐야 한다. 물론 이와 별개로 광주항쟁이 던진 충격은 80학번을 '더 낮은 곳'으로 이 끌면서 고유의 세대 감성 형성에 일조했다.

어쨌건 80학번은 대학에 들어가자마자 열린 공간에서 자유를 만끽하다 엄청난 좌절을 겪었다. 휴교령 후 비공개·비합법 활동으로 전환되면시 비장함과 결단의 새로운 대학 생활이 시작되었기에 80학 번에게는 하루하루가 '5·17'이었고 '5·18'이었다. 80학번이 공통으로 경험한 이런 집단적 트라우마는 알게 모르게 삶 전체를 관통한다.

80학번만의 특수한 경험은 유신 말기의 암흑기 → 1980년 서울 의 봄 공간에서의 공개 활동 주도 → 전두환 신군부의 집권으로 다 시 비공개 활동으로 들어간 78, 79학번이나, 전두환 정권의 극심한 통제 속에서 조금씩 대중 공간을 장악해 들어간 81, 82학번과도 결 이 다르다.

물론 '긴 세대'가 부정적이라는 의미는 아니다. 대중적인 활동 과 약간 거리가 있다는 얘기일 뿐이다. 오히려 80학번은 소수가 참여한 70년대 학번의 박정희 정권 시대 운동과 81학번 이하 대중동원 방식의 운동 사이에 '연결점' 역할을 한다.

1982년 서울대, 성대 등 일부 대학에서 운동권이 학도호국단('호구단'이라고 불렀다)이나 단과대 학생장 등을 장악해 이른바 '반합법 운동'을 펼치면서 이후의 대중 학생운동의 기반을 만들었다. 말하자면 '합법/비합법의 이중구조'라는 새로운 운동 양식을 창조해 뒤이은 합법·공개 운동의 마중물이 된 것이다.(김상준, '1982년, 엄동설한에 춘삼월을 훔친 사람들', 2007) 또 1982년 당시 3학년이었던 80학번들은 9월 일본 교과서 왜곡 반대 연합 가두시위와 11월 학생의날 연합시위를 주도하면서 이후 일상화되는 대학 간 연대의 전형을 이끌어냈다.

성대 80학번은 무엇이 다를까

성대 80학번은 이러한 80학번의 보편적 속성에 더해 다른 특징을 가지고 있다. 재학 시절 가두 연합시위 당시 "우리는 ○○○명이 나왔다"라고 정확한 동원 숫자까지 얘기해 다른 학교 친구들을 놀라게 했던 경험이 있다. 또 노동현장으로 투신할 때도 "우리는 ○○명이 동시에 수도권 공단에 들어갔다"라고 자랑처럼 얘기한 적이 있다. 이처럼 다른 학교 학생운동 출신들을 깜짝 놀라게 만든 성대 80학번만의 특징은 바로 '집단성'과 '통일성'이다.

여기에 더해 '전투성'도 특징으로 내세울 수 있다. 1982년 11월 대학 연합시위를 주도한 서울대 80학번 출신 모 교수로부터 "그때 성대 친구들을 만나면 무서웠다"라는 농반진반의 후일담을 들은 적이 있다. 가장 과격하고 다른 어떤 학교 출신보다 비타협적이며 전투적으로 나와 연합시위 전술을 짜기 힘들었다는 것이다. 당시 성대 80학번도 '과격하다'라는 평가에 거부감을 느끼지 않았다.

이런 '집단성'과 '전투성'은 성대 80학번만이 가진 독특한 경험의 결과일 가능성이 크다. 성대가 후기 대학이었기에 80학번은 예외 없이 본고사를 한 번 이상 낙방한 경험을 가지고 있다. 재수생도 흔했기에 최소 세 번은 개인적 좌절을 겪은 이들이다. 입시와 관련된 성대 80학번의 개인적 트라우마 역시 81학번 이하와 다르다.

이런 입시와 관련된 개인적 좌절감이 80학번의 집단적 트라우마와 겹치면서 대부분의 성대 80학번은 일상에서는 나서려 하지 않으나 필요할 때 조용히 결집하고, 시위현장에서는 더 치열하게 싸움에 임한다는 해석이 가능하다. 평소 많이 들었던 "반골 기질이 강하다"는 평판도 그 영향일 것이다.

'돌멩이 세대'의 일상을 규정하는 몇 가지 풍경

80학번의 독특한 세대 감성은 이들의 대학 생활을 재구성해보면 더

명확해진다. 1980년 서울의 봄은 해방 그 자체였다. 고등학교와 재수의 숨 막힌 입시 지옥에서 풀려난 80학번 신입생은 입학하자마자 대학의 자유로운 공기와 맞닥트릴 수 있었다. 그 봄, 80학번 신입생은 대학본부와 문과대 사이 공간에서 공개적으로 회원을 모집하는 서클에 가입하고, 무엇이 옳고 그른지 판단하기도 전에 학원민주화 시위에 끌려 들어갔다. 현승종 총장 퇴진, 어용 교수 퇴진, 학도호국단 폐지 집회가 펼쳐진 금잔디광장은 또 다른 해방 공간이었다.

1학년생의 문무대 입소를 거부한 병영집체훈련 거부운동은 성대에서 시작되어 다른 대학으로 확산되었다. 4월 중순 이후 대학생 연합시위의 불길이 일어나면서 서울 종로 등의 거리 역시 더 확장된 해방 공간이 되었다. 나중에 밝혀지지만 1980년 봄 대학생들의 가두 진출은 신군부의 기획 또는 의도된 방치였음에도 그것을 알아차릴 정보도 없었다.(국가정보원 과거사건 진실규명을 통한 발전위원회, 2007년 보고서) 설사 그런 정보가 있었더라도 신입생인 80학번이 할 수 있는 일이라고는 선배들의 결정에 따르는 것뿐이었다.

그러나 5월 16일 밤 서울역 회군과 5·17비상계엄 전국 확대 및 휴교령 조치, 5·18광주민주화운동이 신군부에 의해 진압된 후 분위기는 180도 바뀌었다. 80학번의 대학 생활은 '짧디짧은 봄, 그리고 긴 혹한의 겨울'로 정리할 수 있을 것 같다. 도무지 봄이 올 것 같지 않은 그 혹한의 시절 80학번은 살아 있음을 확인하기 위해 몸부림쳤고, 마셨고, 노래를 불렀다. 그리고 더 단단하게 자신을 벼렸다.

이러한 80학번의 대학 생활은 몇 개의 풍경으로 정리할 수 있겠다. '비공개·비합법 활동', '의식화 학습', '노동현장 지향성', '돌멩이 세대' 등등. 물론 이런 풍경이 80학번만의 고유 특성은 아니다. 70년대 학번, 81학번 이하도 모두 비슷한 경험을 한 것은 사실이다. 하지만 80학번만의 독특한 지형은 분명히 존재한다.

우리 스스로 '땅굴'이라 부른 비공개·비합법 언더 활동은 80학번의 대학 생활을 관통하는 특징이라고 할 수 있다. 박정희와 전두환 시절, 탄압으로 학생운동이 비공개화한 것은 운동에 참여한 학번들의 공통 경험이기도 하다. 하지만 70년대 학번은 1979년 박정희 사망 이후, 그리고 1980년 '서울의 봄' 때 학생회를 만드는(성대는 실패했지만) 등 나름의 대중 활동을 주도한 학번이고, 81학번 이하는 1984년 학원자율화 이후 대중운동을 만들어 나간 학번이다. 그 가운데 '낀 세대' 80학번은 1980년 신입생 시절 잠깐의 공개 활동 이외에 언더 활동이 주를 이뤘다.

물론 1982년부터 80학번이 유학대, 문과대, 경상대 등 일부 단과대학 학생장과 서클연합회장으로 선출되는 등 대중 공간에서의 지평을 넓혀나갔지만 그럼에도 기본 축은 비공개· 비합법 활동이었다.

이른바 '의식화 학습'도 또 다른 대학 생활의 면모이다. 당시 읽었던 《전환시대의 논리》, 《8억인과의 대화》, 《해방전후사의 인식》, 《민중과 지식인》, 《민족경제론》 등 진보 지식인의 서적과, 하루이틀 일본어 강습을 받은 후 읽었던 《자본주의 경제의 구조와 발전》(자구발) 등 일본 좌파 서적, 변증법적 유물론 같은 철학책은 많은 오류에도 불구하고 80학번의 사고에 평생 동안 영향을 미쳤다. 또 은밀히 유통되는

'아방타방(아타; 성대 80학번 김영수가 집필한 비합법 문건)' 같은 유형의 유인물과 알음알음 접한 T.K生(지명관; 일본 도쿄대 교수로 재직하며 일본 잡지 〈세카이世界〉에 이 필명으로 기고)의 '한국으로부터의 통신' 복사물은 세상의 진실을 알려주는 복음이었다.

물론 성대 80학번이 다른 학교 친구에 비해 더 열심히 공부한 것 같지는 않다. "운동은 머리가 아니라 가슴으로 하는 것"이라는 개념이 지배적인 분위기였기 때문이다. 그럼에도 책은 대학 생활과 떼려야 뗄 수 없는 관계였다.

> "…이념 과잉과 낭만 결핍이라는 출구 없는 터널 속에서 알코올기가 채 가시지 않은 채 갇혀 있었다. 그 어두운 공간에서 그들은 책을 읽었다. 세상을 바꾸기 위한 해답이 그 속에 있다고 믿었다."
>
> —《조선일보》, 1999년 연재기사, '한국의 주력 386세대'

이념 서적과 관련된 또 다른 풍경은 짭새(사복형사)와의 실랑이였다. "학생, 책가방 좀 열어봐"라는 짭새의 말 한마디는 언제나 공포였다. 가방에 이념 서적이 없을지라도 멀리 짭새만 보이면 지레 길을 돌아간 기억을 누구나 가지고 있을 것이다.

'뒤풀이'는 선택이 아닌 필수였다. 그 어떤 학습보다 진지한 토론과 세상 돌아가는 소식인 유비통신流蜚通信의 유통이 그곳에서 이뤄졌다. 암울한 현실에 대한 울분 때문에 취하고, 그런 과정을 통해 확인한 동지애에 취했다. 학교 앞의 대성집, 4·19집, 예성집, 시골집, 죽림

칠현 등은 가성비 좋은 뒤풀이 공간이자 숨 막힌 일상을 풀어내는 해방구였다. "성대 학생들이 외상으로 맡긴 시계, 학생증이 한 자루나 되었다"라는 대학로 중국집 진아춘 사장의 후일담처럼 우리 80학번이 갚지 않은 외상값 때문에 어려움을 겪었던 술집도 적지 않았을 것 같다.

'노동현장 지향'도 학생운동에 참여한 80학번의 공통된 특징이라고 할 수 있다. 대부분 학생운동을 하면서 앞으로 '현장에 가야 한다'는 일종의 강박관념 또는 소명의식을 가지고 있었다. 학내 시위 후 감옥 생활, 이후 노동현장 투신은 당연한 코스였다. 겨울방학 중에 이뤄진 집단적 공장 활동(공활)은 80학번에서 시작되어 나중에 서울 주요 대학의 경우 200~300명이 참여할 정도로 일반화된다.(유경순, 〈1980년대 학생운동가들의 노학 연대 활동과 노동현장 투신 방식의 변화〉, 고려대학교, 2015) 그렇기에 현장에 투신하지 못한 친구들은 나름의 부채의식을 안고 살아야 했다.

물론 1980년대 이전에도 노동현장에 투신했으나 선배들은 개인적으로 결정하고 실행했다. 이들과 달리 80학번부터는 소그룹 학습 후 이러한 이전移轉이 일반화되었다. 특히 집단성과 통일성을 강조했던 성대 80학번은 집단적 이전을 당연시했다. '위장취업자', '학출(학생운동 출신)'은 학교를 떠난 80학번의 또 다른 이름이었던 셈이다.

또 80학번은 '돌멩이 세대'라고 할 수 있다. 학내외 시위에서 백골단과 무장전경에 맞서 든 유일한 무기가 짱돌이나 보도블록을 깬 것이었기 때문이다. 화염병이 주력 무기로 등장한 건 다음 학번부터였다. 물론 처음부터 돌멩이를 던진 것은 아니었다. 1981년만 해도 몇 분이 안 되어 진압되는 시위에 언감생심 짱돌을 던질 겨를도 없었다. 하지만 점차 시위대도 '무장'이 필요하다는 논리가 등장했고, 그 첫 번째 무기가 돌멩이였다. 1983년 3·22시위 후 동경(동대문경찰서)에 연행된 주동자들과 단순 가담자들 중 누군가의 주머니에서 주먹만한 짱돌이 나와 곤욕을 치렀던 웃지 못할 기억도 있다.

이 밖에도 80학번은 '마지막 가리방 세대'라고 할 수 있다. 당시 학내외 시위현장에, 또는 은밀히 학교에 뿌렸던 모든 유인물은 밀랍 미농지를 가리방(がり版, 등사판) 위에 놓고 철필로 글씨를 써서 만든 수제품이었다. 몰래 제작해야 하니 인쇄소나 복사가게를 이용할 수 없었기 때문이다. 가리방 유인물은 롤러에 잉크를 묻히고 밀어 만드는 방식이기에 몇백 장 찍다 보면 원판이 망가져 다시 써야 하는 고충이 있었다. 또 손으로 글씨를 쓰니 필적이 추적당할까 봐 마음 졸이기도 했다. 하지만 인쇄소에서 대량 생산되는 유인물과 달리 한 장 한 장 찍어내는 수제 유인물에는 나름의 아날로그 감성이 배어 있었다.

무덤까지 가져갈
80학번의 세대 감성

1980년대 초반 치열한 삶을 살았던 80학번은 졸업(대학 정리)을 전후해 점차 분화되기 시작했다. 그리고 이런 분화는 1987년 6월 민주화 운동 이후, 1992년 동구권과 소련 붕괴 등 세계사적 변화를 경험하면서 더 가속화되었다. 물론 그 이후로도 계속 노동현장이나 시민사회단체에서 운동의 삶을 이어간 친구들도 있었지만 새로운 직장을 선택해 사회의 일원이 된 친구가 다수였다.

하지만 각자 선택한 길은 달라도 80학번 나름의 세대 감성은 계속 유지되었다. 그리고 그것은 지금도 여전히 작동하는 듯하다. 삶의 조건이 다르고 사회·경제적 여건이 달라졌어도 불의한 정치권력에 분노하고, 기득권화한 진보권력에 실망하고, 사회적 약자에게 조금이라도 따뜻한 마음으로 다가가려 하고, 더 낮은 곳으로 향하지 못하는 것에 미안해하며 살고 있는 것이다. 민주화 세례를 받은 다른 학번도 그렇겠지만 80학번 대부분은 젊은 시절의 진보적 감성을 여전히 간직하고 있는 셈이다.

이런 80학번의 독특한 세대 감성은 나이가 들면 보수화되는 경향인 '연령 효과'의 상한선을 돌파하는 데도 한몫하고 있다. 각종 여론조사에 따르면 80학번이 막 60대에 진입했을 때는 연령별 진보와 보수의 분기점이 대략 60세로 나누어졌지만, 80학번이 60대 중반이 된 지금은 65세 전후로 바뀌고 있다. 아마 이런 추세는 계속되어 앞으로 10년 뒤에는 75세가 진보-보수의 분기점이 되지 않을까 싶다.

물론 나이가 들면서 부분 보수화된 자신의 모습에 깜짝 놀라기도 하지만 그럼에도 젊은 날의 꿈과 열정이 사회를 보는 시각을 만들고 지금의 삶을 이끌어가고 있다는 사실에 뿌듯한 자부심을 느낀다. 80학번 우리는 이 세상을 마무리할 때까지도 이런 세대 감성을 가지고 살 것 같다.

이토록 빛나는 성대 80학번을 소개합니다

성대 학생운동사에서 80학번의 역할

민병래

유학과

"살아오는 불꽃이 되어 거세게 타올라라.""민족 성대 자랑찬 심산의 아들, 딸이다."

〈민족성대 진군가〉의 한 구절이다. 80학번은 재학 시절에는 이 노래를 부르지 못했다. 6월 항쟁의 열기를 이어받아 의상학과 정영아 동문이 1989년에 만든 노래인 까닭이다. 이 노래를 부르지 못했어도 80학번은 노랫말에 나오듯 심산의 후예다. 우리는 새내기 때 항일운동과 반독재 투쟁을 위해 살아온 그의 단심을 전해 들었다. 감옥 안에서 다리를 못 쓰게 되었으면서도 일제에 머리 수그리지 않았던 그의 절개를 흠모했다.

우리 80학번은 심산의 인도로 광주항쟁의 세례를 받고 광장으로 내달았다.

성민동 80학번은
청년전사집단

48명, 12명, 그리고 240명. 80학번을 설명할 수 있는 3개의 숫자이다. 48명은 전두환과 맞서 싸우다 구속된 수이고 12명은 강제징집된 숫자다. 연행이나 예비검속된 친구는 너무 많아 헤아리지 않았다.

박호열(금속)과 윤일권(철학)이 80학번의 첫 주자였다. 둘은 2학년에 올라간 1981년 봄, 78학번과 함께 3·31시위의 주동으로 나섰다. 이 싸움은 서울대의 3월 16일 시위와 더불어 반전두환 투쟁을 지피는 불쏘시개였다. 학내에 사복경찰이 그득하던 상황, 3·31팀은 옥상으로 올라가는 고공전술을 택했다. 또 전경을 못 들어오게 하려고 미닫이 철제 교문을 쇠사슬로 잠그는 방안까지 준비했다.

12시 35분, 문과대 분수대 앞에서 윤익수(철학78)가 담배를 무는 것을 신호로 강석신(사학78)은 경상대 옥상에서, 윤일권은 문과대 5층에서 나타났다. 윤일권은 통유리를 깨느라 손을 베었다. 그는 붉은 피가 스며든 유인물을 하늘로 높이 뿌렸다. 이때 박호열은 농촌문제연구회 동료인 80학번 최훈열(사회)의 도움을 받아 정문을 막았다. 이날 윤일권·박호열·최훈열은 잡히지 않았으나 80학번 최초로 수배당하는 처지가 되었다. 3·31시위 뒤에는 김안희가 몸을 피했던 호열이와 함께 5·12투쟁에, 김인봉(화공)과 김광중(섬유)은 윤부철(기계78)과 함께 10·6 율전캠 투쟁에, 이충섭(경제)은 차종채(경영78)와 함께 10·7 명륜캠 투쟁에 주동으로 나섰다. 이로써 1981년 한 해 동안 당시 2학년이던 6명의 80학번이 구속되었다. 주동으로 나서는 결단은 그 뒤로도 계속 이어졌다. 1983년 11월 2일 율전의 진세욱(농경), 한덕권(금속), 이순임(농경)에 이어, 11월 9일 80학번은 명륜에서 마지막 싸움을 벌였다. 김태연(행정), 김현수(사학), 이종무(독문), 정종승(사회), 황운성(유학)이 그들이다. 학교를 떠나 사회운동 과정에서 처음 구속이 되거나 두 번째, 세 번째로 구속된 경우도 많지만, 재학 시절만 놓고 봤을 때 48명이나 되는 친구가 기꺼이 감옥을 향해 걸어 들어간 것이다.

강제징집은 동기 중 최훈열이 첫 번째로 당했다. 훈열이는 3·31 팀의 주동은 아니었으나 앞서 밝힌 것처럼 호열이의 요청을 받고 교문 봉쇄에 가담했다. 그는 쫓기는 몸이 되어 고등학교 선배의 집에 몸을 숨겼다. 그런데 훈열이의 선배는 (상의 없이) 자신이 알고 지내던 성대 담당 안기부 직원에게 훈열이의 선처를 부탁했다. 결국 훈열이는 안기부의 손아귀에 들어갔고 5월 6일 군대로 끌려갔다. 그 뒤로 1981년에 김병덕(정외)과 오영수(경제)가, 1982년에 김영수(정외)와 서강석(사학), 최연희(농경)가 줄줄이 끌려가 모두 12명이 강제징집되었다. 81학번 이윤성(사학)의 죽음에서 볼 수 있듯, 군대에 끌려간 80학번 친구들은 프락치 활동을 강요받으며 소속대와 보안부대에서 고통받았다. 다행히 모두 살아남아 우리 곁으로 돌아왔다.

1983년의 치열한 투쟁을 이끈
성대 80학번

구속이나 강제징집 말고도 구류처분을 받은 경우와 학내 역할 분담상 시위를 주동하지 않은 친구들까지 꼽아보면 80학번이 기른 청년 투사는 100명 가까이에 이른다. 이는 79학번이나 78학번의 몇 곱이나 되는 숫자다. 80학번의 입학생 수가 대학원생을 포함 2,720명이니 80학번의 5퍼센트 안팎이 전사집단으로 성장한 셈이다.

80학번이 축적한 힘은 1983년의 첫 싸움인 3·22부터 폭발했다. 79학번 김용기(신방)와 81학번 4명을 포함시켜 구성한 시위팀 인원이 무려 10명이나 되었다. 이날 주동들은 캠퍼스를 흔들었다. 이근덕(사학)과 홍갑표(사학)는 문과대에서, 이헌필(도서)은 중앙도서관에서, 남봉우(중문)는 교수회관에서, 한상철(사학)은 경상대 앞에서 동시에 시위를 이끌었다. 경찰과 학교 당국은 당황했고 곳곳에서 육박전이 벌어졌다. 이날 싸움은 큰 화제가 되었다. 주동이 10명이고 경찰에 밀리지 않았다는 사실에 다른 학교에서는 놀라움과 선망의 눈으로 성대를 바라보았다.

1983년 5월 싸움은 명륜을 담당하는 동대문경찰서나 율전을 담당하는 수원경찰서가 모두 예의주시하던 상황에서 전개되었다. 그들도 광주항쟁 기간의 어느 날이 디데이가 되리라 예상했기 때문이었다. 그러나 우리는 특정한 날이 아니라 광주항쟁 전 기간을 투쟁주간으로 삼고 힘으로 밀어붙였다.

포문을 연 건 율전캠의 5·18팀으로 박경희(약학), 엄주범(화공), 전경희(화학)가 4명의 81학번과 함께 나섰다. 7명이나 되는 주동은 점심 시간을 택해 캠퍼스를 온통 휘저으며 강력하게 싸움을 밀어붙였다. 사복경찰을 밀어내고 후문을 돌파해 율전역(현 성균관대역)까지 진출했다. 경찰 병력이 보충되면서 대오가 밀렸지만 3시간이 넘게 싸움을 이어갔다. 이 사건은 파장이 커 문교부는 성대에 〈학원 질서의 확립 촉구〉라는 경고서한을 발송했고 학교 당국은 학생처장을 갈아치우기까지 했다.

광주항쟁 기간 투쟁의 백미는 여학생만으로 구성한 5·23팀의 싸움이었다. 고미경(생미), 김희순(사학), 오경희(교육), 원유미(의상), 윤인숙(독문), 조해정(철학)이 주역이었다. 80여학생의 첫 시위 주동은 김위선(교육)인데 79학번 남자가 주축이 된 1982년 5·10팀의 일원으로 참여했다. 여학생이 주체가 되고 여학생만으로 시위팀을 꾸린 건 (성대에서만이 아니라) 비여대에서는 5·23팀이 처음이었다.

5월 23일 제일 먼저 1시에 김희순이 경상대 앞에서, 고미경과 오경희는 교수회관 옥상에서 싸움의 포문을 열었다. 조해정은 대학원 뒤쪽에서 '광주의 피 보상하라'를 외치며 몸을 던져나갔다. 시차를 두고 윤인숙이 법대 앞에서 모습을 나타냈다. 명륜캠에는 율전캠의 5·18 싸움 소식이 전해진 데다 동대문경찰서가 병력을 증원해 대비하는 바람에 교정에 폭발할 듯한 긴장감이 서려 있었다. 학내 조직이 이날을 앞두고 결의를 다지며 조직동원을 치밀하게 준비했던 터이기에 삽시간에 교수회관부터 문과대 앞까지가 거대한 싸움터로 변했다. 더군다나 주동이 모두 여학생이고 이들이 사복경찰에게 들려 끌려가니 일반 학생도 크게 흥분하며 싸움에 동참했다. 원유미는 학내 싸움이 끝난 후 아세아극장 앞에서 준비된 거리투쟁을 이끌었다. 다음 날인 24일, 그는 전날 잡히지 않은 윤인숙과 경상대 앞, 중앙도서관에서 주동으로 나섰다. 동경(동대문경찰서)은 이날, 연이틀 시위가 벌어지리라 생각을 못 해 허를 찔렸다.

여학생 시위는 5월 25일 나한훈(국문), 서민원(행정), 서범석(사회), 손정진(산심), 최동(국문), 하근철(정외)이 주도한 싸움으로 이어졌다. 5·25 싸움은 전술이 입체적이었다. 먼저 학교 밖에서 최동이 대오를 이끌어 교문을 지키던 경찰을 공격하면 수선관에서 서민원이 뜨고, 경찰 병력이 양쪽으로 분산되는 사이에 교수회관 굴뚝 위에서 손정진이 81학번 전성호와 함께 메가폰을 잡는 작전이었다. 계획은 순조롭게 진행되어 금잔디광장에서 대성로까지 장악했기에 경찰이 학내에서 밀려날 정도였다. 이날은 저녁에 청량리에서 고려대와 연합 가투가 예정되어 있었다. 이때 성대는 잠시 짬을 내어 미아리 대지극장 앞에서 가두 투쟁을 하고 청량리로 이동했다. 하근철이 주동으로 나섰고 대오는 신설동 방향으로 행진했다. 뒤늦게 경찰이 나타나 마구잡이 연행을 했으나 하근철과 서범석은 몸을 피했다. 둘은 26일, 영등포 거리연합 투쟁의 주동으로 나섰다가 결국 잡혔다. 근철이와 범석이를 인수하러 온 동경의 학원반장 김의풍은 둘을 보고 "드디어 성대가 (싸움의 횟수, 주동의 숫자 등 모든 면에서) 서울대를 넘어섰다"라며 웃음을 보였다고 한다.

성대 학생운동을
새로운 단계로 끌어올린 80학번

1983년 싸움을 돌아보면 주동의 숫자도 많았지만, 전개 양상에서 몇 가지 뚜렷한 변화가 보인다. 율전과 명륜의 동시 투쟁, 광주항쟁 기간의 연속 투쟁, 교문을 사이에 두고 안과 밖에서 동시 투쟁, 학내 시위 뒤 거리 투쟁, 여학생만의 단독 투쟁이라는 새로운 실험이 그것이다.

1983년의 이런 도전은 (다행스럽게) 단 한 차례의 실패도 겪지 않았다. 사전에 주동팀이 검거되거나 시위 예정일을 동경이 포착하거나, 싸움 당일 경찰에 초기 진압되어 무기력하게 끝난 경우가 없었다는 뜻이다. 또한 주동팀이 연행되어서도 마찬가지였다. 매타작을 당하며 배후와 동원 문제를 추궁받았으나 모두 잘 버텼다.

물론 고통이 컸다. 1983년 9·26 싸움을 이끈 박동규는 이날 밤새 동경 지하에서 김의풍에게 두들겨 맞았다. 5명의 멤버 중, 경상대 학생장을 한 허동혁 외에는 동경 관점에서 모두 뉴페이스였다. 의표를 찔려 더욱 화가 났는지 매질이 심했다. 박동규는 서대문구치소로 송치되는 10여 일 뒤까지도 허벅지에 피멍이 남아 있었다고 한다. 여학생팀도 마찬가지였다. 그들은 동경에 잡혀가 처음 들어보는 욕설, 따귀 세례에 몽둥이찜질까지 당했다. 5·25팀의 한훈이, 정진이가 동경으로 끌려오고 나서 5·23팀의 고통은 줄어들었다. 조해정은 친구들이 당하는 고통을 지켜보는 게 더 고통스러웠다고 했다. 1983년 첫 싸움인 3·22팀의 남봉우도 크게 고생했다. 그는 동경에서 엉덩이와 허벅지를 너무 맞아 바지의 재봉선이 뜯어질 정도로 살이 부어올랐다. 같은 팀원이었던 한상철은 한때 기절까지 했다.

정보기관의 회유도 엄청났다. 성대 담당 안기부 직원 이근호는 가족관계를 조사해 부친이 영관급 군인이던 양경철(독문), 전직 경찰서장의 아들 김현근(무역) 같은 친구에게 공을 들였다. 코리아나호텔로 불러내 좋은 음식을 사주고, 군 면제와 안기부 채용을 약속했으며 심지어는 봉투까지 내밀고 정보를 요구했다. 보안사의 활동관으로 주재하던 황 중위도 은밀히 회유 활동을 한 것으로 파악된다.

하지만 정보수사기관의 매질과 회유에 무너지지 않았다. 시위 일정을 비롯한 기밀이나 시위팀을 뒤에서 지원하던 동지의 존재를 발설하지 않았다. 당시 학내 조직원은 수사기관만 몰랐고 내부에서는 실명을 다 알았는데 2선, 3선이 갖춰져 있지 않아 구조적으로 매우 허약한 상황이었다. 그럼에도 1983년 11월 9일 마지막 싸움까지 동경이나 안기부 등 정보수사기관에 의한 침탈이 일어나지 않았다.

1983년 들어
성대 학생운동 조직은 대중화 단계로 도약

1983년 싸움의 성공은 성대가 1980년부터 1982년까지 구축한 조직 역량의 표출이었다. 1983년이 되면서 성대 학생운동은 양적, 질적으로 한 단계 발전한 조직체계와 동원체계를 갖추었다. 명륜캠을 보면 언더서클·오픈서클·단과대학회·여학생팀, 그리고 합법·비합법 전술단위가 자리를 잡았다. 또 부문별로 지도부를 구성했고 이를 토대로 80학번 전체 지도부가 자리를 잡았다. 이는 1981, 1982년과 확연히 다른 진전이었다. 1983년 명륜캠의 첫 시위인 3·22시위에 동원령을 내리고 점검했을 때 1학년인 83학번을 제외하고도 400명이 넘게 나왔다. 율전캠도 1983년 5·18 싸움에서 83학번을 포함해 200명을 동원해냈다. 81학번 이하에 대한 80학번의 조직 사업이 이뤄낸 결실이었다. 81학번이 4학년이 되는 1984년을 앞두고 준비한 명륜의 시위팀은 무려 10개가 넘었다. 하지만 학원자율화 조치가 시행되면서 학내 시위가 평화롭게 보장되는 바람에 81학번은 80학번의 구속자 48명을 넘어 설 기회를 안타깝게(?) 놓쳐버렸다.

조직 사업 성과에서 주목할 점은 오픈서클과 (비공개)학회의 발전이었다. 1981년부터 오픈서클이 폭넓게 성장했다. 1970년대 후반과 1980년 학내 운동을 주도한 5대 이념서클 중 농촌문제연구회, 동양사상연구회, 민족문제연구회, 흥사단 도산연구회는 등록을 받아주지 않아 언더화되었다. 휴머니스트만 인가를 받아 겨우 공개 영역에 둥지를 틀었다.

이런 상황을 타개하기 위해 언더서클에서 배출된 80학번은 기존 서클을 개조하거나(성불회, 고전연구회) 새로 만드는(심산연구회, 선정회) 작업에 나섰다. 율전에서도 마찬가지였다. 느닷없이 1981년부터 건물 세 동만 달랑 있는 허허벌판에 내던져진 율전의 80학번은, 어려운 환경에서도 조직 사업에 땀을 흘렸다. 첫 결실은 농대를 기반으로 만들어진 농우회였다. 이런 노력 덕에 1982년이 되면서 양 캠퍼스를 통틀어 인문사회과학연구회, 민속연구회 등 10여 개에 가까운 공개 이념 서클이 자리 잡았다. 전체 서클 42개의 20퍼센트를 넘는 수였다.

이를 토대로 심산연구회 회장 서강석이 1982년 1학기부터 6개월에 걸친 조직 작업 끝에 9월 서클연합회를 결성하고 회장이 되었다. 안타깝게도 일본 교과서 왜곡 규탄 투쟁을 서클연합회가 주도하면서 그는 지도휴학을 당해 강제징집되고 말았다. 타격은 있었으나 공개서클 활동은 중단없이 나아갔다.

한편 성대신문과 방송국, 문과대, 사회대, 경상대의 선전 일꾼을 묶는 시도도 있었다. 성대신문의 이희용(신방), 성대방송국의 김강호(수학), 문과대의 김윤옥(사학)과 곽용석(도서), 사회대의 정종승(사회), 경상대의 손정진(산심)이 79학번 박형중(경제)의 지원을 받으며 정기적으로 모였다. 프로파간다에서 글자를 따 간다부라고 이름을 붙인 이 모임은 역량을 쌓아나가다 1984년 학원자율화 조치에 힘입어 성대 매스컴위원회를 조직했다.

(비공개)학회 조직 사업도 활발하게 이루어졌다. 경제과, 사학과 등 오랜 전통을 이어오던 곳 말고도 거의 모든 과에서 세미나 모임이 만들어졌다. 학내 조직 사업에서 불모지였던 유학과도 유학과, 한국철학과, 동양철학과를 품은 유학대로 확대되면서 81학번과 82학번의 자원이 대폭 늘었다. 농대에서는 농경제학회를, 공대에서는 79학번 함동명과 80학번 이정학이 '인간과 공학'회를 만들었다. 단대 차원의 공개학회를 지향했으나 지도교수를 구하지 못해 비공개 활동에 머

무른 아쉬움이 있다. 운동조직과 대중조직의 경계선에 있는 모임도 다수 결성되었다. 국문과만 하더라도 정우택 등의 노력에 힘입어 구비문학반·문학연구반·어학연구반이 만들어졌다. 하지만 모든 과의 조직 사업이 성공리에 이루어진 것은 아니다. 무역학과의 김현근은 1980년, 1981년 두 해에 걸쳐 노력했으나 학회조직 구축에 실패했다고 증언했다. 학도호국단 체제이나 각 과에서 축적한 힘은 1982년 1학기 말에 80학번이 출마한 단대 학생장 선거에서 결실을 보았다. 유학대(황운성), 문과대(양경철), 사회대(김세현), 경상대(허동혁)를 장악한 것이다. 유학대 학생장인 황운성은 총부학생장까지 올라갔다.

그런데 2학기 초 학도호국단의 한 간부가 황운성에 이어 유학대 학생장이 된 이용운에게 주먹을 휘두르는 일이 발생했다. 유학대가 앞장서고 다른 단과대가 합세하면서 1982년 9월 13~15일 학내 민주화 투쟁이 벌어졌다. 단과대별로 총회를 하고 금잔디광장에서 공공연하게 대중집회를 열었다. 공개부문을 장악한 힘이 유감없이 발휘되었고 경찰은 속수무책으로 지켜보기만 했다. 이런 흐름은 1984년, 1985년에 걸쳐 윤태일·고진화의 총학생장, 오수진·권순필의 총학생회장 당선으로 이어졌다.

오픈서클, 학회조직의 발전과 더불어 여학생만의 독자조직 작업도 의미 있는 시도였다. 77학번 최금희(도서)가 주도해 학내 조직에서 여학생이 주체로 설 기회를 마련하자는 취지로 진행되었다. 80학번의 조해정, 기애란이 주축이 된 이 작업은 초기에 언더와 비공개 학회 등 각 부문에서 소속 여학생을 파견하는 형식으로 이루어졌다.

그러다 보니 자체 재생산을 갖추기까지 이중 멤버십이라는 한계가 있었다. 그럼에도 여학생들의 운동조직 참여와 독자적 조직화의 성과는 1983년 5·23 싸움으로 나타났고 공개부문에서 선정회와 정정헌, 그리고 단과대에서는 가정대 활동으로 이어졌다.

한편, 1983년 조직체계에서 이전과 달라진 점은 비합법 투쟁 체계를 세워 조직 고도화를 이뤄낸 일이다. 비합법 투쟁조직에서는 시위팀 구성과 지원, 전술 수립을 맡았다. 주동이 경찰에 연행되면 수사는 배후와 조직동원 부분에 초점이 맞춰진다. 결국 조직과 투쟁부문을 분리해야 학내 조직의 골간을 유지할 수 있기에 80학번이 4학년으로 올라가면서 만든 체계다. 남봉우가 투쟁부문 책임자를 맡기로 했으나 갑자기 강제징집 대상이 되면서 역할이 안민재로 바뀌었다. 안민재는 학내 투쟁에 이어 1983년 하반기부터 학교 간 연대선을 78학번 선배들로부터 물려받았다. 그는 서울대의 오동렬, 고대의 조경현, 연대의 박재구와 함께 1984년 11월의 민정당사 점거농성을 성공리에 조직하고 81학번에게 소임을 넘겨주었다.

80학번을 키워낸
70년대 학번의 분투

80학번이 싸움과 조직, 양 부문에서 큰 성취를 이뤄낸 바탕에는 단연 70년대 학번의 분투가 있었다. 박정희 정권 시절, 엄혹한 긴급조치 아래서도 성대의 저항운동은 한시도 멈춘 적이 없었다. 최영삼(경제73)이 주도한 1977년 가을의 캠퍼스 이전 및 삼성재단 반대시위는 76학번인 탁무권(사학), 이찬근(경제), 진봉헌(법학), 임홍종(법학) 등과 77학번인 이종걸(행정) 등이 참여해 성공리에 진행되었다. 이를 바탕으로 76학번, 77학번은 1978년 1학기 초까지 언연회(뒤에 민족문제연구회), 농연회(농촌문제연구회), 동사(동양사상연구회), 무실학생회(뒤에 도산연구회)를 활성화시킨다. 또 그해에 휴머니스트를 만들어 성대 5대 이념 서클의 기반을 세웠다.

5대 서클에 78학번이 대거 가입하면서 쌓인 힘이 1979년 봄 축제 때 5개 서클 연합 심포지움으로 드러났다. 이틀 동안 진행된 당시 행사는 수선관 강당이 꽉 찰 정도로 성황을 이루었다. 또한 1979년 9월 남민전 사건으로 76학번 탁무권(사학), 77학번 신영종(경제)을 포함 성대생 8명이 구속되어 학내 조직이 큰 타격을 입었으나, 10·26을 계기로 빠르게 정비하였다.

1979년 12월 초에는 복학생인 방진영(경제74), 77학번인 김찬, 장신규, 최금희, 기칠능 등과 5대 서클의 78학번 민병두(도연), 강홍구(언문), 이정현(휴머니스트), 이현배(농연), 권선준(동사) 등이 모여 학원민주화 투쟁을 논의하고 총학생회준비위를 12월 5일 발족했다.

1980년 4월 8일 치러진 선거에서 비록 총학생회장은 놓쳤으나, 문과대(장신규, 철학77), 경상대(김재훈, 경제78), 법정대(이광희, 행정78), 가정대(이경영, 가관78), 총여학생회(김난희, 국문78), 대의원회(의장 박중원, 경제75), 서클연합회장(이정현, 경영78) 등 주요 기구의 장을 장악했다. 70년대 학번의 노력이 만든 터전에서 80학번은 힘찬 날갯짓을 한 것이다.

성대 80학번의 원초적 경험, 병영집체훈련 거부투쟁

80학번의 성장 배경을 70년대 학번의 고투와 더불어 하나 더 꼽는다면 '병영집체훈련 거부투쟁'이 있다. 이는 성대 80학번의 독특한 경험이다. 성대 80학번은 병영집체훈련을 1980학년도에 전국 최초로 4월 10일부터 받게 되었다. 얼떨결에 전국 대학생의 맨 앞에 서게 된 셈이다.

3월 말부터 과대표와 단과대대표가 모여 열띠게 논의했다. 1976년부터 실시한 병집훈련은 박정희 군사독재정권의 학원병영화를 상징했다. 학생운동의 전통에는 1971년 학원병영화 반대투쟁이라는 자산이 있었다. 대학가의 거센 저항에 당시 박정희 정권이 위수령을 내리고 군대까지 동원해 막을 정도였다. 이런 기억을 되살리며 80학번은 '입영거부긴급대책위원회'를 만들고 전두환 군사반란세력과 유신잔당이 계속 유지하려는 학원병영화를 규탄하며 입소 거부를 결의했다.

4월 9일부터는 법정대도서관에서 농성에 들어갔다. 대책위에 참가한 단과대대표와 과대표가 결정사항을 전달할 때마다 "국방의 의무 차원에서 바라봐야 한다, 대학생을 바라보는 시선이 안 좋아질 수 있다, 불이익이 온다면 어떻게 감당할 터인가" 같은 여러 문제가 제기되었다. 이런 상황에서도 성대 80학번의 대오는 70년대 학번의 뒷받침 아래 단단하게 유지되었다.

당시 성대는 전두환 군사반란세력과 유신잔당이 민주화를 위한 정치 일정을 순순히 밟지 않을 거라 판단했다. 김대중을 포함한 재야세력, 이들과 공조하는 학생운동세력과 구별되는 시각으로 전면적 투쟁은 불가피하다는 입장이었다. 이런 맥락에서 병영집체훈련 거부를 군사독재의 유물을 청산하고 민주정부를 수립하는 계기로 자리매김시켰다. 학내민주화에 머물러 있는 대학가의 투쟁을 정치투쟁으로 끌어올릴 수 있는 매개로 바라본 것이다.

입소 거부투쟁의 고비, 징병검사 통지서

성대 80학번의 입소 거부투쟁은 1, 2차 병영집체훈련을 거부한 1학년 가운데 1960년생 87명에게 4월 30일 징병검사 통지서가 주거지별로 발부되면서 큰 고비를 맞았다. 이는 신체검사를 한 뒤 훈련거부를 트집잡아 강제징집을 하려는 노림수였다. 많은 80학번이 시험대에 올랐다. 대학에 막 입학한 새내기로서 '존재적 결단'을 해야 하는 상황에 처했다. 그럼에도 의지는 꺾이지 않았다.

1980년 4월 9일에 시작한 거부투쟁은 5월 1일 최정점에 올랐다. 1,000여 명이 금잔디광장에서 징병검사 통지서 철회를 내걸고 농성한 뒤, 오후 3시부터 교문 돌파 투쟁에 나섰다. 이날 철제 교문이 부서질 정도로 싸움이 격렬했기에 박열매(불문78), 조종민(행정78) 등 30명이 부상을 입었다. 이때부터 '계엄령 해제' 구호가 전면에 등장했다. 병영집체훈련 거부투쟁이 정치 투쟁의 불꽃을 피워올린 것이다.

안타깝게도 성대 80학번은 3차 입소를 받아들였다. 돌출변수가 나왔기 때문이었다. 그때까지 1, 2차 입소자는 60퍼센트 안팎이었다. 과 차원에서 입소를 결의해 마지못해 들어간 경우도 많았으나 240명 정도가 끝까지 남아 전선을 유지하고 있었다. 그런데 서울대가 5월 1일 단대 학생회장으로 구성된 운영위에서 병집거부를 철회하기로 결정했다. 당시 서울대 학생운동의 언더지도부였던 김명인은 2025년 펴낸《두 번의 계엄령 사이에서》란 책에서 이 사건의 배경을 밝혔다. "서울대 학생운동 지도부는 '반공냉전주의적 사고가 지배적인 국민대중 정서와의 유리를 막고 저들의 고립화 전술을 무력화시키는 것이 중요하다'는 신중한 판단 아래 병영집체훈련 입소를 결정했다"는 것이다. 이것이 지침이 되어 결정기구도 아닌 운영위가 입소를 결의하고 총대의원회가 기존 결정을 번복, 입소를 받아들였다.

문제는 이 운동의 선두에 서 있던 성대나 서강대와 어떠한 협의도 없이 결정이 이루어졌다는 점이다. 더군다나 전날 성대는 많은 부상자가 나올 정도로 '피 터지게' 싸운 상황이었는데도 말이다. 서울대는 성대에게만이 아니라 4월 20일에 성대의 병영집체훈련을 지지한다고 선언한 서울 지역 10개 대 총학생회장단에게도 이해를 구하지 않았다. 서울대 지도부는 '입소를 양보'하는 대신 신군부세력과 유신

잔재세력에 대한 공격의 고삐를 더 바짝 조이기로 결정했다고 설명했다. 뜻은 이해하나 병영집체훈련 거부투쟁은 그 자체로 정치 투쟁의 도화선이었다. 학원병영화를 폐지하는 문제가 계엄령 해제, 유신잔당 척결과 민주정부 수립 없이는 이뤄질 수 없는 과제이기 때문이었다.

전술은 바꿀 수 있다. 중요한 건 과정이다. 서울대는 이를 다른 대학과 상의 없이, 총학생회장단회의라는 연대체를 거치지 않고 일방적으로 결정했다. 5·15 서울역 연합집회와 해산 결정에서도 마찬가지였다. 서울대 학생운동 지도부와 심재철은 총학생회장단회의를 거치지 않고 현장에 있는 10만 대오의 의견 수렴 없이 이른바 '회군'을 결정했다(5·15 연합시위의 해산 결정 과정은 오세제의 논문 〈5·15 서울역 회군과 5·27 결사항전 비교연구〉에 구체적인 정보와 함께 입체적으로 그려져 있다). 고대와 숭전대(현 숭실대) 총학생회장이 격렬히 항의했으나 "대안이 있냐"며 해산을 밀어붙였다고 한다. 그 결과, 전두환 군사반란세력에게 집권의 길을 활짝 열어주고 말았다.

성대 80학번은 결국 5월 3일 3차 입소를 받아들이기로 결정했다. 이렇게 험난하고 우여곡절이 많았던 병영집체훈련 거부투쟁은 성대 80학번의 원초적 경험이었다. 화공과의 김인봉이 좋은 예다. 그는 입소 거부투쟁 중 대구에 있는 집으로 가는 길에 계명대학생회에 성대에서 만든 유인물을 전했다. 그 일로 학생처의 신고를 받고 출동한 경찰에게 붙잡혀 그는 계엄포고령 1호 위반의 영예(?)를 안았다. 이처럼 3차 입소 직전까지 버티며 투쟁한 80학번은 성대 학생운동의 주춧돌이 되었다. 성대 80학번을 이해할 수 있는 3개의 숫자 중 설명을 남겨둔 240명은 바로 3차 입소자를 가리킨다.

1986년 전후 학생운동은 새로운 변화를 맞았다. 반독재민주화 투쟁을 넘어 혁명운동의 전망을 갖게 된 것이다. 당연히 한 단계 높은 전략, 조직노선을 고민하게 되었고 더 이상 성대는 단일한 학생운동의 단위가 될 수 없었다. 반미자주 혹은 민중민주 노선의 학생운동 부문 내 성대지부의 성격을 지니게 되어 학교 내에 다양한 노선과 세력이 학생대중을 놓고 경합을 벌였다. 하지만 1985년까지 성대는 통일조직이었고 전선의 한 기둥 노릇을 톡톡히 해냈다. 성대 80학번은 그 길의 징검다리였다.

심산 선생 앞에 자랑스럽게 고한다

성대 80학번은 1983년을 끝으로 대부분 학생운동과 이별했다. 노동운동을 택하기도 하고 민청련과 같은 청년운동 조직, 우리마당 같은 문화운동 조직을 택한 경우도 있었다. 또 취업 일선에 나가 직장을 잡고 현장을 지원하는 활동을 한 친구도 많다. 여러 갈래 중 노동운동을 많이 택했다. 80학번이 인천, 부평, 안산, 안양 등 주로 수도권의 공단 지역에 꾸린 현장 이전 조직은 규모가 컸다. 80학번이 대거 지역 거점을 확보한 뒤 81학번이 80학번을 따라 노동현장으로 들어왔다. 대학을 나와서 학맥이 유지되는 것이 이상할 수 있으나 당시 노동운동을 이끄는 전국 조직이 없었기에 학연은 자연스럽게 노동운동의 한 매개가 되었다. 그러다 현실 사회주의가 무너지면서 80학번의 많은 친구가 기로에 섰다. 사회주의 변혁운동 노선을 계속해서 벼린 김태연(행정), '내일신문'을 운동의 연장선으로 본 봉우, 사회복지운동에 뛰어든 운성이, 사법고시를 봐 인권변호사로 활동한 고지환(법학)과 주범이, 노무사가 되어 노사관계의 새로운 패러다임을 만들려 한 근덕이, 먼 나라에 가서 사업을 일군 진세욱(농경), 조성혁(경제) 등 모색은 다양했다.

　먼저 간 친구도 적지 않다. 정상윤(신방), 최동, 이헌필, 전경희, 박호열이 그들이다. 최동은 노동현장에서 '인부노회' 활동을 하다가 치안본부 대공분실로 끌려가 모진 고문을 당했다. 최동은 고문 후유증으로 정신분열을 앓았고 끝내 분신자살했다. 나머지 친구도 많은 사연을 남기고 우리 곁을 먼저 떠났다. 이제 남은 성민동 80학번도 60대 중반에 접어들었다. 머지않아 앞서간 친구들을 만나게 될 터이다. 게서 우리는 심산과 성민동 초대 회장이었던 천승세 작가도 만날 것이다. 초등학교 때 담임선생님 앞에서 어깨 나란히 하고 줄 맞춰 선 모습일지, 격의 없이 부둥켜안는 모습일지 모를 일이다. 어쨌거나 흥을 돋우려면 술과 노래가 있을 테고 〈민족성대 진군가〉는 빠지지 않을 터이다.

2부

아름답고 치열한 우리

1980년 짧은 서울의 봄과
무엇이 옳고 그른지 판단하기도 전에
역사 속으로 끌려 들어간 시위와 투쟁의 나날….
그리고 이후 45년의 세월을 굽이굽이 건너온
성대 80학번의 인생 굴곡사

어느 날
전업작가가 되어

민병래

유학과

2023년 12월 31일, 회사를 정리했다. 25년 동안 현수막 일을 했다. 그동안 내가 찍어낸 현수막이 몇 장이나 될까? 10만 장은 되려나? 덕분에 밥은 먹고 살았으나 오랜 세월 지구에 부담을 안겼다.

마흔 고개에 창업,
쉽지 않은 사업 초반기

창업(?)한 때는 1999년, 마흔 고개에 시작해 중년을 다 바쳤다. 사업이라기에는 작고, 가게라고 하기에는 조금 큰 나의 생업, 우여곡절이 많았다. 경험도 없고 일머리도 없는 상태에서 덜컥 시작해 수업료를 많이 치렀다. 해마다 적자였다. 5~6년간 누적되다 보니 급기야 신용불량자가 되고 밤 8시 50분에 벨을 누르는 채권추심원을 만나는 처지가 되었다. 국민연금관리공단은 하루가 멀다며 찾아오고 납부하지 않고 빼 쓴 부가세가 눈덩이처럼 불어났다. 그 무렵 변호사가 된 주범이에게 상의하니 조세 포탈로 처벌되는데 5,000만 원이 넘었으니 가중처벌된단다. 대략 2005년 전후한 시기였다.

당시의 어느 날, 출장을 다녀오면서 고속도로 톨게이트를 지나야 하는데 통행료가 모자랐다. 통장에 잔고도 없으니 휴게소에서 뽑을 수도 없어 그대로 통과했다. 며칠 후 사달이 났다. 한국도로공사에서 30배 과징금 안내문이 날아왔다.

통지문을 펴 보이며 아내는 내게 하소연했다. 그동안 노력할 만큼 했으니, 안 될 일이라면 접고 둘이서 품이라도 팔자고 했다. 지난 몇 년간 수없이 되풀이한 대화이지만, 이날 아내는 단호했다. 가족을 택하든지, 집을 나가든지 결정을 내리라며 옷가방까지 내어주었다.

짧은 순간 많은 생각이 스쳤다. 돌아보면 실패만 쌓였다. 대학 입시도 재수해 1차까지 떨어졌으니 세 번이나 미역국을 먹었다. 1995년, 두 번째 징역을 살고 나와 아주 쉽게 운동의 길을 떠났다. 그때 인생의 길을 잃었다. 이제 5~6년 이상 공들인 회사마저 접어버리면 나는 어디로 가야 하나? 복학을 안 해 대학 졸업장도 없고, 직장 생활을 하기에는 너무 늦은 나이, 새로운 사업을 시작하면 한두 해는 후딱 지나갈 텐데…. 그날 밤, 아이들 방을 한 번씩 살펴보고 옷가방을 집어들었다. 집을 나서니, 분위기를 맞춰주려는가 짙은 어둠 사이로 가을비가 가득했다.

경영자가 아니었으면
내 인생의 빛깔은 어땠을까

2010년 전후, 햇수로 10여 년이 넘어가면서 회사가 안정을 찾았다. 월세, 월급을 밀리지 않고 적자도 메꿔갔다. 굵직한 거래처도 늘었다. 월별, 연도별 매출이 확실하게 오른쪽 위로 뻗어갔다. 직원도 10명이 넘었으니 이대로만 가자 싶은 마음이었다. 아내도 "민병래, 잘하고 있어"라며 더러 칭찬을 해주었다.

하지만 난관은 끊이지 않고 찾아왔다. 하나는 한국철도시설공단과 붙은 민사소송이었다. 분당선 일대 지하철 역사시설 광고판을 무단으로 사용했으니, 부당이득을 토해내라는 것이었다. 앞뒤 사연은 길지만, 결과는 패소였다. 몇 년 동안 돈을 안 내고 버티니 시설공단은 고려신용정보에 채권을 넘겼다.

그러자 날마다, 시간마다 전화가 왔다. 결국 두 손 두 팔 다 들고, 3년여에 걸쳐서 갚았다. 고려신용정보의 손아귀를 빠져나오니 또 다른 고난이 찾아왔다. 산재가 일어난 것이다. 지금으로 치면 안전관리 소홀로 사고가 나면 대표가 직접 책임진다는 중대재해처벌법에 해당하는 큰 사고였다. 형사재판이 끝나자마자 민사법원에서 송달서류가 날아왔다. 치료비와 이후 돌봄에 드는 비용인 개호비 등이 합쳐져 청구 액수가 상당했다. 금액을 헤아려보는 내 손이 부들부들 떨렸다. 원고는 소를 제기하면서 우리 집에 가압류까지 걸었다.

문득 서울역은 내 인생에 꼭 거쳐가야 하는 곳인가 하는 생각이 들었다. 운성이가 노숙자다시서기지원센터장으로 남아 있다면 비빌 언덕이라도 있을 터인데, 녀석마저 그곳을 떠났으니 어떡하란 말인가?

소송은 7년이 걸려서야 끝났다. 2016년부터 2021년까지 법원을 들락거렸다. 아내가 수시로 어떻게 되고 있냐고 물었다. 나는 걱정하지 말라, 우리 측 과실이 없다며 다독거렸지만, 법정 분위기는 만만치 않았다. 재판부가 몇 번 바뀌었는데 판사마다 산재를 대하는 태도가 확연히 달랐다. 세 번째 판사가 한 말이 기억에 남는다.

"현장에서는 작업을 서두르게 되어 있죠. 그래서 관리가 필요하고 감독이 필요한 거 아닌가요. 당신의 책임이 커요." 나는 할 말이 없었다.

2023년 12월 31일 마지막 사무실이 있던 성수동을 떠나올 때, 여러 생각이 스쳤다. 만일 내게 경영자(?)의 경험이 없었으면 내 인생은 어떤 빛깔이었을까? 아마 파스텔톤에 색상도 두세 가지에 머물렀으리라. 나는 감수성이 풍부한 사람이 아니다. 생각이 발랄하지도 않다. 두 아들은 "아빠는 쓸데없이 진지하고, 아빠가 찍는 사진은 뻔하고 지루해"라고 늘 나무란다. 맞는 말이다.

그런 내가 사업을 하고 고용을 하는 처지에 서면서 세상살이를 폭넓게 보게 되었다. 임금 체불로 노동법 위반 전과를 얻고, 산재

사고로 업무상과실치상이라는 전과를 갖게 되었다. 국가보안법으로 얻은 별까지 합치면 전과 4범이다. 산재사고로 기소되어 서부지검에 갔을 때 수사관은 혼잣말로 중얼거리기도 했다. "아니, 노동운동을 하셨던 양반이 어떻게 이런 일로 오셨나요…"

젊은 날에는 수사관을 패스하고 검사만 상대했는데 조카뻘 되는 수사관에게 충고를 들었다. 조사를 마치고 나오는데 마음의 허기가 심했다. 공덕시장에서 순댓국에 술 한잔을 기울였다. 소주맛이 달고나보다 달았다.

잊지 못할 일은 참 많다. 아끼던 직원이 퇴직하면서 납품단가를 빼내 나보다 10퍼센트씩 낮게 공급하겠다고 거래처를 돌아다녔던 모습도 기억난다. 얼마 안 되는 직원과 표준근로계약서를 작성한다고 회의할 때 야근수당 얘기가 나와 곤혹스러웠던 일도 떠오른다. 25년 사업을 했으나 자영업자는 문을 닫으면 퇴직금의 '퇴'자도 볼 수가 없다. 세상에는 노사만이 아니라 부부노동으로 먹고사는 사람이 많다는 걸 알았다.

이 모든 경험이 나를 살찌웠다. 덕분에 내 인생의 빛깔이 조금은 다양해지고 세상이 정의와 불의로만 나뉘는 게 아님을 알았다. 소중한 시간이었다.

다행스러운 건, 가장 고비가 되었던 시기 가족이 흩어지지 않았다는 점이다. 2010년 이후에는 집에서 쫓겨난 적도 없다. 내 핸드폰에 아내는 "세상에서 날 제대로 살게 해줄 유일한 사람"이라고 적혀 있다. 임재범의 노래에서 빌렸다.

올 초 우리 형제가 내외 함께 2박 3일 여행을 다녀온 적이 있다. 거기서 병두 형이 예전과는 달리 형수님을 '주인님'이라고 불렀다. 나는 형이 이제야 철이 들었네, 생각하면서 형은 나보다 몇 곱절 위인 걸 다시금 깨달았다. 나는 아내를 17음절에 일곱 어절을 써 부르는데, 형은 세 음절에 한 단어로 산뜻하게 불렀다. 저작권료 없이 나도 '주인님'이라는 호칭을 쓰기로 양해받았다. 형제애가 이런 건가.

'오마이뉴스'에서 걸려 온 뜻밖의 전화

2019년 1월 어느 날, '오마이뉴스' 전국부의 박순옥 기자가 내 사무실로 찾아왔다. 원고 청탁, 그것도 고정 연재였다. 고민이 되었다. 내가 매체에 글을 쓸 수준이 되나? 회사도 운영하고 있는데 또박또박 기고를 한다고?

나는 2017년 전후해서 페이스북을 통해 내 주변 사람의 소소한 얘기를 써나갔다. 촛불혁명 때 역사는 민중이 쓰는 것임을 다시금 깨달았던 터라, 현수막 찍는 일에만 머무르지 않고 민초의 다양한 삶을 조명하고 싶었다. 하지만 술자리에서 "이런 사연도 있는 거 알아?" 정도의 수준에서 풀어내는 글쓰기였다. 그런데 필진 발굴에 애쓰던 박순옥 기자가 나의 몇몇 글을 보고 키울 수 있다고 판단한 모양이었다.

'한 번 해보지' 하는 마음으로 제안을 받아들였다. 2~3주에 한 번씩 글을 올리기로 하고 연재란의 이름은 '사진과 수필로 쓰는 만인보'를 줄여서 '사수만보'로 정했다(만인보는 수많은 사람에 대한 기록이라는 뜻이다). 그때부터 마음이 바빠졌다. 문학 언저리를 기웃거리던 시절이 있기는 하나 제대로 문장 공부를 못 했다. 사진도 회사 업무상 광고주에게 결과 보고를 해야 하므로 니콘의 초기 디지털 모델 D-80을 들고 다닌 정도였다. 인물 선정도 기껏 내 주변에서 찾았으니 이래저래 많은 변화가 필요했다.

부지런히 글공부를 했다. '경향신문'에서 진행하는 부희령 작가의 8회 소설 강좌와 이재갑 사진작가의 6개월짜리 다큐멘터리 사진 수업을 들은 것도 그때였다. 사수만보의 주인공을 찾기 위해 누구든지 붙잡고 인물 추천을 의뢰했고 신문의 토막소식도 오려 모았다.

묘하게도 글은 인연을 낳고 또 다른 사연을 불러왔다. 2019년 4월 19일에 쓴 "내 이름은 김종분, 91년에 죽은 성대 김귀정이 엄마여"라는 글은 반향이 컸다. 82학번 난희는 귀정이의 심산연구회 선배로서 귀정이가 떠난 후 딸처럼 어머니를 살뜰하게 모셨다. 어느 날 난희가 페북에 어머니가 왕십리에서 여전히 노점을 하시는 얘기를 썼고 그 글이 내 눈에 들어왔다. 현장에 가서 뵈니 숙연해지기도 하고, 삶은 참 의연할 수 있구나 하는 생각이 들었다. 어머니의 사연은 많은 사람의 가슴을 적셨다. 경희대민주동문회에서는 글을 읽고 어머니에게 생활비 지원을 결정했고 이를 받으신 어머니는 성민동(성대민주동문회)에 기부하셨다.

2021년 5월에 나간 "아직도 '인도적' 체류 신분입니다"라는 글은 서남아시아에서 온 마이일켈을 다뤘다. 종교 박해로 마을을 떠나왔는데 그에게는 딸린 식구만 10명이었다. 하지만 난민심사는 하염없이 대기 상태였다. 월세는 말할 것도 없고 도시가스비가 없어 난방이 끊겨 생활이 말이 아니었다.

이 기사를 보고 난민지원단체 '동행과 행동'에서 선뜻 400만 원을 지원했다. 그때 마이일켈은 스트레스로 앞니가 거의 빠졌는데 역시 기사를 본 부천의 부부치과에서 무상치료를 해주었다. 글 한 편이 주는 힘과 위로가 크구나 하는 것을 절감했다.

가슴에 맺힌 옹이를 푸는 글을 쓰는 무당

나는 2024년 1월 1일부터 전업작가로 살아간다. 지금까지 7년간, 128편을 연재했다. 만난 사람은 다양했다. 팔십 평생을 장돌뱅이로 오일장을 돌며 시계를 팔아온 할아버지, 여자 격투기 선수, 사회변혁노동자당 대표를 하던 우리 친구 태연이 등등. 덕분에 인생을 배웠다. 현수막을 찍으며 인생의 다양한 결에 눈을 떴고, 글을 쓰면서 더 깊게 깨달았다. 내가 쓴 128편을 한두 갈래로 요약할 수 없으나 돌아보면 '국가폭력의 희생자', '분단체제와 맞선 이'가 중심이었다. 장기수의 사연, 프락치 강요 공작으로 숨진 청년, 간토 학살의 피해자 모두 그런 결이었다.

주변에서 걱정을 많이 한다. 왜 '죽은 사람 얘기, 가슴 아픈 얘기'만 쓰냐고. 건강도 생각해 말랑말랑하고 멜랑콜리한 얘기를 편안하게 풀어가면 되지 않냐고.

나도 의문이다. 왜 나는 이런 사연에 눈길이 갈까? 2024년 봄, 서울대 서양사학과에 다니다 군에서 의문사한 최우혁의 사연을 쓸 때 문득 그런 생각이 들었다. 혹시 나는 글을 쓰는 무당이 아닐까? 비극이 많은 우리 땅, 원한이 많아서 떠나지 못하는 '영가'가 많다. 훌훌 벗고 떠나려면 '씻김굿'이 필요하다. 나의 작은 글이 가슴에 맺힌 옹이를 풀고, 저승 가는 길을 닦아줄 수 있다면 그도 나쁘지 않겠다는 생각이 들었다. 지금은 내 문장이 길을 잃거나 수렁에 빠지면 글을 관장하는 천문신장에게 기원을 올린다. 힘을 주십사고.

2019년 '오마이뉴스'에 연재를 시작하고 분에 넘치는 호사를 누렸다. 민 대표에서 민 작가가 되었다. 2021년에는 김남호(경영) 덕분에 그동안 쓴 글을 모아 《민병래의 사수만보》라는 책도 냈다. 아직도 초판이 파주 창고에 쌓여 있으니 미안하다. 무명작가의 글을 선뜻 책으로 엮어준 남호에게 고마울 뿐이다. 2025년 가을에는 프락치 강요 공작으로 숨진 청년의 사연을 담은 책 《파괴된 청춘》을 냈다. 네 번째 책이다.

우리 유학과는 자주 모인다. 지금도 한 해에 두 번씩 1박 2일 MT를 가니 극성인 셈이다. 올봄에는 강화, 파주로 휴전선 기행을 다녀왔다. 우리 유학과 운동권은 유은혜, 이은주 등 몇몇 국회의원도 배출했다. 나름 끈끈하고 결실이 있는 것은 학회를 만드느라 애쓴 운성이 덕분이다. 유학과모임에서 80학번이 나와 운성이 둘뿐이니 돌아가며 회장을 맡는다. 운성이는 인사말을 할 때마다 나를 갈군다. 자기는 박사학위를 갖고 있는데 이 모임 때문에 어쩔 수 없이 고졸인 나를 상대한다고. 네 권의 책을 내면 박사로 대우해준다는 속설이 있다. 나는 이 이론을 강력 지지하고프다. 2026년 봄 MT부터는 기죽지 않을 요량이다.

앞으로 어떤 글이 내 앞에 펼쳐질까? 모를 일이다. 걸어가 봐야한다. 나는 서도소리(황해도 평안도 전승 민요·잡가 등의 소리)도 모르고 무가도 모른다. 공수(무당이 신의 소리를 내는 일)를 풀어내는 것은 말할 것도 없고. 하지만 선무당이면 어떠랴 싶다. 내가 복채를 바라는 게 아니니.

궁금하다. 어떤 힘이 나를 여기다 돌연 던져놓았을까? 1980년 3월 중순, 신입생 환영회를 겸해 동양사상연구회의 첫 모임이 있었다. 저녁 무렵이었다. 꽃샘추위가 서클룸을 지그시 눌러 찬기가 느껴졌다. 듬성듬성 이 빠진 조명에 실내는 어둑신했다. 권선준 학술부장의 인사말과 이어진 토론, 두어 시간이 훌쩍 지나갔다. 목소리는 따뜻하고 힘찼다. 파리한 형광등 사이 눈동자는 반짝거렸고, 첫 세미나를 잘 마쳤다며 박수 소리가 힘찼다. 잊을 수 없는 장면이다.

어쩌면 '3월 중순의 어느 날'이 예까지 나를 인도한 걸까? 그날 이후 내 손에는 《아무도 미워하지 않는 자의 죽음》이라는 책이 들려 있었다. 아껴가며 읽었던 기억이 있다. 그놈도 한몫해 나를 이리로 데려온 걸까?

내 삶에 영향을 준
운동

황운성
유학과

1983년 11월 9일, 학내 시위로 구속되어 서대문구치소로 넘어갔다. 검찰에서 조사받고 저녁 7시가 넘어 어둑어둑한 때 도착해서 배정받은 9사 상 32방에 들어갔다. 0.75평, 사람 하나 눕고 식구통과 뺑기통만 겨우 들어갈 수 있는 공간이었다. 그 비장한 상황 속에서 엉뚱하게도 제일 먼저 든 생각은 '드디어 나만의 방이 생겼다!'였다.

나는 창신동 산 6번지 달동네에서 태어나고 살았다. 내 주변 모든 친척 중에 대학을 다녀본 사람은 나뿐이었다. 나는 이러저러한 과정을 거치며 대학에 진학했다. 어려운 형편에 장학금이 필요해 성대 유학과에 진학했는데, 동양철학을 공부하고 싶은 마음은 진심이었다.

처음 접한 대학 캠퍼스는 활기로 가득 찼다. 당시 총학생회 선거를 앞두고 입후보한 김의종이 '자유의 종, 민주의 종, 정의의 종'이라는 벽보를 내건 기억이 선명하다. 입학해서 과대표가 된 나는 자연스레 유학대의 단과대 1학년 대표가 되었다. 그런 까닭에 문무대 입소거부투쟁대책위에 합류했다. 그곳에서 내가 존경하던 박정희 대통령에 대한 비판을 접하면서 혼란스러웠다. 보수적이었던 나는 학과 친구들에게 대책위 결정사항을 전하고 우리의 입소 여부를 정하는 과정에서 사회 문제에 먼저 눈을 뜬 친구들과 입씨름도 했다. 약간의 오기 반, 호기심 반으로 민병래, 이용운과 함께 사회과학을 공부하기로 했다. 그러나 1년 내내 책 한 권을 제대로 읽지 않았다.

80학번까지 한 과밖에 없던 유학대가 1981년에 졸업정원제가 되면서 동양철학, 한국철학, 유학과의 3개 과로 확대되었다. 81학번을 조직해야 한다는 병래의 말에 책임감을 느껴 후배를 물색했다. 그렇게 해서 꾸린 후배가 10여 명 내외였다. 그런데 병래는 서클(동양사상연구회)에 일이 있다고 학과 일에서 빠졌고 내가 후배 세미나를 전담하게 되었다.

후배 중 몇 명은 이미 사회과학 지식을 어느 정도 접하고 대학에 들어온 눈치였다. 기본 서적인 《전환시대의 논리》조차 읽지 않은 나는 매우 난감했다. 오로지 책임감 하나로 후배들의 눈총(?)을 받아가며 처음으로 사회과학 지식을 쌓아가는 힘든 2학년 시기를 보냈다. 되돌아보니 이 시기가 내 성장의 소중한 때였다. 후배들이 무서워 처음으로 진지하게 사회과학 책을 읽었고, 후배에게 하는 말을 내가 지켜낼 수 있을지 깊이 고민했다. 민중에 대한 의식, 역사에 대한 열정이 높아지기 시작했고 2학년 말 즈음에는 평생 운동을 하면서 살아야겠다는 신념을 굳혔다. 이후 조금씩 부침과 타협이 있었으나 그 신념은 아직도 내 안에 살아 있다고 믿는다.

그다음 내가 걸은 길은 다른 일반의 80학번 운동가와 비슷하다. 1983년 11월 6일 '레이건 방한 반대' 학내 시위로 구속되어 1년 6월을 선고받았다. 이듬해 3월 교황 요한 바오로 2세가 방한하는 바람에 형집행정지로 4개월 만에 풀려났고 그 덕에 군대를 면제받았다.

1985년부터 동료들과 함께 안산에서 공장 생활과 노동운동을 했다. 당시 사회운동 노선을 둘러싼 사상 투쟁 열풍이 벌어졌으나 나는 묵묵히 공장 생활을 했다. 안산 지역 연대조직의 결정으로 원곡동에서 거리 투쟁을 벌였고 이때 체포되어 나는 두 번째로 구속되었다. 1987년 대전교도소에서 만기출소했다. 출소 이후 곧 1987년 노동자 대투쟁이 벌어졌고, 동료들을 찾아 서울 성수동으로 장소를 옮겼다. 유리공장에 취업했고, 노동조합 결성 과정에서 해고되었다. 이후 노동상담소에서 노동조합 결성과 상담 등을 하며 20대를 보냈다.

내가 한평생 신념을 간직한 채 할 수 있는 일이 무엇일까

1990년대 초반 사회주의가 몰락하면서 운동세력은 정신적 좌표를 잃었다. 게다가 1992년 3당 합당으로 김영삼 정권이 들어서자 많은 동지가 새로운 길을 찾아 떠났다. 나와 가장 가까운 동료들은 신문으로 새로운 운동을 모색한다며 '내일신문'에 합류했다. 나는 그 의견에 동의할 수 없어 성수동에 남아 노동상담소를 지켰다. 그 시절 길을 잃은 민중운동의 쇠락을 괴로운 마음으로 지켜봐야 했다.

혼자 지리산 종주도 해보고, 단식도 하면서 오랫동안 나를 돌아보는 시간을 가졌다. 오랜 고민 끝에 "소외된 민중을 역사의 주인으로 만들겠다고 운동을 했는데, 그들을 돕는 일이라도 해야겠다"라고 결론 내렸다. 사회복지를 선택했고 서울대 사회복지학과 대학원에 진학했다.

서울대를 목표로 삼은 계기가 있다. 당시 나는 과외를 하면서 생계를 유지했는데, 그중 우주과학자를 꿈꾸며 과학고 진학을 목표로 삼은 중3 학생이 있었다. 과학고 입학시험을 치른 날 저녁 학생을 만났다. 그 아이가 "시험을 망쳐 자기 꿈이 사라졌다"라며 펑펑 우는 모습에 충격을 받았다(결과는 시험에 합격했다). '인생을 살면서 저렇게 간절한 목표가 나에게 있었을까?'를 곱씹으며 집으로 돌아왔다. 이 일을 계기로 '간절한지를 묻고 간절하다면 혼신의 힘을 다하기'로 마음먹었다. 그리고 1995년 초에 노동상담소를 접었다. 딱 한 해만 서울대 대학원 입시를 준비하기로 결정하고 영어, 제2외국어, 전공과목을 공부했다. 다행히 합격해 1996년 서울대 사회복지학과 대학원에 입학했다.

이후 생활도 녹록지 않았다. 모두 영어인 원서를 읽으며 수업을 따라가야 했고, 그 와중에 가족을 돌보고, 과외하며 생계도 꾸려야 했다. 그러던 중 1997년 IMF 경제위기가 닥쳤고 노숙인 문제가 큰 사회적 이슈가 되었다. 우리 사회에서 처음 접해본 문제라 서울시에서 노숙인을 잘 이해할 수 있는 전문가를 찾았다. 내가 과거 작은 공장 노동자를 도왔다는 풍문을 들었는지 노숙인 사업을 맡아달라는 제안이 들어왔다. 당시 박사과정 학생이었으나 제안을 받아들여 1998년 9월에 서울시 민간 노숙인 사업을 총괄하는 '노숙인다시서기지원센터' 소장을 맡았다. 내가 경험한 첫 사회복지 현장이다. 당시 나는 '자유의 집'이라는 서울에서 가장 큰 700명 규모의 노숙인 시설 소장도 겸직했다.

노숙인 사업을 통해 우리 사회의 가장 어두운 단면을 볼 수 있었다. 농촌에서 아버지의 알코올 중독과 엄마의 가출로 고아 아닌 고아가 된 사람, 어린 시절 어떤 가정에 들어가 아동 노동에 시달리다 성년이 되자 돈 몇 푼 받고 쫓겨난 청년! 보육원에서 18세가 되었다고 200만 원을 받고 강제로 퇴소당한 청소년 등 노숙인의 모습은 다양했다. 또 서울대 경제학과 출신으로 대기업을 운영하다 IMF 경제위기로 파산한 사장도 있었다. 이들은 모두 사회복지 제도의 빈틈 탓에 노숙인 시설까지 흘러들어온 사람이었다. 내가 하고 싶었던 일이 바로 이들을 돕는 것이었는데 심지어 월급까지 받았다. 열심히 살았다.

운동권 출신의 반골 기질 때문인지 시간이 흐르면서 사회복지계의 많은 문제점을 느꼈다. 민간 사회복지 최상층인 법인의 비리와 횡포, 쥐꼬리만 한 사회복지 종사자의 급여, 그 위에 군림하는 공무원들 그리고 사회복지계의 낡은 관행 등.

직원들이여,
나를 노동부에 고발하라

1999년이었다. 그 당시 근로기준법이 있음에도 노숙인지원센터 직원
은 퇴직금을 받을 수 없었다. 서울시에 퇴직금을 지급하라고 여러 번
요구했으나 묵묵부답이었다. 그래서 퇴직한 모든 직원에게 연락해서
노숙인지원센터 소장인 나를 노동부에 고발하라고 했다. 그랬더니
얼마 후 노동부에서 출두명령서가 왔다. 출석해 모든 것을 설명하니
근로감독관이 서울시장에게 출두명령서를 보냈다. 당연히 서울시가
항복하고 퇴직금을 지급했다. 당시에 사회복지계에 이런 일이 비일비
재했다.

사회복지를 하면서 알게 된 동료와 이런 문제를 어떻게 극복할
지를 놓고 토론을 많이 했다. 누군가는 사회복지 노조를, 누군가는
전문가 조직인 사회복지사협회를 통해, 또 누군가는 시민단체를 조
직해 사회복지계 전체에 문제를 제기해야 한다고 했다. 나는 사회복
지사협회를 중심으로 뭉쳐야 한다고 생각했다.

1999년 당시 사무실도 없던 서울시사회복지사협회에 많은 후
원금이 모이도록 지원해 사무실과 상근직원 2명을 마련토록 했다.
그 공로로 졸지에 서울시사회복지사협회 부회장이 되었다. 덕분에
사회복지계 사람을 폭넓게 만날 수 있었다. 배짱이 맞는 사람과 깊
이 사귀며 함께 사회복지계 진보모임을 구성했다. 학생운동과 사회
운동의 경험이 조직 사업의 큰 밑거름이 되었다. 이 진보모임 구성원

이 중심이 되어 서울시사회복지사협회의 변화를 끌어냈다. 그 힘으로 2002년도에는 처음으로 범 사회복지계 2,000여 명이 모여 이명박 시장이 제멋대로 임명한 '서울복지재단 대표이사 퇴진 투쟁'을 벌일 수 있었다. 당시 나는 투쟁위원장을 맡았다. 서울시가 만든 노숙인다시서기지원센터 소장의 신분이었지만 서울시 정문 앞에서 시위와 단식 투쟁을 했다. 투쟁의 결과 서울시사회복지사협회의 회원이 급증하고 서울시 사회복지계의 중심으로 자리 잡았다. 투쟁 후에 나는 법인을 통해 노숙인다시서기지원센터 소장 직위에서 물러나라는 권유를 받고 2004년 12월 자진 사표를 냈다.

이후 그동안의 노숙인 사업을 되돌아보고 노숙인이 공동체를 만들어 살면 좋지 않을까 생각했다.

'노숙인은 어차피 가진 것이 없는 사람이니 그냥 조금씩 노동하고 조금씩 돈을 내고 조금씩 서로에게 의지하면서 살면 좋지 않을까? 그런 의미에서 노숙인이야말로 공동체를 만들어 살기에 가장 적합한 사람이 아닐까?'

그리고 혹시 시간이 남으면 독거노인과 같이 더 어려운 분에게 봉사도 하면서 지내면 좋을 것 같았다. 그래서 은평구에 노숙인 봉사공동체를 만들었다. 10여 명의 노숙인과 함께 1년 반 정도를 살았다. 이들과 공동체 생활을 하면서 인간의 이기심이 얼마나 뿌리 깊은지를 깨달았고 내가 너무 이상적으로 접근했음을 알았다. 영성이 바탕이 되지 않는 공동체 생활은 불가능하다는 깨달음을 얻고 이 실험을 접었다.

이후 2007년 생계를 위해 보건복지인력개발원에 취업했으나 사회복지계 진보모임 활동은 계속했다. 동료들은 사회복지 각 분야에서 주역으로 활약을 하며 빠르게 사회복지계를 변화시켜 갔다. 그 결과 사회복지 법인의 비리와 관의 횡포도 많이 줄었고 사회복지 종사자의 처우도 크게 개선되었다. 2017년부터는 사회복지계 대표 조직인 한국사회복지사협회 역시 바꿀 수 있었다. 나는 현재 한국사회복지사협회에서 이사 그리고 대외협력위원장을 맡고 있다.

2016년, 오래 지속한 독서모임에서 《인간은 필요없다》라는 책을 읽고 큰 충격을 받았다. 제리 카플란Jerry Kaplan이 쓴 이 책은 공상과학이 아닌, 철학과 인문학적 배경을 가진 공학자가 현실과 미래 기술에 대해 전망한 내용이었다. 이 책에서 충격을 받아 인공지능에 관한 여러 권의 책을 읽었다. 우리 사회의 다양한 문제(환경, 빈부 격차, 민주주의, 전쟁 등)는 서서히 심각해지지만, AI(인공지능)는 조만간 핵폭발처럼 순식간에 모든 문제를 휩쓸어버릴 것 같았다. 조바심에 주변의 지인에게 AI가 바꿀 미래에 대해 많은 이야기를 했다. 당시에 나의 이야기는 공상과학으로 받아들여졌다. 시간이 흐른 지금도 내 가장 주요 관심사는 AI로 변화될 세상, 그리고 우리 자녀와 손자녀들의 우울한 미래다.

글을 쓰고 보니 내가 마치 강인한 운동적 신념으로 살아온 사람처럼 보일 것 같아 매우 부끄럽다. 실제 살아온 내 삶은 많은 흔들림과 타협 그리고 부끄러움의 연속이었다. 다만 중심을 잃지 않게 해준 힘은 학생운동과 사회운동을 통해 배우고 익힌 나의 가치관과 세상을 보는 관점, 그리고 어려운 순간마다 마음을 다해 도와준 운동권 동지들의 우정이었다.

민병래의 끈질긴 권유로 글을 쓰게 되었다. 학창 시절 학생운동과 노동운동에 대한 일은 다른 친구들이 많이 쓸 것 같아, 노동운동 이후 내 삶에 대해 쓰기로 했다. 글을 쓰면서 되돌아보니, 많은 일이 있었다. 이제는 더 이룰 것도 없고 더 할 일도 없을 것 같은데 마음 한쪽은 무겁다. 60대 중반의 나이에 취업이 되어 시간의 무게도 덜고 생활도 나아졌다. 세상을 관조하면서 건강 잘 유지하고, 주변 사람과 더불어 남은 인생을 살아가고 싶다.

경계境界에서
윤동주를 만나다

정우택

국어국문학과

1980년 3월, 햇빛이 아련한 어느 봄날 약대 뒤로 탈춤반을 찾아가다가 전인권 형이 여기서도 탈춤을 가르쳐준다며 끌어당기는 바람에 도연(도산연구회)에 들어갔다. 탈춤 등 민중문학 공부와 도연에서의 사회과학 공부를 결합해 나와 나한훈이 국문과 학회로 구비문학반을 만들고 장안식, 신복균, 박경식, 김선옥, 박해현, 김상열 등 81학번 후배를 맞이했다. 이후 구비문학반은 국문과 학생회의 중추가 되었다. 나는 도연과 문과대 학생회, 구비문학반 활동을 함께했다.

성대 국문과에서는 교수-대학원생 중심으로 1960년대부터 구비문학 학술답사를 다녔다. 김시업 교수님이 주도하는 민요조사반은 정선에서 아리랑을 조사했다. 3학년 겨울방학 때 이 답사에 참여했고, 돌아와서 녹음해 온 아리랑을 문자로 옮기는 작업을 맡았다.

아리랑을 조사·정리·연구하는 일을 해보라는 권유를 받았다. 민중의 애환을 담은 생활 현장의 구비문학이 민족·민중문학의 자산이자 기반임을 증명해야 한다는 것이었다. 민중 주체의 구비문학 연구를 통해 탈식민, 내재적 발전의 민족문학사를 구상해야 한다고도 했다. 근덕이와 안식이 등 동료 선후배의 이해를 업고 대학원에 왔고, 민요와 민중 생활 현장을 답사하는 한편, 민요운동 단체에서도 활동했다. 논문 작성할 때 상윤이가 가고 나는 엎드려서 〈정선아라리의 구조적 특성과 역사적 전개〉라는 논문을 썼다.

나아가 전통적이고 민중적인 민요가 현대 시를 창출하는 과정을 밝혀 이식론을 극복하고 내발적이고 탈식민적이며 주체적인 한국 근대문학사의 전개를 밝히는 주제로 박사 논문을 준비했다. 공부할수록 '근대'라는 것이 단선적이지도 연속적이지만도 않다는 것을 확인했다. 근대는 전통과 번역과 교섭의 역사였다. 일본, 중국, 미국, 유럽까지도 상호 번역과 교류를 통해 만들어졌다. 직선적이라기보다 선형적이고, 단선적이라기보다 복합적이며 혼종적이었다. 현대는 동서양이 혼융된 문명이다. 한민족이 다 함께 부르는 〈본조아리랑〉은 정선아라리를 기반으로, 1920년대 서양 악기로 편곡된 근대의 노래라는 것을 알게 되었다. 그러는 과정에 나는 현대 시 연구자가 되었지만, 여전히 정선, 밀양, 진도, 나아가 고려인과 조선족, 자이니치의 아리랑을 찾아 40년 동안 답사를 다니고 있다. 그사이 아리랑은 유네스코 지정 무형문화유산이 되었다. 고려인, 재일코리안, 중국조선족의 마을을 찾아 아리랑을 조사 연구하며 글로벌 한국학을 생각했다.

북간도의 갈대숲에서
누군가를 호명하고 있었다

2008년 12월 30일 아침, 중국 연변조선족자치구 연길 황금성호텔 1005호에서 모아산으로 떠오르는 해를 바라보고 있었다. 사람들은 한겨울의 강바람을 온몸으로 맞으며 꽁꽁 언 부르하통하布林哈通河 얼음판을 걸어서 건넜다. 새떼가 부연 하늘로 날아오른다.

1980년대, 내게 '북간도'를 환기시키고 가슴 설레게 한 것은 황지우의 다음 시였다.

> 일간지에 콩나물을 싸들고
> 아내가 우리 생애의 막다른 골목으로 돌아온다
> 가난한 거주지의 긴 주소를 찾아
> (그래 그래 주소가 길면 가난한 사람이다)
> 일기예보를 보는 식구들에게
> 길림성 옛 갈대밭에서
> 입에 손 모으고 호명하는 사람이 있다
> 그곳에도 사람이 있다고
> 그곳에도 흰 깃발이 오르고
> 다가갈 수 없는 대안對岸으로
> 물은 흘러도 영원히 닿지 않는
> 연해주에서 신림 산6동까지

보이지 않는 눈·비·바람의

보이는 선을 따라

흰 깃발이 펄럭인다

— 황지우, 〈수기手旗를 흔들며〉 일부

나는 오랫동안 "길림성 옛 갈대밭에서 / 입에 손 모으고 호명
하는 사람이 있다"는 구절이 황지우의 또 다른 시 〈새들도 세상을 뜨
는구나〉의 한 부분이라고 착각하고 있었다. '길림성의 옛 갈대밭'과
〈새들도 세상을 뜨는구나〉의 '갈대숲'이 중첩되어 혼란을 일으켰던
것이다. 당시 길림성은 갈 수 없는, 막연하고 불온한 장소였다.

갈대숲을 이룩하는 흰 새떼들이

자기들끼리 끼룩거리면서

자기들끼리 낄낄대면서

일렬 이렬 삼렬 횡대로 자기들의 세상을

이 세상에서 떼어 메고

이 세상 밖 어디론가 날아간다

— 황지우, 〈새들도 세상을 뜨는구나〉 일부

이 시를 읽을 당시, 우리는 "일렬 이렬 삼렬 횡대"와 '종대'로 발
을 맞춰 제식훈련식 군사문화를 내면화하도록 강요받으며 시대를 건
너고 있었다. "자기들의 세상을 / 이 세상에서 떼어 메고 / 이 세상

밖 어디론가 날아"가는 '갈대숲의 흰 새떼'들처럼 암울한 1980년대의 상황적 실존을 떼어 메고 "이 세상 밖 어디론가 날아가"고 싶었다. "우리도 우리들끼리 / 우리의 대열을 이루며 / 한 세상을 떼어 메고" 스크럼을 짜고 대열을 만들고 연대하며 새로운 주체로서 '이 세상'과 다른 새 나라를 만들고자 고투했다.

"길림성 옛 갈대밭에서 입에 손을 모으고 호명하는 사람"이 나를 부른다는 환각을 갖게 했다. 오랜 시간이 지나서 실제로, 나는 그 길림성 근처의 벌판에 서 있었다. 일기예보 등고선의 한 지점이기만 했던 북간도의 갈대숲에서 내가 흰 깃발을 펄럭이고, 입에 손을 모으고 누군가를 호명하고 있었다.

지금 여기는 어디고, 이들은 누구이며 나는 어디서 왔던가

나는 연변대학 도서관에서 조선어 텍스트의 현황을 살피고 연변의 조선족 문화인들을 만나 인터뷰하며 중국 동북 지역 조선어문학장의 현주소를 탐색하고 있었다. 1980년대 조선어문학장은 실로 대단한 것이었다. 조선어로 발간하는 《연변문학》은 한창때 8만 3,000부를 찍었다고 한다. 전성기 《창작과비평》을 상회하는 발행 부수이다. 200만 조선족 사회에서 그렇게 많은 부수를 발간했다는 것은 놀라운 사건이었다. 그러나 우리가 갔던 21세기엔 그 열기가 쓸쓸하게 식어가고 있었다.

 하지만 문화 일꾼들의 조선문학·문화에 대한 열정은 식지 않고 있었다. 연변대학 교수들과 웃통을 벗고 백주를 마시며 나누던 조선 문학에 대한 토론은 열렬했다. 중국조선족의 역사와 문학을 이야기하는 그들의 열정과 억센 사투리는 아득한 시간, 아련한 장소로 나를 끌어들였다. 활활 타는 백주와 함께 내 실존이 증발하는 현기증을 느꼈다. 지금 여기는 어디고, 이들은 누구이며 나는 어디서 왔던가. 국경을 넘어와서 같은 언어로 소통하고 있다는 동질감과 한편으로는 낯선 분위기가 혼란스러웠다.

 2009년 1월 1일, 대학 도서관은 쉬는 날이었다. 나는 용정과 명동에 갔다. 용두레 우물과 일본 영사관 자리, 만주 시절의 거리 등을 거닐었다. 용정평원, 겨울 황량한 벌판을 가로질러 명동 마을에 갔다.

 명동 마을은 사람의 인기척이 없이 적막해 현실감이 없었다. 윤동주기념관 비닐 창문이 찢어져 바람에 펄럭이고 있었다. 텅 빈 벌판에 오직 푸른 하늘이 펼쳐지고 하늘과 땅 사이로 바람은 비적匪賊처럼 허공을 찢으며 달려들었다. 나는 드넓은 하늘과 달려드는 바람에 압도되었다. 하늘과 바람과 드넓은 벌판.

 연길 시내에 왔을 때는 밤이 되었고 새해맞이 폭죽놀이가 한창이었다. 방에 돌아와 누웠는데 하늘에선가 소리처럼 바람이 불어오고 나를 흔들어 '가자! 가자!'고 하는 것 같았다.

 식민지 시기에 만주를 드나들었던 김달진도 두만강을 건너 용정까지 오며, "넓은 들"과 "하늘", "바람"에 압도되었다.

시악시요 아 이국의 젊은 시악시요

아장아장 걸어오는 조막발 시악시요

흰 분이 고루 먹히지 않은 살찐 얼굴

당신은 저 넓은 들이 슬프지 않습니까

저 하늘 바람이 슬프지 않습니까

— 김달진, 〈용정龍井〉《재만조선시인집》, 연길: 예문당, 1942) 일부

전족纏足을 해서 아장거리는 중국 여성과 "넓은 들", "저 하늘 바람"을 아주 낯설게 보고 있다. 한반도의 사람들은 북간도와 만주에 와서 넓은 들판, 막막한 하늘, 그 사이로 불어대는 바람이 인상적이었던 것이다. 나도 '북간도' 푸른 하늘 밑 벌판에서 바람을 맞으며 '하늘'과 '바람'과 '별'과 '시'를 생각했다. '하늘'과 '바람'과 '별'은 북간도의 풍경이자 정서를 이루고, 그것이 바로 윤동주의 '시詩'가 되었다는 것을 몸서리치며 실감했다.

윤동주는 〈자화상〉을 쓸 때도 하늘과 바람과 구름과 달을 배경으로 자기를 그렸다. "달이 밝고 구름이 흐르고 하늘이 펼치고 파아란 바람이 불고 가을이 있고 추억처럼 사나이가 있습니다"(〈자화상〉)라고. 윤동주는 "하늘에서 불어오는 바람"을 통해 그가 북간도 고향에 돌아왔음을 비로소 실감한다. "고향에 돌아온 날 밤에 / 내 백골이 따라와 한 방에 누웠다. // 어둔 방은 우주로 통하고 / 하늘에선 가 소리처럼 바람이 불어온다"(〈또 다른 고향〉).

윤동주를 찾아 나선 길은
결국 나와 나의 청춘을 찾아 나선 여정

한국으로 돌아오자마자 《윤동주 전집》(권영민 편, 문학사사상, 1995)을 살펴보았다. 화보란에서 '尹東柱君葬禮式 康德十二年二月十六日(윤동주 군 장례식 강덕 12년 2월 16일)'이라고 쓰여 있는 윤동주의 장례식 사진을 발견했다.

윤동주의 장례식은 용정에서 문재린(문익환 목사의 아버지) 용정 중앙장로교회 목사의 집도로 가족 친지들이 지켜보는 가운데 1945년 3월 6일 거행되었다. '康德(강덕)'은 만주제국의 연호였다. 윤동주의

윤동주 장례식 사진

죽음은 만주국의 시간에 의해 기록되었다. 약 3개월 후에 세워진 그의 비석 〈詩人尹東柱之墓(시인윤동주지묘)〉에는 "一九四五年六月十四日 海史 金錫觀 撰並書"이라고 해 서기 '1945년'으로 계산되었다. 윤동주의 명동학교 졸업식 사진에는 서기 '1931년 3월 20일'로 기록되었다.

교토 지방재판소의 판결문에는 윤동주에 대해 "平沼東柱(평소동주, 히라누마 도오쥬우)"는 "大正七年十二月三十日生(대정7년 12월 30일생)", "만주국 간도성"에서 태어났고, 본적은 "조선 함경북도 청진", "반도 출신", "조선인", "선계일본인", "내선계內鮮系"라고 기록했다. 그리고 "昭和十九年三月三十一日(소화19년 3월 31일)"의 시간으로 판결받았다.

윤동주가 다닌 일본 교토의 도시샤同志社 대학 교정에는 윤동주 시비가 있는데, 안내문에 "윤동주는 코리아의 민족시인으로 (중략) 1917년 12월 30일, 당시의 중화민국 동북부 간도성 화룡현 명동촌에서 태어나서"라고 기록했다. 현재 일본의 입장에서 윤동주를 남쪽이나 북쪽이나 중국조선족 어느 하나로 귀속시킬 수 없어서 '코리아의 민족시인'이라고 설명했다.

윤동주는 이처럼 복잡하고 이질적인 시간과 장소와 이름 '들' 속에서 살았다. 그만큼 그의 사유, 감각과 코드는 혼종적이었고 그의 정체성은 혼란스러웠다. 그는 살아생전에 공식적으로 '조선'이나 한국의 국적을 가져본 적이 없고 여러 다른 시공간을 획득하려는 역사적 의지들이 각축하는 현장에서 성장하고 시를 썼다. 윤동주는 평양 숭실중학교에서 5개월, 경성 연희전문학교에서 3년 9개월 재학하며,

한반도에서 총 4년 반 정도 살았다. 일본에서는 3년 정도 유학하다가 형무소에서 사망했다. 그는 조선인 이주 4세로서 중화민국, 만주국, 일본국, 그리고 조선이라는 '지역'에서 살았다.

그동안 윤동주는 혼종성과 모순 혹은 차이에 대한 고려 없이 순정한 한국의 민족-저항 시인으로 표상되어왔다. '일제하 민족'이라는 구조화된 상황에서 윤동주의 생과 언어가 다루어졌다고 해도 과언이 아니다. 윤동주가 북간도 출신이라는 사실은 고향 상실과 연계된 결핍, 실향의식 등으로 설명되었고, 그의 시세계는 식민지 치하에서 유랑하는 이주민의 후예로서 고난과 핍박의 정서와 고국에의 귀환 의지, 성찰과 순절의 상징으로 파악되어왔다.

우리가 보고 싶은 대로 윤동주를 만들어서 본 것은 아닌가, 어떤 코드에 맞추어서 조립하고 구성했던 것은 아닌가 하는 생각도 들었다. 표상, 재현, 전유라는 것의 문제성.

《하늘과 바람과 별과 詩》라는 시집 제목에 주목할 필요가 있다. '하늘과 바람과 별'이 윤동주에게는 바로 '詩'였던 것이다. 우리가 알고 있는 〈서시〉라는 시의 원래 제목은 〈하늘과 바람과 별과 詩〉였다. '하늘과 바람과 별'은 '詩'이자 그의 고향 '북간도'의 풍경이기도 했다. 그는 〈별 헤는 밤〉에서 "계절이 지나가는 하늘에는 / 가을로 가득 차 있"고, "가을 속의 별들을 다 헤일 듯"하고, "별 하나에 詩와 / 별 하나에 어머니, 어머니"가 있고, "어머님, / 그리고 당신은 멀리 북간도에 계십니다"고 하고 "이 많은 별빛이 나린 언덕 위에 / 내 이름자를 써본"다고 했다. 윤동주에게 어머니의 땅은 북간도였다. 자기

정체성의 확인, "내 이름자를 써"보는 곳은 "별빛 내린 언덕", 시의 거처이거나 북간도라고 할 수 있다. 윤동주의 북간도는 역사적 땅이다. '만주'나 현재의 '중화인민공화국'으로 환원될 수 없는 땅, 지금은 없는, 그러나 윤동주의 나라였다.

나는 윤동주를 찾아서 연변, 도쿄, 교토로 그리고 그의 하숙집과 통학길을 따라다녔다. 윤동주를 북간도에서 만난 지 딱 13년 만인 2021년 12월 30일, 《시인의 발견 윤동주》라는 책을 만들었다. 이 글은 《시인의 발견 윤동주》 서문을 바탕으로 재정리한 것이다.

윤동주를 찾아 나선 길은 결국 나와 나의 청춘을 찾아 나선 여정인지도 모른다. 윤동주를 통해 나의 청춘과 내 삶과 나를 둘러싼 세계, 한국의 문학을 성찰하고 재발견하고 싶었다. 윤동주 안에는 시대를 치열하게 살아낸 나의 20대 친구들이 있다. 윤동주의 '북간도', 그가 가끔 '별나라'라고 그리워했던 곳, '하늘과 바람과 별과 詩'로 표현된 나라, 그곳은 아직 이 세상에 없다. 나의 친구들이 '사랑도 명예도 이름도 남김없이' 청춘을 바쳐 이루고자 했던 세상은 윤동주가 '시라는 망명정부'를 통해 고투했던 삶과 다르지 않다. 윤동주의 시가 계속 읽히며 힘이 되듯이 나와 나의 친구들의 생과 열망 그리고 미래는 오래 지속될 것이다.

그 모든 일이 '우연'인 척
내 삶에 들어왔다

남봉우

중어중문학과

입학 다음 날인 1980년 3월 4일로 기억한다. 그날도 학교생활에 대한 별 기대감 없이 터덜터덜 대성로를 올랐다. 그때 문과대 돌집(지금의 600주년 기념관)과 대학본부(지금의 학생회관) 사이에 펼쳐진 난장亂場이 눈에 들어왔다. 온갖 서클이 책상을 내놓고 신입생 모집을 하고 있었던 거였다. 이날 운명처럼 동양사상연구회를 만났다.

'동양 띄우고 사상연구회'와
울진의 선비 내 아버지

사실 성대를 선택하고 중문과를 결정한 것도 '동양사상' 때문이었다.

유학儒學은 나에게 어릴 때부터 익숙한 학문이었다. 외할아버지는 조선 말 최고의 성리학자로 꼽히던 간재艮齋 전우田愚의 제자로 나름 전국구 유학자셨다. 그의 사상과 학문을 조명한 논문(성대 조민성 등)이 몇 편 발표되었고 관련한 학술 세미나도 열렸을 정도다. 그의 사위이자 제자였던 아버지도 오매불망 공맹을 그리워하던 자·타칭 울진의 선비셨다. 나도 초등학교에 입학하면서부터 회초리를 맞아가며 율곡의《격몽요결擊蒙要訣》등을 배웠다.

망설임 없이 가입원서를 썼다. 그러자 어떤 선배가 서클 소개를 하겠다며 문과대 1층 빈 강의실로 나를 데리고 갔다. 경제학과 79학번 임휘철 선배였다. 선배는 박정희가 왜 죽었는지 등 조금 엉뚱한(?) 얘기를 꺼냈다.

"동양사상연구회는 공맹의 사상을 공부하는 데 아닙니까?" 내 질문에 잠깐 뜸 들이다 나온 대답이 걸작이었다. "우리 서클은 동양 띄우고 사상연구회네." '동양사상연구회'가 아니라 '동양 사상연구회'라는 거다. 세상에~.

조금 황당했으나 가입원서까지 쓴 마당에 며칠 다녀보기로 했다. 마침, 동사연 서클룸은 문과대 중간계단 2층과 3층 사이에 위치해 들르기도 쉬웠다. '며칠'이라는 다짐은 서클 친구, 선배들 덕분에 까맣게 잊어버렸다. 첫 세미나 교재였던 마르쿠제의《위대한 거부》가 너무 어려워 오기가 발동한 측면도 있다. 그렇게 시작한 서클 생활이 내 삶을 바꿀 줄은 꿈에도 몰랐다.

3월 첫 주부터 벌어진 현승종 총장 퇴진 시위를 밖에서 지켜보다가 곧 대열에 합류했다. 성대에서 시작한 병영집체훈련 거부운동이 다른 대학으로 퍼지고 언론을 타자 아버지가 서울로 올라오셨다. 혹시 시위에 가담하지 않을까 걱정이 되었던 모양이다.

아버지는 "성인도 나라에 도가 없으면…" 어쩌구 하시며 시류에 휩쓸리지 말라고 당부했다. 이때 내 얘기가 아버지의 말문을 막았다. "저한테 지행합일知行—을 가르치지 않으셨습니까?"

한참 아무 말도 못 하시던 아버지는 나름의 타협안을 내놨다. "데모를 해도 제일 앞줄에 서지는 마라."

그날 이후 아버지는 내가 하는 일에 한 번도 뭐라 하신 적이 없다. 지지하지는 않았으나 말로건 행동으로건 반대도 하지 않았다.

그래도 아들에 대한 기대를 접지는 못했던 모양이다. 1983년 말 출소 후 울진경찰서장과 밥을 먹은 적이 있다. 무림사건을 담당한 행시 출신 엘리트 공안통이었던 그 서장은 내가 한국전쟁 이후 울진에서 시국사범으로 구속된 첫 번째 인물이라고 했다. 그와 나는 백암온천에서 목욕도 하고 관사에서 밥도 먹고 하며 하루를 같이 보냈다. 시국이나 어떻게 살지에 대해서는 한마디도 나누지 않았다. 그랬는데 그가 아버지에게 "아드님은 구제불능"이라고 했다고 한다. 훗날 아버지는 그 말을 듣고 며칠 밥을 못 넘겼다고 털어놓으셨다.

국문과 친구 동이와 관련된 일화 하나. 어느 날 동이가 울진 우리 집을 다녀간 후 아버지는 "쟤는 참 묘하게 생겼다"라며 몇 번 고개를 갸웃거리셨다. 뭐가 이상하냐고 물어도 딱 부러지게 대답도 못 했다. 그냥 인상이 묘하다는 거다. 나중에 동이의 분신 소식을 듣고 아버지는 "그래서 그랬나?" 하며 고개를 끄덕이셨다. 나는 관상 따위를 믿지 않으나 아버지가 동이에게서 본 게 무엇인지 아직도 궁금하다.

아버지가 돌아가시던 모습은 드라마의 한 장면 같았다. 1997년 대통령 선거 한 달 전 어느 날, 아버지는 "이제 얼마 못 살 것 같다"라 며 당신의 끝을 예고했다. 며칠 후 자신이 낳은 6남매만 있을 때 한 명 한 명에게 유언을 남겼다. 그러고는 볼펜을 달라고 하시더니 노트 에 '不怨天不尤人(불원천불우인)'이라고 쓴 후 "나 이제 간다"라고 눈을 감았다. 잠시 뒤 깨어나 "내가 왜 아직 살아 있냐"라고 화를 내셨지 만 금방 영면에 들었다. 《중용》에 나오는 '하늘도 원망하지 않고 사람 도 탓하지 않는다'는 아버지의 마지막 육필메모 '不怨天不尤人'은 지 금도 내 책상머리에 놓여 있다.

3·22 막전 막후와
그 시절 인연

1983년 1월 어느 날 밤, 동경(동대문경찰서) 형사들이 누나와 함께 자 취하던 이문동 집에 들이닥쳤다. 그때까지만 해도 나는 다른 역할 을 맡아 연말쯤 학교생활을 정리하기로 되어 있었으나 상황이 급해 졌다. 마침 81학번 서한석과 김성한이 다른 건으로 동대문서로 잡혀 들어왔다. 2층 수사과 옆 좁은 골방에서 우리는 며칠을 같이 지내며 이후 어떻게 할지 머리를 맞댔다.

그때는 경찰에 연행만 되어도 강제징집이 되었던 터라 마음이 조마조마했다. 궁리 끝에 고향의 부모님께 인사라도 하고 군에 가겠다고 먼저 제안을 했다. 반성문도 감동적으로(?) 썼다. 형사들은 나 때문에 나중에 연행되어 온 중문과 후배들에게까지 "반성문은 이렇게 쓰는 거야"라며 내 반성문을 모범 사례로 보여줬다고 한다.

그게 통했는지 동경은 일단 우리를 내보내주었다. 나중에 안 일이지만 병무청에서는 이미 징집영장을 발부한 상태였다.

경찰서에서 나오자마자 바로 도바리(도피)를 쳤다. 나와 성한이, 한석이는 잠정 구성되어 있던 1983년 첫 시위팀에 합류하기로 하고, 봉천동에 방을 하나 구했다. 3·22팀은 내가 다른 친구들에게 제안해 조직한 것으로 알리바이를 만들었다.

3월 들어 성대에는 팽팽한 긴장감이 감돌았다. 나와 한석이, 성한이가 졸업식장에 유인물을 뿌리며 시위를 예고한 데다, 갑표와 상철이도 반 검거 상태에서 튀었기 때문이었다. 동경은 성대가 1983년 대학 시위의 스타트를 끊게 하지 않으려고 발버둥을 쳤다. 학교 정문과 후문에 짭새들이 배치되었다. 학교에 진입하는 것도 유인물을 들여보내는 것도 만만치 않아 얼굴이 곱상한 상철이와 한석이가 여장을 하자는 의견도 나왔다.

디데이 전날까지 가리방으로 긁어 만든 네 종의 유인물이 봉천동 자취방을 채웠다. 그런데 문제가 생겼다. 여자친구와 잠깐 인사만 하고 오겠다던 81학번 김대영이 밤이 되도록 오지 않는 거다. 아차, 싶었다. 당시 영등포와 노량진 일대에는 동경 짭새들이 우리를 찾는다고 진을 치고 있다고 들었기 때문이었다. 2월 설 명절 때 영등포역 부근에서 갑표와 상철이가 함께 있다가 귀성하던 다른 캠퍼스 친구들과 우연히 마주쳤는데, 다른 건으로 연행된 그들이 우리를 봤다고 한 모양이었다.

대영이가 경찰에 달려갔다고 생각하니 마음이 급해졌다. 어렵사리 구한 가리방만 숨기고 공들여 만든 유인물은 그대로 둔 채 봉천시장 쪽 골목길로 내려왔다. 그때 술에 취해 올라오던 대영이와 마주쳤다. 만약 길이 엇갈렸으면 어떻게 되었을까.

가슴을 쓸어내리고 다시 마무리 정리를 했다. 3·22팀이 만들어진 경위와 어떻게 합류하게 되었는지를 쓴 시나리오를 각자 외웠다. 하지만 먼저 잠이 든 대영이는 그 시나리오를 기억하지 못했다. 3·22 시위 후 동경에서 진술조서를 쓸 때 대영이를 담당했던 형사가 와서 갑자기 내 뒤통수를 쳤다. "니네들 다 짰지?" 대영이가 자신의 행적을 기억하지 못하겠다며 "봉우형이 다 안다"라고 했다는 거다.

3월 22일 시위 시작점은 중문과 임일호 교수가 수업하는 문과대 2층 1201호 강의실이었다. 갑표와 근덕이가 강의실에 앉아 있다가 디타임이 되면 초동을 뜨고(주동자가 가장 먼저 시위를 시작하는 일) 강의실에 미리 대기하고 있던 친구들과 함께 문과대 앞으로 학우들을 끌고 나온다는 계획이었다. 중문과 학과장이었던 임 교수는 나를 살뜰하게 챙겨준 분이었는데 왜 그 강의실에서 시작하자고 했는지 지금도 죄송한 마음이다.

나와 한석이, 성한이는 예정된 시각 명륜동 뒷골목을 통해 교수회관 뒷담을 넘었다. 나는 교수회관 앞에서, 상철이는 경상대에서, 헌필이는 도서관에서 시위대를 이끌었다. 3·22팀 스스로가 내건 '물량전'이라는 모토에 걸맞게 10명이 사방팔방에서 동을 뜨고 식칼과 횃불을 휘두르니 짭새들도 당황했던 모양이다. 시위를 예상보다 훨씬 오래 끌고 갔는데 79학번 김용기 선배가 다음 날까지 하는 바람에 1박 2일 시위가 되어버렸다.

붙잡힌 날 오후부터 동경에서 정말 원 없이 맞았다. 그것도 그럴 것이 저들 입장에서는 다 잡은 고기를 놓쳤으니 얼마나 약이 올랐을까. 악명 높았던 형사 김의풍은 "니들이 원하는 세상이 와서 내가 금잔디광장에서 인민재판을 받더라도 오늘 너 한 놈은 죽이겠다"라며 입에 거품을 물었다. 그랬던 김의풍을 DJ 정부 시절 국회에서 만난 적이 있다. 남원 출신이라고 꽃보직을 받아 국회로 파견되었는지는 알 수 없지만 자기가 몽둥이질했던 운동권들이 국회의원이나 보좌관, 기자 같은 '갑'(?)의 자리에 있으니 이래저래 곤혹스러웠을 것이다.

동경 조사는 2층에서 조서를 쓰다가 지하실로 끌려가 몽둥이질을 당하는 식으로 반복되었다. 한 번은 지하실로 끌려가는데 상철이가 형사 등에 업혀 올라오는 게 아닌가. 짭새들도 놀랐는지 자기들끼리 어떻게 된 거냐고 묻는데 상철이가 눈을 찡긋했다. 옳다구나 싶어서 나도 몽둥이찜질을 받다가 픽 쓰러졌다. 하지만 "덩치도 큰 놈이 엄살 부린다"라고 더 맞았다. 얼마나 심하게 맞았던지 허벅지가 부어올라 바지 재봉선이 터져버렸다. 허벅지에 남은 멍 때문에 유치장에서 유치 기일을 꼬박 채우고 서울구치소로 넘어갔다.

3·22 팀원 중 유일하게 지금은 부재중인 헌필이 얘기는 하고 가야겠다. 헌필이는 3·22팀에 가장 늦게 합류한 친구 중 하나였다. 아마 3월 중순이었을 것이다. 채 2주도 안 되었지만 헌필이는 누구보다 열심히 준비했다. 3·22팀 10명 전부가 처음 만난 날 밥값도 헌필이가 냈다. 그리고 우리가 만든 네 종류의 유인물 중 '신입생에게 부침'은 헌필이가 썼다.

시위 당일 헌필이는 도서관학과 후배인 81학번 서창호와 함께 도서관 2층 좁은 난간에서 시위를 이끌었고 무장 사복형사들이 잡으러 오자 횃불 방망이를 휘두르며 저항했다. 자칫 떨어질 수도 있는 상황이라 짭새들도 쉽게 진압하지 못했다. 동경에 연행되어 매타작을 당하고 있을 때 50킬로그램도 안 될 정도로 마른 상철이더러 쓰러지는 척하라고 조언을 한 이도 헌필이었다고 한다.

3·22팀 담당 검사는 최병국이었다가 중간에 이사철로 바뀌었다. 나중에 정치부 기자 신분으로 국회의원이 된 최병국과 이사철을 다시 만났다. 최병국은 울산 출신으로 YS 시절 고속승진하며 전두환, 노태우 수사를 맡아 구속까지 시켜 그 공으로 국회의원이 되었다. 의원실에서 만난 그에게 "서울지검 검사 시절 나한테 '삼족을 멸할 죄를 저질렀다'라고 한 걸 기억하냐"고 묻자 아예 모르는 일이라며 딱 잡아뗐다.

항소심까지 담당했던 이사철은 내가 한나라당을 출입한 얼마 후 당 대변인이 되었다. 원래 대변인과 출입기자는 밤낮 폭탄주를 돌리며 어울리는 공생관계(?)지만 과거 기억에다 거들먹거리는 그의 태도가 싫어 데면데면하게 지냈다. 이후 2000년 총선 때 그는 '내일신문' 지역판인 '부천시민내일신문' 보도 때문에 낙마해 악연을 이어갔다.

노동운동 아닌
노동에 급급하다

광주의 좌절, 그리고 광주항쟁 당시 시민들이 보여준 투쟁은 학생운동권에 많은 시사점을 던졌다. 결론은 '기층에 답이 있다'였다. 대부분의 대학처럼 성대에서도 공공연하게 노동현장 투신 분위기가 만들어졌다. 방학 기간 공장 활동(공활)은 당연히 할 일이었다. 하지만 제대로 된 공활 프로그램 없이 공장에 들어가 노동을 체험하는 수준이었다.

1981년 겨울, 나도 성수동의 한 공장으로 들어갔다. 마마 전기밥솥 껍데기를 만드는 프레스 공장이었다. 프레스기도 겁났지만 철판은 더 위험했다. 장갑을 몇 겹 껴도 베이기 일쑤였다. 한번은 오른쪽 손목 언저리를 크게 베였다. 상처 부위를 감싸 쥐고 사무실로 갔다. 큰 기대는 하지 않았으나 빨간약(머큐로크롬)이나 밴드는 있을 줄 알았다.

"좀 깊이 베였는데 대일밴드 하나 붙여주세요." 여직원은 그런 것 없다며 스카치테이프를 척 붙여줬다. 헐~. 그때 베인 상처 흔적이 아직도 손목에 남아 있다.

노동현장에 들어갈 본격적인 준비는 1984년 초부터 했다. 대략 80학번 50여 명이 조를 짜서 소모임을 구성했다. 나는 동이, 병덕이, 갑표와 한 조가 되어 아현동 추계예대 부근에서 합숙하면서 노가다도 하고 공단 답사도 다녔다. 우리는 부천 지역을 선택했다. 그해 하반기 나와 병덕이는 오정동에 방을 얻어 같이 생활하기 시작했다. 동이와 갑표는 인근에 각각 방을 얻었다. 처음 들어간 곳은 건설자재 공장으로 '후끼'라고 불린 페인트공이 되었다. 하루 종일 페인트칠을 하고 일당 3,500원을 받았다. 마스크를 몇 겹 껴도 코를 풀면 페인트 색깔에 따라 노란 콧물, 빨간 콧물이 나왔다.

부천 생활 초기에 동이, 병덕이, 갑표와 거의 매일 밤 고스톱을 쳤다. 현장에 적응하기 위해서라는 말도 안 되는 핑계와 함께. 나에게는 버스비를 벌어야 한다는 현실적 이유도 있었다. 한 달 10만 5,000원을 받아 월세 내고, 방 얻느라 빌린 돈을 갚고 나면 버스 토큰 살 돈조차 없었다. 상대적으로 넉넉한(?) 동이가 밥이었다.

병덕이와 생활하던 건넌방에 삼성반도체 공장에 다니던 여성이 살고 있었다. 1985년 신년 초였던 것 같다. 그 친구가 집주인을 통해 삼성반도체 달력을 보내며 '사귀고 싶다'는 뜻을 전해왔다. 젊은 남성이 매일 곤로밥을 해 먹고 빨래하던 모습이 나름 괜찮게 보였던 모양이다. 병덕이는 사람 잘못 봤다며 '자기가 더 좋은 사람'이라고 집주인에게 너스레를 떨었다.

1985년 후반 우리 조는 분해되었다. 병덕이는 돈을 조달하기로 하고 서울로 나가 기획사를 만들었다. 갑표는 노동 포교를 위해 현장에 들어온 부여 고란사 주지 출신 원혜 스님과 도당동에 반야포교원을 열었다. 동이는 인부노회와 연결되어 활동 폭을 넓혔다. 나는 학교 쪽과의 연결을 맡아 81, 82학번을 현장에서 맞이하는 창구가 되었다.

1986년 중반 갑자기 부천을 떠나야 할 일이 생겼다. 현장에 들어와 있던 82학번 여자 후배들 집이 경찰에 털린 것이다. 어쭙잖게 그 친구들을 지도한답시고 어울렸던 나도 감시 대상이 된 게 분명했다. 미국에서 돌아온 민재가 얼마간 내 방에 머물렀던 터라 일이 어디로 번질지 조마조마했다. 그때 성남으로 활동 터전을 옮기면서 석탑노동연구원을 통해 덕성여대 출신 활동가 선배와 연결되었고, 그가 조직한 OPC 계열사 노동자 소모임에 참여했다가 나중에 넘겨받았다.

1987년 노동자 대투쟁의 불길은 성남에도 번졌다. 성남공단 최대 공장이자 방산기업이었던 OPC에서도 1987년 말 노조가 결성되었다. 1988년 초 OPC 노조 간부들과 몇 차례 합숙을 한 후 3월부터 임금 인상 투쟁에 들어갔다. OPC의 30여 일 파업 기간 동안 나는 거의 노조사무실에서 먹고 자면서 유인물을 쓰고 회사의 대응에 맞섰다. 하루 2~3시간 자고 매일 유인물을 1~2개씩 쓰는 강행군에도 힘든 줄 몰랐다. 회사는 내 이름까지 박아 '노조가 불순세력의 조종을 받는다'라고 공격해왔다.

파업 승리 후 OPC 노조사무실은 나의 주 활동 공간이 되었다. 노동조합으로부터 월 3만 원의 활동비까지 받았다. 이후 OPC 손길수 위원장이 성남노총 지부장이 되면서 통합 작업에도 관여했다. 당시 성남의 여러 노동운동 분파들이 오길성 제화노조 위원장을 앞세워 전노협(민주노총 전신) 계열의 성노협을 출범시킨 후였다. 우리는 '노동자는 하나'라는 기치 아래 성남노총과 성노협을 단일 조직으로 만드는 작업에 몰두했다.

우여곡절 끝에 두 조직을 통합해 1990년 3월 성남노련을 출범시켰다. 3월 10일 신구대학에서 열린 성남노련 출범식에는 1만 명의 노동자가 참석해 전국적인 화제가 되었다. 울산, 창원 등 대공단이 아닌 중소공단에서 1만 명이 운집한 건 엄청난 사건이기 때문이었다.

출범식에서 낭독할 통합선언문을 내가 쓰기로 했는데 아무리 머리를 굴려도 글이 나오지 않았다. 출범 전날 아침까지는 원고를 넘겨야 하는데 생각이 엉키기만 했다. 이틀 전 밤에도 술 약속을 나갔다가 비몽사몽 취한 채로 탈고했다. 그렇게 쓴 선언문은 평생 글을 써온 지금 생각해도 명문이었던 것으로 기억한다. 그 글은 모 노동잡지에 실려 꽤 널리 읽혔다.

이재명 대통령과의 만남도 그즈음 이뤄졌다. 당시 승문이와 함께 '일터'라는 노동상담소를 운영하고 있었다. 성남에서 소년공 생활을 한 이재명은 사법연수원 시절 최원식, 김영선 등과 함께 노동상담을 돕겠다며 장명국 석탑노동연구원장을 찾았던 모양이다. 장 원장은 그가 성남에서 변호사를 하겠다고 하자 일터와 연결해줬다.

한동안 초임 변호사 이재명과 형 동생 하며 어울려 다녔다. 함께 울진 우리 집에 놀러 가 단칸방에서 같이 잠도 자고 낚시도 했다. 하지만 그가 성남시장이 된 후부터는 만난 적이 없다. 대선 출마 당시 인터뷰를 하던 우리 기자에게 "봉우 선배는 어떻게 지내냐"라며 안부를 물어오기는 했다.

천생에 없었던 기자로
평생을 살다

1992년 대선이 본격화되면서 장명국 원장과 석탑 계열의 각 지역 노동상담소 관계자들은 대선 이후를 모색했다. YS가 당선되어도 노동운동의 조건이 바뀐다고 봤고, 그 경우 신문을 만들기로 했다. 대선 이틀 전날 전국의 관련 상담소 대표가 모여 신문 창간에 대한 구체적인 계획을 논의했다.

그때까지만 해도 내가 신문기자가 된다는 것은 생각도 하지 않았다. 그냥 주주 독자를 모으며 조직 활동을 계속한다는 계획이었다. 우여곡절 끝에 1993년 10월 주간 '내일신문'이 창간되었다. 당시 우리 80학번 친구 중에 그 신문사에 몸담은 이가 적지 않았다. 승문이와 민재는 본사에서, 나는 성남, 해정이는 부산, 근철이는 대구, 경식이는 인천에서 일했다. 강석이와 호열이 등도 안양과 안산에서 직간접적으로 관여했다.

유난히도 더웠던 1994년 여름 초입 어느 날, 장명국 원장에게서 전화가 왔다. 개인전화가 없던 시절이라 OPC 노동조합 사무실로 연락이 왔는데 다짜고짜 본사로 올라와 문화팀장을 맡으라는 거다.

"나는 문화는 하나도 모르는데요. 꽹과리도 안 쳐봤어요." "너희 아버님이 문화원장이었잖아. 누나는 산 타는 사람이고." 문화원장 아버지와 산악인 누나가 무슨 상관이냐고?

여하튼 그렇게 두어 달 실랑이 끝에 1994년 8월부터 본사로 출근해 본격적인 기자 생활을 시작했다. 그 후 30년이 넘도록 지금까지 '내일신문' 밥을 먹고 있다. 신문사에서 산전수전 다 겪으며 중앙일간지 최장수 편집국장, 논설주간, 주필을 거쳐 편집인이라는 허울 좋은 타이틀을 달았으니 언론인이 내 천직이었던 모양이다. 30년 석간신문을 만들면서 생긴 습관. 나는 요새도 새벽 2시에 일어나 일을 하거나 책을 읽는다.

훗날 내 묘비명에 무슨 글을 남길까?

'운명은 우연인 척 내게 다가왔다. 동양사상연구회, 학생운동, 노동운동 그리고 언론인의 삶은 필연이었다.'

지나온 날도 지금도 '나는 복 받은 사람이로소이다'

손은주

중어중문학과

나의 어린 시절 기억 중 가장 뚜렷하게 남아 있는 것은 할매(할머니)에 대한 추억이다. 우리 집은 뿌리 깊은 유교적 가풍을 가지고 있었기에 모든 일이 남자인 아버지와 아들 중심으로 돌아갔다. 하지만 할매는 달랐다. 장손인 남동생보다 나를 더 추켜세워 주셨다. 지금까지 내게 자존감이 남아 있다면 그때 할매가 만들어주신 것일 게다.

'방울이 가시나'의 할매에 대한 추억

할매는 내가 '고딩이(민물고동)'를 좋아한다고 틈만 나면 집 부근 하천에서 고동을 잡아주셨다. 그랬던 어느 날이다. 친구들과 놀고 있는데 누가 "너네 할매가 돌아가셨다"라고 했다. 달음박질쳐 집으로 오니 리어카에 할머니의 주검이 실려 있었다. 소쿠리에 담긴 고동 두 알이 할매가 남긴 마지막 흔적이었다.

여름이면 어머니는 할매가 하천에 못 나가시도록 감시를 했다. 어떤 점쟁이가 "흐르는 물만 조심하면 할매가 장수하실 것"이라고 했단다. 그런데도 할매는 손녀가 좋아하는 고동을 따겠다며 어머니 눈을 피해 물가로 나갔다가 변을 당한 것이다. 그날 보채는 나를 몇 번이나 돌아보며 환하게 웃으시던 할매의 마지막 모습이 아직도 눈에 선하다.

지금도 고동을 보면 "방울이 가시나(내 어릴 때 별명)야" 하며 나를 예뻐해주시던 할매가 떠오른다. "네가 고딩이 타령을 해서 할매가 돌아가셨다." 이런 어머니의 원망도 이제는 그리움으로 들리지만, 어쨌건 할매는 여태껏 내 삶을 지탱시켜 주는 원동력이 되어왔다.

그 이듬해 우리 가족은 고향을 떠나 서울로 이사를 왔다. 모든 것이 낯설고 힘들어 한동안은 경주에 데려가 달라며 어머니를 졸랐다. 지금은 세상에 없는 시골 단짝친구 옥주가 매일 밤 꿈에 나타났다. 나름의 향수병이었던 모양이다.

다행히 옆집 교복 입은 언니 오빠들이 우리 집으로 와 나와 남동생과 놀아주어 점차 적응할 수 있었다. 꼬맹이들이 경상도 사투리로 말하는 것이 귀여웠던 모양이다.

하지만 초등학교 입학 후 그 사투리 때문인지 낯선 환경 때문인지 오랫동안 주눅이 들어 살았다. 마포 용강초등학교 입학식 날은 내게 악몽이었다. 나를 데려가신 아버지의 손을 놓고 운동장 무리 속으로 들어갔을 때 마치 외계 집단에 나 홀로 던져진 느낌이었다. 학교에서도 내 말 한마디, 심지어 내가 책을 읽을 때도 깔깔거리던 친구들 때문에 의기소침해져서 점점 말수가 줄었다. 그래서인지 내게는 초등학교 친구가 없다. 어쩌면 지금의 내 내성적인 성격은 그때 만들어진 것일 수도 있다.

가끔은 내가 고향에서 학교를 다녔으면 좀 더 당차고 진취적인 사람이 되지 않았을까 생각할 때가 있다. 어릴 때 내 별명이 '방울이'였던 이유는 동네방네 통통거리며 다닌다는 이유에서였다. 지금도 고향 어르신들은 우리 어머니를 "방울이 엄마"라고 부르신다.

외톨이로 학교를 다니던 중 내가 4학년이 되자 남동생이 입학했고 그후로는 우리 둘이 늘 붙어 다녔다. 1부제 수업을 마친 동생은 내가 2, 3부제 수업을 할 때도 교실 복도에 쭈그리고 앉아 몇 시간이고 기다렸다. 하루도 빠짐없이 등하교를 같이했으니 우리 남매는 선생님과 친구들 사이에 소문난 커플이었다. 지금도 우리는 베프 사이다. 아이들이 가끔 "외삼촌과 무슨 통화를 그리 길게 하냐"고 할 정도로.

온 집안이 내 월급봉투만
바라보던 시절

처음 서울로 이사 왔을 때 우리 집은 할아버지의 지원으로 나름 풍족한 생활을 했던 것 같다. 하지만 영화도 잠깐이었다. 사람 좋으신 아버지는 집만 나서면 사기를 당했다. 할아버지가 장만해주신 땅과 점포 등을 날리고 마지막 남은 집문서마저 넘어가던 날, 그 충격으로 할아버지가 쓰러지셨다. 할아버지는 중풍으로 오랜 기간 병원 신세를 져야 했고 그때부터 부모님의 생활고가 시작되었다.

나는 고등학교 졸업과 동시에 인쇄소에 취직했다. 을지로 백병원 옆에 위치한 작은 인쇄소였다. 당시 월급은 6만 5,000원. 어머니는 내 월급날만 손꼽아 기다렸다. 내가 고등학교 1학년 때 어머니가 자궁암 수술을 받았고 아버지마저 건설 사기를 당해 온 집안의 경제활동이 멈춰버렸기 때문이었다.

나는 매일 아침 어머니에게 도시락과 교통비를 받아 출퇴근했는데 대부분이 그랬듯이 주머니에 땡전 한 푼 없는 것이 불안하지 않던 시절이었다. 그 습성 때문인지 지금도 가끔 지갑이 텅 비면 오히려 마음이 편할 때가 있다.

그렇게 시작된 나의 급사 생활은 오래가지 못했다. 지금 떠올려도 부아가 날 정도로 못된 인쇄소 사장의 품성이 내 첫 사회생활이 6개월 만에 끝나게 한 것이다. 나는 직장에서 있었던 부당함을 시시콜콜 어머니에게 이야기했고 드디어 그만두라는 허락을 받을 수 있었다.

얼마 전 어머니는 옛날얘기 끝에 당시 이야기를 했다. "그때 네가 퉁퉁 부은 다리로 집에 와서는 울음보를 터트렸단다." "사장이 인쇄소에 자주 오던 친구와 너를 비교하며 무시했다는 말을 자주 했지." "단짝 친구 경자처럼 대학교 가고 싶다고도 했어."

어머니는 그 시절 내 행동과 말이 평생 마음에 박혀 있었는지 40년이 훌쩍 지난 지금도 생생하게 기억하고 있었다. 내가 엄마가 된 지금에야 어머니의 아픈 마음이 고스란히 느껴져 조금 죄송스러운 마음이 든다.

어쨌든 그렇게 해서 나는 대입 준비를 할 수 있었고 성대 중문과 2부에 입학했다. 결과적으로 그 인쇄소 사장도 나에게는 은인일 수 있겠다. 그 양반이 조금만 더 관대했더라면 직장 생활에 만족했을 것이고 대학에 갈 일도, 《난쏘공》과 《전환시대의 논리》를 읽을 일도, 시대의 문제에 눈뜨지도 못했을 것이다. 그냥 "여자가 가방끈이 길면 팔자가 사납다"라는 어른들의 말을 금과옥조 삼아 그럭저럭 살았을 것이다.

고향 같고 후원자 같은
친구들을 만나다

대학교 입학 후 나는 한동안 직장을 구하지 못했다. 총무처에서 시행하는 9급 공무원 시험을 봤으나 성적 때문이었는지 서울로 발령받지 못했다. 거리상 학교생활과 병행할 수 없었기에 포기했고 짬짬이 알바만 하고 있었다.

그렇게 어슬렁거리던 중 같은 과 임국희를 따라 동양사상연구회에 입회하게 되었다. 말 그대로 동양사상을 공부하고 싶었고, 이로 인해 한학과 중국사에 관심이 컸던 아버지로부터 "역시 내 딸"이라는 칭찬을 듣기도 했다. 지금 생각하니 곧 취업을 앞두고 무슨 배짱이었는지 모르겠다.

친구를 따라 어영부영 가입한 그 동아리에서 내 삶의 반전이 시작되었다. 동양사상과는 전혀 관련 없는 이념서클에 묘한 이끌림을 느꼈다. 선배와 동기들이 마냥 좋았고 미더웠다. 스터디 교재를 읽으며, 선배들의 목소리에 귀 기울이며, 최루탄이 난무한 교내에서 스크럼을 짜면서 전혀 다른 세상을 받아들이고 있었다. 입학일로부터 5월 17일 휴교령 때까지 겨우 2개월 남짓이었는데 나에게 그 시기는 무척이나 길고 깊게 각인되어 있다. 그 2개월의 경험이 내 인생의 터닝 포인트가 되었다.

이후 휴교령으로 학교는 가지 못하고 띄엄띄엄 동아리 스터디에 참여하며 공무원 시험 준비를 병행했다. 그해 겨울 시험을 치렀고 이듬해에 합격 통지서를 받았다. 그렇게 진로를 결정하고 발령을 기다리는 동안 일부 선배와 동기들이 징집되어 떠났다. 그때 우리는 분통을 터뜨렸으나 패배감과 무력감으로 힘든 날을 보내야 했다.

2학년이 시작되고 나는 동이의 권유로 오픈 동아리 심산연구회의 일원이 되었고 예쁜 후배들도 만날 수 있었다.

학교생활과 별개로 나는 국방부 9급 공무원으로 사회생활을 시작했다. 부모님이 상경한 지 14년 만에 귀향한 후 나는 동생들과 자취를 하며 직장 생활과 학교 공부를 병행했다. 지금 되돌아보면 바쁘고 배고팠던 기억만 남아 있다.

그럼에도 다른 80학번 친구들이 올곧고 꿋꿋하게 사는 모습을 보면서 불쑥불쑥 부채감이 들었다. '나만 소시민의 삶을 누리는 게 아닌가', '내게 주어진 기득권을 쥐고 앞만 보고 가는 게 아닌가' 하고.

1982년이었던 것 같다. 국방부에도 전국에서 벌어지는 학생이나 노동자 시위 현황이 매일 상황보고로 알려졌기에 당시 언론에 보도되지 않는 전국의 시위 현황을 한눈에 볼 수 있었다. 그 상황보고에는 내가 아는 선배와 동기들 이름까지 박혀 있었다. 아는 이름이 나와서 깜짝 놀랐지만 사실 내용은 별거 없었다. '신림동사거리에서 서울대생 몇 명 시위, ○○○ 구속' 식의 내용이 전부였다.

나는 그 내용을 봉우에게 전달했고, 그 때문에 봉우는 국방부 민원실을 많이도 들락거렸던 것 같다. 처음에 나는 내용을 기억해 기록했는데 나중에는 대범하게 복사까지 했다. 어느 토요일 오후에는 야근을 핑계로 혼자 남아서 겁도 없이 유인물을 복사한 적도 있다. 돌이켜 생각해보면 아찔하지만 당시에는 무슨 마음이었는지 모르겠다. 그거라도 알려줘야 친구들에게 덜 미안할 것 같은 작은 사명감을 느낀 걸까. 봉우가 그 정보를 어떻게 활용했는지는 묻지 않았고 그도 얘기해주지 않았다. 가끔씩 봉우로부터 중문과 수업 필기 내용을 전해 받기도 했다.

한번은 동생들과 자취하는 집을 옮겼는데 하필 그 집 주인 아저씨가 대학교를 담당하는 안기부 요원이었다. 주인 부부는 우리를 부모처럼 보살펴주었는데 그 사실을 알고 나서는 무척 조심스러웠다. 책도 감추고 심산 후배들이 오지 못하게 막았다.

이후 결혼·출산·육아를 하면서 친구들과의 만남은 뜸해졌지만 마음은 한결같았기에 멀리 있다고 느껴지지는 않았다. 나의 대학 시절 인연은 지금 내 생활의 큰 비중을 차지하고 있다. 푸릇한 시절 가슴으로 함께했던 친구들이라 그런가? 그냥 고향 같고 든든한 후원자 같다.

글을 쓰기 위해 처음으로 살아온 세월을 돌이켜보니 나는 언제나 처음 시작이 사람이었던 듯하다. 목표 의식이나 논리보다는 사람에 이끌려 시작한 일이 대부분이라는 얘기다. 인쇄소 사장이 싫어서 도피했고, 동아리 친구들이 좋아서 이념을 받아들였으며, 반평생을 바친 직장 생활에서도 늘 모든 일의 시작은 사람이었다. 내 치명적인 단점이자 장점이라고 생각한다. 그래서인지 나는 일 중심적이고 논리적인 사람이 부럽고 크게 보일 때가 많다.

내 스타일 아닌 남편과
지금껏 사는 이유

오늘도 나는 남편과 길을 나선다. 어릴 때는 할매의 껌딱지였는데 지금은 남편의 껍딱지가 되어버렸다. 사실 오랫동안 내가 남편한테 잘못 걸려들었다고 생각해왔는데 요즘 와서는 아무래도 남편이 나에게 잘못 걸려든 것 같다는 생각이 든다.

나는 스스로 잔소리가 많지 않은 사람이라고 여기는데 이상하게도 남편한테만 잔소리 핵폭격이다. 아이들한테도, 예전 직장 생활에서도 그렇지 않았다. 우리 아이들이 나에게 "적당한 관심으로 쓸데없는 잔소리를 하지 않아 좋다"고 했으니 그 말이 맞을 것이다.

얼마 전 남편이 나에게 "우리가 이렇게 서로 다른데 잘살고 있는 것이 신기하다"라고 했다. 내 대답은 가차 없이 "사랑하니까"였다. 사랑이 아니면 설명되지 않으니까. 하여튼 이 순간만큼은 잔소리 대마왕과 살아주는 남편이 고맙다. 솔직히 남편은 외모도 목소리도 성격도 전혀 내 스타일이 아니다. 그런데도 사랑하게 되었고 결혼까지 해 이날까지 살고 있으니 평생 인연이기는 한가 보다.

남편과의 첫 만남은 헌필이가 만들었다. 졸업 후 어영부영 살고 있는데 어느 날 헌필이가 스터디 그룹에 들어올 것을 제안했다. 그 모임 장소인 진아춘에서 남편을 처음 만났다. 나중에 생각해보니 헌필이도 순수한 마음이 아니었던 것 같다. 노길이와 함께 오라고 했으니. 결과적으로 노길이와 나는 서로의 남편을 소개해준 셈이 되었다.

남편과 만나는 동안 우여곡절이 많았다. 남편의 고향은 보수 본향이라는 대구이며 우리 시부모님의 성향은 말하지 않아도 짐작한 그대로였다. 한번은 남편이 대구 본가에 갇혀 편지 검열까지 받는 상황이 되었다. 우리 그룹은 그 일로 명동인지 종로인지 어느 카페에서 머리를 맞대고 스터디 아닌 스터디를 했는데 헌필이가 자원해 이른바 내 남편인 '현근이 구출 작전'에 들어갔다.

헌필이가 대구 본가까지 내려가서 남편과 하룻밤을 지내고 같이 올라와 까치처럼 우리 사이를 잇는 오작교가 되어주었다. 헌필이다운 모습이었다. 그때만 해도 헤어질 결심을 굳히고 있던 터라 헌필이 등 친구들의 도움이 없었다면 지금의 남편도 아이들도 내 곁에 없을 것이다. 헌필아, 친구들아, 고맙다!

나는 요즘 일주일에 두세 번은 남편 기사 역할, 한 번은 며느리 역할을 한다. 그 외의 시간에는 나만의 일상을 누리고 있다. 머리 쓰지 않아도 되는 지금의 루틴이 참 좋다. 이제부터 자녀들과 약속한 건강관리를 시작해야 한다고 다짐한다. 더 욕심을 낸다면 다리에 힘이 빠지기 전에 친구들과 즐거운 여행을 하고 싶다.

몇 번을 생각해도 나는 참 복 받은 사람이다.

죽다 살아난
이야기

이종무
독어독문학과

1980년 대학에 들어간 이후 학생운동 10년, 1984년 부천에서 공장에 위장취업한 이후 노동운동 10년, 1996년 대북지원 시민단체인 우리민족서로돕기운동에서 시민운동 10년 해서 총 30년을 활동하면서 보냈다. 내 나이가 이제 65세니까 30년 동안이면 반평생을 운동하면서 보낸 것이다.

2010년대는 내 인생에서 가장 바쁜 시기였다. 박사학위과정 이수와 방북 및 매년 국제회의 개최, 정책연구 보고서 집필 등 정신없이 보냈다. 결국 이 모든 것이 누적되면서 사달이 생겼다.

2012년 9월에 이화여대 북한학과 대학원생을 대상으로 강의를 하다가 뇌출혈로 쓰러졌다. 다행히 뇌출혈 환자를 가족으로 둔 수강생이 있어서 상황을 파악하고 바로 앰뷸런스를 불렀기에 나는 즉시

병원으로 이송될 수 있었다.

그렇게 신촌 연세대학교 세브란스병원에서 네 차례의 머리 수술을 받았다. 한 번은 머릿속 혈관이 너무 부어서 머리뼈를 잘라서 냉장 보관했다가 다시 봉합하는 수술이었다. 마지막 머리 수술이 끝나고 나니 의사는 죽다 살아났다고 했다.

저승사자인가 수호천사인가
세 번의 감사

혼수상태에서 꿈을 꿨는데 검은 옷을 입은 남자들이 나를 잡으러 쫓아다니는 것이다. 겨우겨우 도망 다녔는데 이후 생각해보니 그들이 저승사자라는 생각이 들었다. 이 얘기를 신부님께 했더니 신부님은 그들이 수호천사였을 거라고 했다.

지나고 나서 생각해보니 첫째, 죽지 않고 살아나서 감사하고, 둘째, 전신불수가 아니라 반신불수만 되어서 감사하고, 셋째, 거동은 불편하나 언어 능력은 그대로여서 사람들과 소통하는 데 전혀 문제가 없다는 것에 감사하고 또 감사하고 있다. 원래 뇌출혈 환자는 왼쪽 뇌를 다치면 운동 능력을 상실하고 오른쪽 뇌를 다치면 언어 능력을 상실한다. 그런데 나는 그나마 다행히 왼쪽 뇌를 다친 것이다.

뇌출혈은 나에게 좌측 편마비와 오른쪽 눈 실명을 가져왔다. 오랫동안 투병을 하다 보니 수도권에 있는 유수한 병원들은 다 거쳤다.

산재보험에서 보험료가 지출된 입원 기간만 700일이 되니 병원에 대해선 빠꼼이가 되었다. 유명하다는 치료사한테 치료도 받아보았다.

오랜 투병 생활에서 얻은 깨달음은 (온전히) 치료될 수 있다는 희망을 버리는 것이었다. 그건 대책 없는 희망 고문밖에 안 된다.

장기 입원을 하다 퇴원했을 때는 대소변도 못 가리고 사지마비 상태였다. 그 상태에서 집에서 자력으로 화장실을 출입하기까지 수년이 걸렸다. 그래도 지금은 지팡이 짚고 1시간 정도 동네 한 바퀴를 돈다. 물론 자연스럽지는 않고 다리를 절면서 걷는다.

나는 이 정도면 되었다고 생각한다. 더 욕심을 가질 일이 아니다. 아프기 전 상태로 돌아갈 수 없는 것이니까. 사지마비였던 때를 생각하면 지금도 상전벽해의 변화가 있는 거니까.

10여 년에 걸친 어머니의 지극정성 간호와 마음 다스리기 금언

어머니의 연세가 90이시다. 본인 몸도 가누기 어려운데 사지마비된 나를 10년을 넘게 간병하셨다. 어머니의 이러한 간병이 없었으면 나는 지금 정도로 운신하지 못했을 것이다. 그래서 어머니에게 어머니의 아들로 태어난 것이 내 인생 최대의 행운이고 행복하다고 말씀드렸다.

또 오랜 병상 생활에서 마음을 다스리는 데 도움을 준 금언이

2개 있다.

하나는 '이것 또한 지나가리다'이다. 솔로몬이 다윗에게 전쟁에서 승리했을 때 교만하지 말고 반대로 패배했을 때 좌절하지 말라고 하면서 준 금언이다. 나는 이를 병상의 금언으로 삼아 힘든 시간을 이겨냈다. 이것은 두 번의 시점 이동을 갖고 있는데 현재를 과거로 돌리고 지금 여기의 나를 미래의 어느 시점으로 옮겨놓는다. 아무리 힘든 과거도 미래의 시선으로는 따뜻하게 볼 수 있다

둘째는 '일체유심조'이다. 나는 수시로 이렇게 읊으며 마음을 다스렸다.

"일체유심조, 다 마음먹기 나름이다. 일체유심조, 다 생각하기 나름이다." 그래서 지금은 마음 편하게, 행복하게 살고 있다.

최근에는 나도 새로운 시도를 했다. 내가 잘 아는 남북관계 관련 글을 써서 '내일신문'에 기고해 실렸다. 원고료도 적지 않아서 기분이 좋았다.

내 삶에서 부족한
5'손' 이야기

서강석

사학과

"아빠의 사회생활에 가족은 없어?" 갑작스러운 아들의 질문에 당황스러웠다. 순간 머리를 망치로 맞은 듯했다. 짧은 순간이지만 많은 시간이 스치어 지나갔다. 그 많은 날에 놀라웠다.

늘 바쁜 아빠의 가족 활동,
이벤트 아빠

나는 가족과 함께한 시간이 적었다. 그때마다 나 자신을 합리화했다. 생계를 위해 돈도 벌어야 하고, 사회 활동도 해야 하기 때문이라는 거다. 노동상담소를 할 때는 그때대로, 사회단체를 맡은 때는 또 그때대로의 이유가 있었다. 그래서 나름 짧은 시간을 더 알차게 보내자는 생각에 가족과 함께하는 활동을 제안한다. 주로 집을 벗어나는 것이다. 같이 여행도 갔다. 특히 딸하고는 지리산 종주를 여러 차례 했다. 그러나 가족은 일상에서 함께하는 시간이 부족함을 많이 느꼈다. 어느 날인가 나에게는 '이벤트 아빠'라는 수식어가 붙었다.

그 질문의 발단은 이렇다. 살면서 참 어려운 것이 겸손이었다. 나는 적극적인 성격에 활달한 외향형이다. 어느 때부터인지 노하우로 포장된 경험 등 아는 것이나 행한 것에 대한 자랑이 많아졌다. 특히 후배에게는 더했다. 앞에서는 그냥 지나가나 뒤에서는 말이 있었으리라. 이를 고치고자 했다. 효과를 봤던 압축 단어 또는 슬로건을 스스로 마음을 다스리는 경구로 만들었다.

"상사나 선배, 어르신에게는 공손!"
"부하 직원이나 후배에게는 겸손!"

이렇게 2개가 완성되었다. 공손, 겸손 모두 끝 글자가 '손'이어서 두 '손'이 되었다.

자주 되뇌었다. 좋았다. 주변에 써먹었다. 반응도 괜찮았다. 심지어 강의 때 사례로 얘기하기도 했다. 그런데 뭔가 부족했다. 허전한 빈구석은 계속 나를 보고 있는데 나만 몰랐다. 생각해보니 선배, 후배 외에 친구나 동료 등이 빠졌기 때문이다.

그럼 어떤 단어가 좋을까 고민했다. 별로 생각나지 않았다. 이

런저런 단어는 생각나나 끝 단어가 손이 아닌 아쉬움이 남았다. '그래, 다른 사람에게 물어보자.'

바로 떠오른 사람이 있었다. 하남시청 대변인이었다. 제일기획에 다음 카카오 출신이다. 질문에 바로 즉답이다. "맞손 어때요!"

너무 놀라 감탄했다. 뜻도 좋고 '손'으로 끝난다.

3'손'의 완성이다. 기뻤다. 여기저기 참 많이도 얘기했다. 물어보지 않아도 신대륙 발견인 양 마구 얘기했다. 심지어 '삼손과 데릴라'까지 들먹였다.

아들이 병역 의무를 마치고 대학 졸업 후 취업 준비를 했는데 바로 취직했다. 참 기쁘고 고마웠다. 아빠로서 축하도 하고 사회 선배로서 조언도 할 겸 자리를 만들었다.

"울 아들! 축하해! 그리고 고맙다." 취직이 늦으면 아빠 엄마의 부담도 커진다는 말은 안 했다. 서로 환한 웃음에 목소리도 밝았다. "그런데 아빠가 사회생활을 하다 보니 세 가지 '손'으로, 바로 3'손'으로 사는 것이 좋겠더라."

궁금한지 나를 쳐다보는 아들의 눈망울은 맑게 빛났다. 의기양양하게 최근에 완성한 세 가지 '손'을 자신 있게 설파했다. "사회생활에서도 직장에서도 그렇고⋯."

아들의 얼굴이 좀 더 앞으로 다가온다. "상사나 어른에겐 공손! 직급 낮은 직원이나 후배에겐 겸손! 입사 동기나 친구들하고는 맞손!" 회사 초년생이라 부하 직원이란 말이 적절하지 않아 중간 용어는 바꾸었다.

"이렇게 3'손'으로 사는 것이 최고의 사회생활이야!"

마지막 최고라는 단어에 힘을 주어 말했는데 아들은 나를 응시하면서 바로 질문했다. "아빠의 사회생활에 가족은 없어?" 축하의 즐거운 분위기가 순간 썰렁해졌다.

그때부터 가족을 포함한 경구 고민

아이디어가 좀처럼 떠오르지를 않았다. 그 자리를 아들의 반문하는 말과 모습이 차지한다. 더 생각이 안 난다. 대놓고 여기저기 얘기하기도 그랬다. 그때 공연 기획을 하는 동료 한 사람이 떠올랐다. '왜'라는 질문에 명쾌한 답을 했기 때문이었다.

"왜 이 공연을 해야 하지요?" "코로나19로 시민들은 사계절을 제대로 느끼지 못했어요! 북반구의 비발디 〈사계〉! 남반구의 피아졸라 〈사계〉! 최연소 서울대 교수 바이올린 김다미 연주에 앙상블…."

거침없는 대답이 이어졌다. 바로 결정되고 공연은 성황을 이루었다. 관객과 연주자, 기획자 삼위일체! 모두가 만족한 최고의 공연이었다.

그 동료에게 3'손'을 만든 배경을 설명했다. 아들과 있었던 일도 이어 풀어놓았다. 가족은 빠진 3'손'이었다. 그런데 또 놀라운 일이 벌어졌다. 바로 대답이 나온 것이다.

"가족은 '오손도손'하면 되겠네요!" 잠시 벌린 입을 다물지 못하고 있었다. '손'으로 끝나는 두 단어다. 무음 탄성이다. 상대는 놀라서 감격한 내 모습을 보고 약간 겸연쩍게 말을 이어갔다.

"사실 요즘 고민이 있었는데, 오손도손이 해결책이었거든요! 애 아빠가 미국 주재원 발령이 나서요." 순간 얼굴에 큰 아쉬움이 스며들었다.

"제가 아무리 공연 기획을 좋아해도 가족이 떨어져 살기는 그래서 우리 가족끼리 '오손도손' 살기로 했어요." 그러면서 얼굴에 미소를 띠었다.

우리 직장은 휴직 제도가 없는데 곧 승진을 앞둔 동료의 얘기이기에 더 다가왔다.

'오손도손' 단어는 언젠가 가볍게 이야기를 시작했으나 곧 진지 모드로 들어가 딸이 한 말을 떠올리게 했다. '아빠! 난 아빠하고 참 잘 지내고 싶거든! 그러니 아빠가 우리 일상으로 들어와!' 그때 일상이란 단어가 마음을 깊게 찔렀다.

그 순간 '아! 맞아. 일상과 오순도순' 하면서 벌떡 일어났다. 크게 소리까지 지를 뻔했는데 간신히 참아냈다. 나는 얼굴에 함박웃음을 지으며 동료에게 악수를 청했다.

공'손', 겸'손', 맞'손', 오'손'도'손'
5'손'이 완성되었다.

정의로운 삶, 자유로운 삶, 자존적인 삶

이근덕

사학과

고등학교 3학년이던 1979년 10월 26일, 김재규의 총에 의해 박정희가 사망했다는 뉴스를 접하자 나는 마치 전쟁이라도 날 듯하고, 나라가 망할 듯해 불안에 떨었던 기억이 난다. 반면, 그 기억의 한 구석엔 반 친구들이 박정희가 죽었다고 신난다며 춤추던 장면을 이해할 수 없어하던 것도 남아 있다.

학생운동,
정의로운 삶

그런 내가 1980년 3월 청운의 꿈을 안고 대학에 첫발을 디뎠는데 대학의 풍경은 희망이라기보다는 혼란스러움에 가까웠다. 재수할까 하는 생각이 뒤따랐지만 그 마음을 접기까지 그리 오랜 시간이 걸리지 않았다.

한 학년 정원이 20명이었던 사학과의 신입생 환영회는 학년별로 한 번씩 그리고 전체 한 번 해서 총 네 차례를 했는데 매번 내 옆자리에 앉았던 79학번 선배의 꼬임에 변화가 시작되었다.

"대학에서는 서클 활동을 해야 한다. 우리 학교에는 세 종류의 서클이 있는데 운동 서클, 노는 서클 그리고 공부하는 서클이지. 넌 어디에 가입할 거냐?"

그 선배의 질문에 대학교에 갓 입학한 신입생의 대답은 뻔했다. "공부하는 서클이요."

그 선배는 다음 날 점심시간에 금잔디광장에서 만나자고 했고, 나는 곧바로 '흥사단 아카데미 성균관대학교 도산연구회'라는 서클룸으로 인도되어 가입원서까지 작성하게 되었다.

창고를 개조해 만든 어두컴컴한 서클룸, 빠알간 백열등 아래서 연신 담배연기를 내뿜으며 심각하게 토론하는 선배들의 모습 그리고 '국가독점자본주의', '맑스-엥겔스', '군사독재정권' 등 생소하고 섬뜩한 용어들….

처음엔 지하조직이 연상되고 부담스러웠는데 그놈의 정情이 뭔지 선배, 동료들과 친해지면서 나는 서클의 성실한 구성원으로 변해가고 있었다.

서클 활동을 열심히 하게 된 다른 계기도 있었다. 당시엔 복사기가 없었으니 모든 유인물은 소위 '가리방'을 긁어 만들었는데, 기름원지에 철필 작업하는 선배의 글씨를 보면서 "발로 써도 그거보다는 더 잘 쓰겠소"라며 농담 한마디 했다가 철필을 잡는 기회를 얻은 것이 그것이었다. 글씨 잘 쓴다고 칭찬받고 심지어 다른 서클에까지 팔려 다니며 칭찬이 이어졌으니 칭찬은 고래도 춤추게 한다는데 어린 마음에 얼마나 좋았겠는가? 실제로 당시 학내에 뿌려진 유인물 중 내 글씨가 꽤 있었으니 뿌듯하기도 했다.

하지만 대학 생활은 순탄치 않았다. 집회가 일절 금지되었던 5·17 계엄령 상황에서 서클 선후배가 북한산에서 모였다가 북부경찰서에 연행되었던 일, 그해 겨울방학 때 연합서클 행사에 참석했다가 프락치의 신고로 또 노량진경찰서에 연행되었던 일로 나는 2학년이 되기도 전에 이미 문제학생 리스트에 올라갔다.

그 이후 학내 시위가 있었던 날이면 나는 이유도 모른 채 어김없이 동대문경찰서로 끌려가 하룻밤을 넘기며 당일의 행적을 조사받아야 했는데 그 횟수가 무려 일곱 번에 달했다. 그때마다 나를 잡아간 놈들은 내가 미성년자라는 이유로 아버지 또는 어머니를 경찰서로 오게 해 자식 교육 잘 시키겠다는 각서까지 쓰게 한 후 풀어줬으니 한편으로 부모님에 대한 커다란 죄책감이, 다른 한편으로 독재 정권에 대한 저항감이 더 커져만 갔다.

결국 4학년 초인 1983년 3월 22일 학내 시위 주동자에 합류함으로써 나의 대학 생활은 '정의로운 삶'의 선택으로 마무리되었다.

노동운동 지원,
자주적인 삶

약 9개월여 동안 감옥 생활을 하고 형집행정지로 석방되어 소위 전과자가 되었건만 내가 선택한 일이었으니 어떤 아쉬움이나 후회도 없었다. 연이어 노동현장으로 나아가는 선택에도 하등의 주저함이 없었다. 선배·동료들이 선택했고 또 해야 하는 일이라 생각했으니 너무 '당연하게' 받아들였다.

1984년 말경부터 나는 안산의 반월공단에서 2년 가까이 공장 생활을 했다. 그러다 여러 사정으로 1986년 서울 성수동 지역으로 옮겨왔는데 그때부터는 현장 취업이 아닌 외곽에서 노동운동을 지원하는 일에 더 비중을 두었다. 그러던 중, 1987년 박종철 열사 고문 치사 사건으로 촉발된 민주화 투쟁이 전국에 휘몰아쳐 직선제 개헌을 골자로 하는 6·29선언을 이끌어냈으며, 7~9월 소위 노동자 대투쟁이 그 넓혀진 민주화의 공간을 점령하면서부터 당시 동부노동상담소(성요셉의집)에서 활동했던 나는 눈코 뜰 새 없이 바빠졌다.

독재정권과 천박한 자본에 억눌렸던 생산직은 물론이고 사무직(넥타이 부대) 노동자들도 곳곳에서 노동조합을 설립했고 파업 투쟁을 전개했으니 그들과 함께 희망을 만든 시간은 힘들었지만 가슴 벅찼다. 그중 모토로라코리아 투쟁, 제일피복(뱅뱅) 투쟁에 함께했던 시간이 특히 기억에 남는다. 노동자들이 노동조합을 만들고 목숨을 건 투쟁을 하는 현장에 나는 그들을 지원한답시고 참여했지만 오히려 그들로부터 많은 것을 느끼고 배웠다.

당시 가장 큰 울림은 '살아오면서 단 한 번도 주인공이 되어보지 못한 사람들이 스스로 주인의 삶을 살겠다고 선언하는 순간 삶의 활력이 솟아나며 바뀌었고 그런 사람들이 모여 세상을 변화시켰다'라는 것이었다. 그 교훈은 세상의 흐름에 나를 '당연하게' 맡겨버렸던 지난날의 자세에 대한 반성으로 연결되었고, '스스로 주인 된 삶을 살자!'는 이후 내 삶의 지표이자 활동의 지침이 되었다.

노무사 활동, 자존적인 삶

나는 동부노동상담소의 추천으로 1989년 5월 1일(노동절) 한국노동법률상담소 상담실장으로 취직했다. 당시 부산노동법률상담소와 함께 이름이 알려진 곳이었다. 1987년 9월 대우조선 파업 당시 '제3자 개입' 혐의로 구속되었던 이상수 변호사와 노무현 변호사가 대표인 법률사무소의 부설 상담소였기에 더 유명했던 것 같다.

비록 노동현장과 사뭇 다른 분위기라 처음엔 이것저것 충돌하기도 했지만 사회운동의 궤를 같이해온 민변 소속 변호사들과 함께한 시간은 새로운 문제의식을 안겨주었다. 첫 깨달음은 나름 자신했던 나의 노동법 수준이 매우 주먹구구식이었고 일천했다는 것이었다. 근무한 지 얼마 되지 않았음에도 바로 느낄 수 있었으니 그동안 그 실력으로 노동자들을 대해왔음에 낯이 뜨거워졌다.

결국 나는 새로 공부를 시작했다. 구체적인 법 내용뿐 아니라 법이 현실에 적용되어 형성된 판례(해석), 그리고 그 해석을 다시 현실에 접목하는 과정을 깨우치기 시작했다. 3년여의 기간을 거치면서 나는 비로소 노동법의 전문가가 되어가는 느낌을 받았다. 물론 그 느낌도 노무사 자격시험을 준비하면서 또 한 번의 낯 뜨거움을 선사했지만 말이다.

1992년 추석 연휴가 시작될 무렵, 나는 심한 눈병을 앓아 연휴 내내 격리되어 집을 지켰다. 빈집에서 홀로 지낸 그 3~4일간 몇 달 전부터 시작된 고민이 나를 집요하게 파고들었다. 살아온 날보다 앞으로 살날이 더 많이 남았는데 결혼(1987)한 후 아내에 딸아이와 곧 태어날 아들까지 얻었으니 이 네 식구를 어떻게 책임질 건가?

'지금의 내 삶이 앞에 놓인 창창한 날들을 스스로 비굴하지 않고 품위를 지켜가며 살아가기에 충분한가?' 이런 고민이 들었기 때문이다. 돈을 더 많이 벌어야겠다거나, 출세해야겠다가 아니라 그때 떠오른 단어는 바로 '자존自尊'이었다.

세 가지 방안을 놓고 혼자 끙끙거리며 고민한 후 내린 선택은 노무사 시험을 보자는 것이었다. 그 후 약 10개월간 나는 죽어라 공부만 했다. 가족을 책임져야 했으니 직장을 그만둘 수는 없어 처음엔 새벽과 업무시간 후에 공부하기로 했다. 그러나 1차 시험이 가까워진 4월 말 시간이 부족해서 도저히 안 되겠다는 판단에 휴직원을 제출해야만 했다.

그런데 난감한 일이 벌어졌다. 새로 바뀐 대표변호사가 휴직을 승인할 수 없단다. 잠시 고민하다가 나는 휴직원의 '휴'자를 '사'자로 바꾸어 다시 제출했다. 중간에 포기할 수는 없지 않은가? 그러자 갑자기 변호사들이 다 모여 회의를 하고 난리가 났다. 오후 늦게 나는 대표변호사로부터 두 달 분의 월급과 함께 휴직을 승인한다는 결정 사항을 전달받았다. 당장의 생활이 걱정되어 처음으로 신용카드까지 만들었던 나는 그때 그 변호사들의 도움을 지금까지도 고마워하고 있다. 그날 이후 하루에 14시간씩 공부했던 것 같다.

시험 운까지 좋아 나는 1993년 10월, 제4회 공인노무사 자격시험에서 1, 2차 시험은 물론 3차 면접까지도 한 번에 덜컥 합격했다. 당시 노무사 시험은 2년에 한 번씩 시행되었기에 한 번 떨어지면 2년을 기다려야 했으니 얼마나 기뻤겠는가? 합격자 발표 날, 나는 합격자 수가 겨우 18명이었다는 소식에 등줄기에서 식은땀이 흐르기도 했다. 변호사들과 동료들의 축하에 새벽까지 술잔을 기울였던 기억도 난다.

합격자 수가 적으니 한국공인노무사회가 마련한 합격생 환영회에서 우리는 각자 소감을 말할 기회를 얻었는데 나는 그 자리에서 이렇게 이야기했다.

"날개를 단 것 같습니다. 학생운동을 했고, 노동운동을 도왔습니다. 이제 노무사운동을 시작하겠습니다."

지금 생각하면 뜬금없는 '노무사운동'이란 말에 선배들이 어리둥절해했겠으나 이후 나는 노무사운동을 하겠다는 다짐을 잊은 적이 없었다. 이는 바로 사회생활의 적극적 주체인 노무사로서 '자존'을 지키기 위한 스스로의 다짐이었다. 그 실천은 크게 세 가지 측면에서 발현되었다.

그 첫 번째는 서울법학원 노무사반 강의였다. 노무사 시험을 보는 기간 내내 변변한 학원이 없어 고생했던 나는 개업한 후 바로 서울법학원을 찾아가 원장을 만나 다짜고짜 공인노무사 시험반을 개설해달라고 요청했다. 그리고 원장으로부터 그리하겠다는 약속을 받아냈다. 훗날 원장은 당시 나의 요구가 참으로 맹랑했는데 그 맹랑함이 좋아 승낙했다고 했다.

내가 맡은 노동법 과목은 두 달 코스의 강의였는데 나는 두 달이 끝나기 일주일 전에 항상 종강파티를 예고했고, 그 술자리에는 누구나 참석할 수 있음을 알렸다. 노무사가 되고 싶은 수강생들에게 노무사가 술까지 사준다니 종강파티엔 항상 20여 명은 참석했다.

학원 강의를 한 6년 8개월간 이 파티를 한 번도 거른 적이 없었다. 내가 강사료의 상당 부분을 써가며 지켜온 그 종강파티의 의미는 '어떤 사람들이 노무사가 되려 하는가?'를 확인하는 자리이자 '노무사가 되면 이렇게 해야 한다'는 메시지를 전달하기 위한 공간이었다. 의도한 것은 아니었으나 이후 시험에 합격한 노무사들 중 절반은 이미 나와 술자리를 함께했던 사람들이었으니 그들은 내 활동에 커다란 자산이 되었다.

두 번째는, 한국공인노무사회에서의 역할 수행이었다. 1996년 나는 동기 노무사들의 추천으로 노무사회의 사무국장으로 선임되어

제도 초기의 안정화에 힘쓰면서 노무사들 내부에서 인정과 신뢰를 쌓아 나갔다. 그 후에도 이사, 부회장을 거치며 '역할하는 노무사'로 자리매김할 수 있었다.

잠시 노무사회를 떠났던 2009년에도 노무사회에서 추구한 미션을 수행하기 위한 일에 복무했지 손을 놓은 것은 아니었다. 당시 개업 노무사들의 실상은 노무사 2, 3명이 소규모 사무실을 운영했고, 기껏 크다는 노무법인이라 해도 노무사가 10여 명에 불과했으니 대형화된 법무법인, 회계법인들과 경쟁하기 어려운 조건이었다.

급기야 노무사회가 공청회를 거쳐 회원들에게 대규모 노무법인 설립을 과제로 던졌고, 나는 2009년 5월부터 12월까지 8개월간 다른 일은 다 제쳐두고 그 첫 성과를 내는 데 전력을 다했다. 그 결과 내가 든 깃발 아래 30여 명의 노무사가 모였고, 드디어 2010년 1월 2일 우리는 국내 최대 규모의 노무법인 유앤U&을 출범시켰다.

그 후 2011년 10월 말 나는 탄핵으로 공석이 된 노무사회 회장에 자의 반 타의 반으로 출마했고, 무투표 당선으로 14대 한국공인노무사회 회장에 취임했다. 회장 선거 당시 내가 입후보하기 전 이미 3명의 노무사가 출사표를 낸 상태였으나 내가 출마 선언을 하자 모두 사퇴함으로써 단독후보가 되어 무투표 당선으로 사실상 회장에 추대되었다. 현재는 제도가 개선되어 단독후보라도 찬반투표는 진행한다.

이러한 성과는 어느 순간 하늘에서 뚝 떨어진 것이 아니다. 학원에서 후배들을 양성하며 노무사로서의 자긍심과 미션을 공유하려 했던 노력에 더해 노무사회 초기 정착과 사업 활성화에 힘썼던 사무국장·이사·부회장 시절의 노력이 쌓여 이루어진 것이라고 자부한다.

세 번째 실천은 고객인 기업·노동조합과의 관계에서 수행했다.

나는 노무사의 업무 분야 중 노사관계를 중심으로 활동했다. 노사관계와 관련된 기업·노동조합의 자문, 그와 관련된 강의가 30여 년간 해온 노무사 업무의 대부분이다. 노와 사라는 대립된 양자 사이에서 자문하고 강의하며 가장 크고 중요하게 생각했던 것은 '노사관계를 대하는 나의 원칙과 기준이 노사 어느 쪽에 의해서도 휘둘러려서는 안 된다'는 것이었고, 의식적으로 그 원칙과 기준을 확립하고 견지하는 것을 제1의 목표로 삼고 활동해왔다.

그러했기에 나는 30여 년간 자문사와 노동조합이 스스로 주인의 지위에서 결정하고 그 결정을 수행할 수 있도록 지원했으며, 그 과정에서 나 역시 긍지와 품위를 지켜왔다고 생각한다.

되돌아보고
다시 앞을 보며…

이제 노무사 은퇴를 눈앞에 두고 있다. 자격사는 법적 정년이 없다. 하지만 사회적인 정년은 존재해왔다. 원래 계획은 올해 말까지만 일하려 했으나 대표의 임기가 내년(2026) 2월 말이라 그때까지는 계속하기로 했다.

"박수받을 때 떠나라"라는 말도 있지만 단지 그런 이유에서만은 아니다. 수년 전부터 자문에 응해야 하는 의무가 부담스러워지기 시작했고, 다른 한편 나의 능력이 조금씩 쇠해가고 있음을 느끼면서 그만둘 때가 되었음을 자각했다. 그 결정엔 이제 내가 자리를 비움으로써 후배들이 나설 수 있는 기반을 만들어야 한다는 의무감도 조금은 영향을 미쳤다.

노무사라는 날개를 달고 지난 30여 년 뿌듯하게 날았다. 스스로 비굴하지 않고 주인으로서 품위를 지켜왔으니 이제 새로운 날개로 바꿔 달 때가 되었다.

되돌아보니 학생운동 시기 정의로운 삶을 선택했고, 노동현장에서 스스로 주인으로 선다는 것의 중요성을 깨달았으며, 노무사로 32년간 활동하며 '자존'을 지켜왔음이 참으로 고맙다.

남은 생에 바꿔 달 날개가 무엇일지, 그 새로운 날개는 내게 어떤 의미일지 무척 궁금하고 기다려진다.

내 삶의 버팀목이 된
'그 치열한 4년!'

홍갑표

사학과

고3 때인 1979년 10월 26일 아침, 버스를 내리는데 박정희가 죽었다는 소식이 들렸다. 당황스러웠다. 교실에 들어가니 친구들은 "박통이 죽었다!"라며 환호한다. "뭐, 이런 놈들이 다 있지?" 그만큼 나는 유신교육에 꽤 길들어 있었다.

순진한 사학도
마하반야~ 성불회 가입

초등학교 때부터 역사 교사가 되겠다는 생각으로 성대 사학과에 입학했다.

1980년 3월, 성대 캠퍼스는 어수선했다. 재단을 반대하고 총장 퇴진과 총학생회 부활을 내건 시위가 이어졌다. 과 선배가 총장 얼굴에다 대고 소리 지르는 것도 보았다. 신입생 환영회 자리에서 어느 78학번 선배에게 "학생이 교수에게 너무 예의가 없는 것 아니냐"라고 하니, 선배는 나에게 이념서클 말고 종교서클 가입을 권유했다. 과 친구 몇몇은 이념서클에 가입한 모양새다. 머리가 복잡했다.

그러다 3월 어느 날 경상대 1층에 있는 불교학생회 서클룸에 무심코 들어갔다. 절이라곤 가본 적이 없는데, 종교서클에 가라는 선배의 조언이 은연중에 작용한 걸까? 서클 회장인 통계학과 79학번 홍규 선배가 반갑게 맞이해주었다. 그 옆에 어여쁜 생활미술학과 선배가 더 반갑게 환영했다. 오래 머물 수 없어 나오려는데 5시에 다시 오란다.

예쁜 선배의 밝은 미소에 끌려 5시에 다시 갔다. 깜짝 놀랐다. 서클룸 벽면 커튼이 열리더니 작은 법당이 보이고 홍규 형이 목탁을 치고 젊은 학생들이 무슨 주문을 외워대는데, 이게 무슨 해괴한 일인가! 더 놀라운 건 1년 뒤에 내가 목탁을 치면서 해괴하다고 생각한 예불을 집전한 것이다.

충격과 분노,
의식의 전환

당시 신입생은 문무대에서 9박 10일의 군사훈련을 받아야 했다. 성불회 1학년 사이에선 격론이 이어졌으나 사학과는 군사독재의 잔재를 거부하기로 뜻을 모았다. 나도 행동을 같이했다. 연일 입소 거부 시위가 이어졌다.

교문이 봉쇄된 어느 날, 학교에 들어가지 못하고 대학로 난다랑 커피숍에서《한국현대사론》을 읽다가 일제강점기 박정희의 행적을 접했다. 충격과 분노! 이런 놈을 한때 존경했다니! 순진한 내가 세상을 알아가고 있었다.

입소 반대시위는 우여곡절이 많았다. 1960년생에게 징병검사 통지서까지 나오니 싸움은 더 격화되었다. 결국 5월에 육군3사관학교로 3차 입소했다. 훈련을 마치고 용산역에서 헤어질 때 어깨동무하고 〈우리 승리하리라!〉를 힘차게 노래했다. 다음 날이 5월 17일이었다. 지금도 아찔하다. 퇴소 전에 계엄령이 전국으로 확대되었다면 나는 어찌 되었을까?

그 친구가 왜 그랬을까, 학회에 가입하다

휴교 기간에 사학과 1학년 10여 명이 몇 차례 공부모임을 이어갔다. 난데없이 상철이가 나한테 진짜 공부를 해보자고 제안했다. 진짜 공부가 있고 가짜 공부가 있단 말인가? 상철이는 학번도 앞뒤고 집도 같은 방향이어서 친하게 지냈다.

진짜 공부모임은 사학과 언더학회였다. 선배들이 6명을 선발했는데 내가 여기에 들어간 이유는 알 수 없었다. 안희, 상철이, 근덕이는 이미 이념서클에 가입했고, 작은현수와 큰현수는 이미 고등학교 때 교회에서 의식화된 친구니 그럴 만했다. 하지만 왜 내가 언더로? 여기에는 한상철의 강력한 추천이 작용했다. 얘가 나한테 왜 그랬을까?

79학번 조기영 선배와 《서양경제사론》을 공부하고 겨울방학 때 78학번 강석신 선배의 전주 집에서 합숙을 하며 점점 빠져들었다. 합숙 기간 돌아가면서 라이프 스토리를 털어놓을 때, 역사 교사의 길을 가기 위해 사학과에 들어왔다는 내 이야기를 듣고 강석신 선배가 나를 동대문 야학에 소개했다.

미싱은 돌고
나이트클럽에서 야학 활동도 돌고

동묘 근처의 동대문적십자봉사관 내에 동대문 야학(동야)이 있었다. 1970년대 초반부터 청계피복 여성 노동자를 대상으로 검정고시 야학으로 시작했다가 생활야학으로 변모했다. 74학번 박기수 선배부터 임경석, 강석신, 윤부철, 장종택 선배 등이 야학을 거쳐갔다. 박호열도 동야에서 잠시 활동했다. 1981년 명지대, 숙대, 고대, 연대 등 여러 대학에서 80학번 한 명씩이 야학 교사로 활동했다. 용문고등학교 선배이기도 한 서울대 79학번 차명진이 지도했다.

교재를 쉽게 편집하고 야학 교사들 앞에서 실전 수업을 거친 후 학생 모집에 들어갔다. 평화시장 등 상가 2층이 모두 공장이었다. 그때 불탄 건물도 있고 수도가 동파되어 계단이 얼어붙었는데도 미싱은 돌아갔다. 차명진이 공장장을 커버하는 사이 우리는 일대일로 모집 안내문을 돌리며 짧은 시간에 생활야학을 홍보했다. 그렇게 해서 20여 명의 여성 노동자와 야학 활동을 시작했다. 우리는 야학을 NC, 나이트클럽이라고 불렀다. 나중에 경제학과 정상호가 합류했다.

목탁 치고 예불 집전하는 성불회!
운동권 서클로 진화하다

2학년이 되어서 성불회 명륜동 회장이 되었다. 1학년 때 백담사 여름 수련회에서 '3·1운동과 만해 한용운' 발제도 하고, 해인사 겨울 수련회에서 3천 배도 열심히 한 때문인지 78학번 이은래 선배가 나를 적극 추천했다. 회장이 되면서 목탁을 치며 예불도 집전하고 신입생도 열심히 모집했다. 부처님 오신 날, 여의도에서 열리는 제등행렬을 거부하고 창신동 산동네에서 제등행렬을 하고 집마다 연등을 달아주기로 했다. 여러 선배가 우려를 표명했으나 은래 선배와 허태곤 선배가 지지해주어 밀고 나갔다.

경제학과 상화와 긴밀히 논의해 가면서 서클의 변화를 주도했다. 1학년 중 의식이 있는 친구를 따로 모아 사회과학 공부를 했다. 이석심, 김승진, 이기영, 김관태, 류종석, 차성진, 황규석, 이해인, 김인자 등등. 이들과 교내 시위도 같이 참여하면서 성불회는 점차 운동권 서클로 진화했다.

한 달 가까이 걸린
길고도 화려한 외출

학회와 동대문 야학, 그리고 성불회까지 멀티로 활동했다. 성불회장을 맡으면서 대학생불교연합회 종로지구 회장도 겸임했다. 내 일생 중 가장 열정적이며 치열한 시기였다.

1981년 3월, 이현배 형과 고 강석신 형이 학내 시위로 구속되고, 5월에는 과 동기 안희와 야학에서 만난 호열이가 시위에 참여해 구속되었다. 왜 벌써? 아직 2학년인데…. 나도 언젠가는? 그러면 교사의 꿈은? 이 모든 고민은 치열한 활동 속에서 시나브로 사라졌다.

"기득권을 버려야지…. 나를 버리고 새로운 나를 찾자! 운동 속에서…"

그해 여름방학의 외출은 한 달 가까이 걸린 긴 외출이다. 성불회 여름 수련회, 한국불교 1600년 대회, 학회 합숙 훈련, 그리고 동대문 야학 워크숍까지…. 밤이슬을 맞으며 노숙을 한 적도 있고, 중간에 아파트 단지를 돌며 보리차 판매 알바를 하기도 했다. 그때까지 어머니는 서클 회장을 한다니, 걱정은 하시면서도 자랑스러워하셨다.

그런데 동대문 야학에 문제가 생겼다. 경찰이 동대문 야학 교사의 사상을 문제 삼으면서 적십자봉사관에 야학을 폐교하라고 압박했다. 어떻게 할 것인가? 나는 그때 이수호 선생과 지하 문건인 야비(야학비판)를 쓴 이장원을 만났다. 다른 곳에서 야학을 이어가기로 했다. 공간이 없었다. 그러면 어디서? 자취방 야학을 열기로 했다. 나와 정상호, 그리고 서울대 80학번 박종덕과 이대 78학번 황경선 선배가 함께했다.

얽히고설킨 자취방 야학!

1981년 2학기부터 성불회는 학내 조직의 지도를 받았다. 한편, 자취방 야학을 만들기 위해 학습도 하고 장소도 물색했다. 노동자의 조직화가 안 되어 있고, 감시를 덜 받는 창동 지역으로 위치를 정했다. 종덕이 명의로 창동에 자취방을 구했다. 함께할 노동자를 모으는 게 쉽지가 않았다. 무조건 퇴근하는 사람을 붙잡고 공부하자고 하니 거절당하기 일쑤였다. 그래서 옆방에 사는 여성 노동자를 생일잔치에 초대해 인연을 만들었다. 친분을 형성하고 같이 공부하기로 뜻을 모았다. 자취방 야학이 시작되었다.

그런데 상호가 그 방에서 79학번 선배와 함께 유인물을 만들어 뿌리다가 동대문경찰서(동경)로 연행되었다. 그 무렵 나는 현수의 부탁으로 사학과 81학번 학습 장소로 그 방을 빌려주었는데 경찰이 덮친 시간에 현수가 후배와 공부를 하고 있었다. 김현수와 81학번 후배까지 동경으로 잡혀가니 엎친 데 덮친 격이었다.

언더로!
신농의 탄생

1982년 초 방 주인인 박종덕, 황경선 선배와 나는 동경에서 며칠 동안 두들겨 맞았다. 종덕이는 야학방을 아무렇게나 사용했다고 성대 멤버들을 무척이나 원망했다.

동경에서 나오자 성북서 정보과 형사가 매일 따라붙었다. 왜 따라다니냐고 항의하는데 상부 지시란다. 부모님께 이사 가자고 졸라서 광명시로 이사를 하고 나니 창동에 전철이 놓여 집값이 뛰는 바람에 가족들의 눈치가 따가웠다.

감시가 심하니 오픈 활동이 어려워졌다. 성불회는 상화가 맡기로 했다. 나는 김용기 선배가 지도하는 언더조직으로 들어갔다. 건수, 승문이, 민재가 거기에 있었다. 서클룸도 없지만, 우리가 서 있는 공간이 모두 우리 것이라는 생각으로 언더 활동에 임했다. 여름에 두 달간 영등포에서 공장 활동도 하고, 2명의 81학번 언더 후배와 유인물을 제작해 청량리역 광장에 뿌리는 활동을 했다.

건수가 9월 시위에 참여해 구속되고, 또 다른 변화가 찾아왔다. 경제학과 조성혁이 맡고 있던 농연(농촌문제연구소)을 인계받은 것. 농연은 성대의 5대 이념서클 중 하나다. 농연의 쟁쟁한 81, 82학번 후배들과 청평사에서 겨울 합숙 훈련을 하면서 조직이 탄탄해졌다. 신농(신농연)의 탄생이다.

78학번 이정현과 강홍구 선배가 1982년 가을부터 학내를 지도하면서 상철이, 근덕이, 봉우를 학내 언더팀의 연합모임에서 만났다. 상철이, 근덕이를 다시 보니 "반갑구나, 반가워~" 소리가 절로 나왔다.

아! 어쩌란 말이냐
동경에 붙잡히다

1983년 들어 상철이, 근덕이와 함께하는 언더팀이 싸움의 포문을 열기로 했다. 그런데 중문과에 문제가 생겨 봉우가 81학번 대영이와 함께 강제징집의 위험에 처했다. 또 신농 후배 중 성환이가 불심검문에 걸려 한석이까지도 강집 대상이 되었다. 이들 4명은 강제징집을 피하고자 2월 졸업식에 유인물을 뿌리고 몸을 감췄다.

결국 3월 시위팀은 나와 상철이, 근덕이에 봉우, 그리고 강집 대상자 헌필이, 서창호, 79학번 용기 형까지 10명으로 확정되었다. 동경은 정보를 입수했는지 봉우를 추적하기 시작했다. 나와 상철이가 봉우가 있을 방을 구하러 다닌다는 사실도 포착한 모양이었다.

1983년 3월 8일, 3월 D팀과 함께 유인물 초안 작업을 마치고 밤 10시경 집으로 들어갔는데, 집 안에 동경 짭새 3명이 와 있었다. 부모님이 보는 앞에서 나는 그길로 동경으로 끌려갔다. 상철이는 잡혀 오지 않았다. 상철이는 집 안에서 경찰이 아버지와 맥주를 마시고 있는 것을 보고 동생만 잠시 만나고 도망쳤다.

동경에서는 봉우가 있는 곳을 대라고 나를 흠씬 팼지만 "나는 봉우를 모르고, 상철이 따라 봉우 자취방을 구하러 다녔을 뿐이다"라며 버텼다. 최후의 순간에는 동경 창문 밖에 매달릴 생각도 했다. 사흘째 잡혀 있으니 어머니가 동경으로 쳐들어오셨다. 38만 원짜리 수표를 갖고 오셔서 등록 마감일이 내일인데 애 학교 등록시켜야 하니 풀어달라고 고함을 치셨다. 내가 순진한 척 버티고, 어머니가 밖에서 도운 덕분인가? 나는 3월 11일 동경에서 풀려났다.

사랑과 이별의 기로에 서서
성대 캠퍼스와의 이별

동경에서 나왔는데 팀과 연락이 끊겼다. 안기부 직원도 연락이 와 조심스러웠다. 민재를 통해 팀과 연락을 복원했다. 현수가 디데이 전에 열릴 신입생 환영회 사회를 봐달라고 했다. 새내기에게 며칠 후 치고 나갈 선배의 모습을 각인시키기 위함이었다.

3월 17일 신입생 환영회 날, 새내기 이강연이 '선배님 졸업하면

뭐할 거냐'고 물었다. 교사가 될 것이라고 했던가? 후배들의 강력한 요청이 있어 김수희의 〈명에〉를 한 곡 불렀다.

"사랑의 기로에 서서, 슬픔을 갖지 말아요… 이별의 기로에 서서, 미움을 갖지 말아요."

내가 치열하게 사랑했던 성대 캠퍼스와 이별을 앞두고 부른 노래다.

3월 22일 아침 성불회 서클룸을 잠시 들렀다가 근덕이를 만나 문과대 2층 중문과 강의실로 들어가 앞뒤로 앉았다. 근덕이는 희정 씨가 줬다며 캔디를 나에게 건넸다. 부럽다. 강의가 끝날 무렵 근덕이와 굳은 악수를 했다.

근덕이가 먼저 교실 안에서 "전두환 독재정권 타도하라!"라고 외쳤다. 나는 수업 중인 2층을 거쳐 3층 문과대 강의실에 유인물을 뿌리며 "전두환 타도!"를 외쳤다. 다시 2층으로 내려올 때 사복경찰 3~4명에게 붙잡혔다. 어디서 나타났는지 민재가 날 잡은 경찰을 이단옆차기로 가격했다. 근덕이는 경찰의 안면을 주먹으로 강타했다. 그런데도 사복들은 내 허리춤을 놓지 않았다. 사지를 잡혀 그들에게 들려 갔다. 구호를 외치고 노래를 부르니 배를 걷어찬다.

3·22팀 중 제일 먼저 잡혀 계단 밑 구석방에서 나머지 팀원이 잡혀 올 때까지 얻어터졌다. 닭장차에 실려 동경에 도착하자 경찰은 또다시 주먹과 발길질을 해댔다.

"니가 우리를 속였어!" 이러면서 조사는 뒷전에 두고 오직 때리기만 했다. 함께 맞던 상철이가 새벽녘 끝내 쓰러졌다. 그때야 내게

가하던 폭력이 멈춰졌다. 상철이에게 고맙다고 해야 하나.

1983년 3월 25일 구속되고, 청주에서 징역을 살다 그해 12월 25일 형집행정지로 출소했다.

부천과 시흥에서 사회복지사로

출소 후 나는 복학하고 1984년 7월경 80학번 몇 명과 부천 현장으로 들어갔다. 그리고 지금까지 부천에 있다. 석왕사를 기반으로 노동운동과 지역 시민운동, 지역 신문 등 다양한 활동을 했다.

2002년부터 석왕사가 출연한 사회복지법인에서 운영하는 지역 복지관 관장으로 일하면서 사회복지사로 지역사회 사업에 매진해왔다. 현재는 룸비니 이사로 있으면서 시흥장애인종합복지관 관장으로 정년을 앞두고 있다.

석왕사 야학에서 아내를 만나고 며느리도 봤다. 이제 곧 할아버지 소리를 들을 참이다.

부천에서 오랜 시간을 보냈는데 나를 이끌어준 힘은 1980년대 초반 성대에서의 치열한 활동이라고 생각한다.

《성민동 30년》에는 없는
5·23 우리들의 이야기

조해정
철학과

5·23팀은 1983년 5월 23일 '광주항쟁기념주간' 전반부를 책임진 독자적인 시위팀이다. 6명 전원이 여학생으로 5·23팀은 교수회관 옥상을 포함해 캠퍼스 여기저기를 누비며 유인물을 뿌리고 구호를 외치면서 이틀에 걸쳐 시위를 이끌었다. 나와 희순, 경희, 미경은 23일 체포되었으나 무사했던 유미와 인숙이는 다음 날 다시 시위를 주도했다. 이틀간의 5·23시위는 사흘에 걸친 5·25시위와 함께 5월 기념주간을 빛나게 했다.

《성민동 30년》은 5·23시위가 있었다는 사실만 짤막하게 기록하고 있을 뿐 5·23만의 의미와 활약상은 물론이고 그날이 있기까지 성대 여성운동 활성화를 위한 치열한 과정에 대해서는 어떠한 언급도 하지 않고 있다. 5·23은 남성이 주도하는 시위팀에 여성이 개별적으로 참여하는 형태가 아니라 전적으로 여학생만으로 팀을 꾸리고 시위를 주도한 사건이라는 점에서, 그리고 그러한 여성 독자적인 시위팀이 나오기까지 수년간 여성 활동가를 키워내기 위한 조직화 노력이 있었다는 점에서 관심과 주목을 받아 마땅하다.

5·23에는 다른 팀과 구별되는 그날의 시위 이야기도 있으나 최초로 여성만의 시위팀을 꾸렸다는 상징을 만들어내기까지 성대 여성운동의 기반을 다지기 위한 치열하고도 지난한 이야기가 숨어 있다. 그래서 5·23은 나 개인만의 이야기, 직접 참여한 6명만의 이야기가 아니다.

하지만 안타깝게도 현재 5·23 탄생의 기반을 다졌던 대부분의 사람과 연락이 닿지 않는다. 이미 유명을 달리한 이도 3명이나 되고 오래전에 연락이 두절된 경우도 있다. 어쨌든 지금은 한자리에 모일 수 없으니 함께 과거의 기억을 되살리고 검토하면서 하나의 서사로 엮어내는 작업을 하는 것 역시 어렵다. 그럼에도 굳이 이 글을 쓰는 이유는 《성민동 30년》에는 없는 5·23의 의미와 성대 여성운동을 둘러싼 잊힌 '우리들의 이야기'를 가능한 선에서 풀어내는 것이 그 처음과 끝을 함께한 사람으로서의 도리가 아닐까 하는 생각을 떨쳐낼 수 없기 때문이다.

5월 광장을 빛낸 5·23팀
최초의 독자적인 여학생 시위팀

5·23 이야기의 꽃은 역시 1983년 5월 23일부터 이튿날까지 전개된 5·23시위다. 5·23은 3년여를 심혈을 기울여 지켜온 여성팀이 독자적인 시위팀 조직 논의를 하면서 시작되었다. 구체화된 것은 내가 3학년 겨울방학 때 수배 생활을 하면서부터였던 것 같다. 수배자가 된 이상 4학년 등록은 불가능했고, 고학년이 되면 치고 나가 노동현장으로 이전하는 것을 '국룰'로 받아들이던 시절이기도 했기에 자연스럽게 독자적인 여성 시위팀 조직의 총대를 메게 되었다. 여성팀 중 율전캠인 전경희와 이○○를 제외하면 총대를 멜 수 있는 사람이 애란이와 나 둘뿐이었기 때문에 내가 나서는 것이 순리였다.

여학생만의 시위팀을 만들자는 내 제안에 고맙게도 선뜻 나서준 5명의 친구 덕분에 팀을 만드는 것은 그리 어렵지 않았다. 김희순, 오경희, 윤인숙, 원유미, 고미경. 한 사람 한 사람이 얼마나 소중한 이름인가! 우리의 의기투합과 결의는 안중근의 단지동맹이나 유비의 도원결의에 못지않다고 감히 자부한다.

우리는 1983년 5월 23일 광주항쟁기념주간에 시위를 하기로 하고 등사기, 현수막용 천, 메가폰 등 필요한 물품을 마련했다. 또 가능한 오래 지속해 널리 알릴 수 있는 시위 전술을 짜고 유인물도 세 종을 만들었다. 기념주간에 맞춤한 '광주의 피 보상하라'와 행동지침에 관한 '산 자여 따르라'의 두 종과 5·23팀만의 차별화된 '4,000 성균

여학생에게'라는 별도의 유인물까지 제작한 것이다. '광주의 피 보상하라'라는 현수막도 준비했다.

마침내 5월 23일! 우리는 계획한 대로 맡은 바 임무를 수행하기 위해 시간에 맞추어 각자의 위치에 섰다. 시위를 오래 지속시키기 위해 오후 1시경부터 2시 30분까지 시차를 두고 온 캠퍼스를 휘저으며 차례대로 터뜨리기 시작했다. 제일 먼저 희순이가 경상대 앞 통로에서 유인물을 뿌리고 구호를 외쳤고, 이어서 미경이와 경희는 교수회관 옥상에 올라가 '광주의 피 보상하라'는 현수막을 걸고 마찬가지로 유인물을 뿌리면서 메가폰으로 구호를 외쳤다. 그다음 나는 대학원 뒤쪽에서 뜨고, 오후 2시 30분경에는 인숙이가 뜨면서 캠퍼스 곳곳이 싸움터가 되었다.

유미는 다음 날을 위해 23일은 학내에서 뜨지 않고 가두시위 대열과 함께했다. 그리하여 첫날 체포되지 않은 유미와 인숙이가 24일까지 시위를 이어가 5·23팀은 최초의 독자적인 여성 시위팀이라는 이름에 걸맞게 1983년 광주항쟁기념주간의 5일에 걸친 대장정의 한 축을 담당했다.

5·23팀은 남학생으로만 구성된 3·22팀이나 5·25팀과 달리 6명 모두가 여학생으로서, '테러리스트'라는 성대생들의 별칭처럼 시위 현장, 경찰, 법정을 난장판으로 만드는 등 전투성으로 유명해지지는 않았다. 하지만 수감 생활도, 감방 투쟁에서도 언제나 당당하고 적극적이었다. 경찰서에서 들어본 적 없는 욕설과 몽둥이 세례, 그리고 어두운 지하실에 격리된 채 진행된 심문 과정에서 자행된 갖은 폭력과

협박도 우리를 굴복시킬 수 없었다.

나중에 안 일이지만 이 과정에서 학내 운동조직과의 관계가 약하고 소속 동아리도 없는 미경이가 특히 혹독한 수사를 받았다. 나는 단체 기합을 받던 중 어떤 경찰이 "그래도 또 데모할 거냐?"며 다그치자 경희가 1초의 망설임도 없이 "또 할 거다"라고 대답해 따귀를 얻어맞던 장면을 지금도 기억한다. 이렇게 경찰서와 감옥, 법정을 드나들며 많은 것을 함께하는 과정을 겪으며 우리는 학내에서 상대적으로 부족했던 우리만의 이야기 시간을 확보하고 공통 경험을 축적하며 공감대를 쌓았다. 모두 얼굴만 마주쳐도 웃음이 나고 기운이 솟아 함께라면 무엇이든 다 해낼 것 같았던 빛나는 기억이다.

구심력이냐, 원심력이냐 그것이 문제로다

5·23팀이 최초의 독자적인 여학생 시위팀으로 많이 회자되었다는 것은 그만큼 광장으로 나오는 여성이 많지 않았다는 사실을 방증한다. 우리 성대(명륜캠)만 하더라도 5·23에 앞선 여학생 주동자는 1982년 가을학기에 위선이가 남학생과 함께 홍일점으로 참여한 것이 유일하다. 물론 앞장선 여학생 수가 적다고 해서 결코 참여율이 낮은 것은 아니라고 생각한다. 80학번이 태어날 당시 연간 출생아 수는 100만 명을 훌쩍 넘겼으나, 4년제 대학 진학률은 11.4퍼센트에 불과했다. 전

국의 4년제 대학 80학번을 모두 합쳐도 20만 명이 되지 않는다(19만 5,000여 명). 그리고 뿌리 깊은 가부장 문화와 남존여비 사상으로 인해 인구 구성비율상 여성이 더 적었을 뿐만 아니라 진학률 역시 남성에 비해 현저히 낮았던 시절 이야기다. 시대적으로나 수적으로나 여성이 소수자였다는 사실만큼은 누구도 부정할 수 없을 것이다. 여성활동가를 키워내기 위한 독자적인 여학생 조직의 필요성은 바로 이 지점에서 제기된다.

새로운 변화는 결국 소수자의 등장과 그 목소리에 의존한다. 세상은 소수자의 목소리가 커지는 만큼 바뀐다. 누구를 향한 도전인가는 어떤 맥락의 기득권에 대한 도전이냐에 따라 다르겠지만, 소수자의 목소리는 언제나 다수자의 기득권을 향해 있다. 소수자가 목소리를 낸다는 것은 주체로 서기 시작했다는 것이다. 다른 말로 소수자가 목소리를 내기 위해서는 주체로 서는 과정이 필요하다는 것이다. 뿌리 깊은 가부장적인 사회에서 여성은 양적으로는 동등할 수 있어도 사회적으로는 소수자에 위치할 수밖에 없다. 여기에 수적으로조차 절대적으로 소수인 남녀공학이라면 여학생은 이중으로 소수자인 셈이다. 주체적 활동가로 서기 위해서는 무엇이든 여성들 스스로 해내는 경험의 축적이 절대적으로 필요하지만, 여학생이 그런 기회를 갖기는 쉽지 않다.

여대라면 어땠을까? 조직화 작업도, 시위도, 시위에 필요한 유인물을 만드는 것도 전부 스스로 해야만 한다. 처음에는 남녀공학의 수준에 미치지 못할 수도 있지만, 그 경험은 사라지지 않고 축적되어 시간이 흐를수록 고유한 방식으로 발전해 갈 것이다. 아마도 이것이 여대 출신들이 남녀공학 출신의 여성보다 리더를 많이 배출하는 한 가지 이유일 것이다.

이러한 맥락에서 정책적으로 대학 입시나 정당의 후보 경선 등에서 소수자에게 약간의 우선권을 주는 '소수자 우대정책'을 도입하는 것이다. 중요한 것은 소수자 우대정책은 소수자 문제의 근본적인 해결책이 아니고 시혜적인 것도 아니라는 점이다. 미국에서 이 제도가 도입되기까지는 5·23과는 비교할 수 없는 험난한 투쟁의 과정이 있었다. 그리고 이는 어디까지나 소수자 스스로 기회를 만들 수 있을 만큼 성장하면 종료되어야 할 한시적인 제도다. 역사도, 인간도 변화의 과정에 있고 따라서 소수자의 위치도 바뀔 수 있다(어쩌면 미래에는 남성이 소수자가 될 수도 있다). 결국 1980년대 당시 독자적인 여성 조직화의 필요성은 "여성에게 기회를!"이라는 말로 요약될 수 있겠다.

1980년 5월의 계엄령은 소수자의 목소리를 짓밟고 온 나라를 동토처럼 얼어붙게 했다. 소수자 일반의 목소리도 제대로 낼 수 없는 상황에서 여성이라는 별도의 목소리를 내기는 더욱 어려웠다. 학교 정문을 장갑차와 무장 군인이 지키고 있었는데, 자취방에 가기 위해 학교 정문을 지나야만 했던 나에게는 특별한 공포의 장면이었다.

아마도 77학번 최금희 선배를 처음 만난 것도 그 무시무시한 시간 어디 즈음인 듯하다. 선배는 여학생의 독자적인 조직화의 필요성에 대해서 역설했다. 정확히 기억은 나지 않지만 젠더 문제나 페미니즘적 관점의 언급은 하지 않고, 단지 남학생 중심의 운동권 문화에서 여학생이 주체로 성장하기 어려우니 여학생만의 모임을 별도로 꾸려보자고 했다. 독자적인 여학생 조직화를 통해서 여성의 위치에서 목소리를 내자는 것이 아니라 더 많은 여성이 주체로 참여하도록 하자는 것이었다. 나에게는 이미 동양사상연구회라는 소속이 있었지만, 독자적인 여학생모임이라는 제안에 끌렸다. 그러고 얼마 후, 최 선배와 5명(기애란, 이○○, 한○○, 전경희 그리고 나)의 80학번 여학생이 만나서 별도의 여학생팀을 만들었다. 나에게는 금희 선배를 비롯해 참여한 동기들 모두가 뛰어난 활동가로 보였다. 특히 단단한 눈빛의 애란이는 얼마나 듬직했던지. 나는 구성원들의 뚜렷한 세계관과 폭넓은 식견에 감탄하면서 모임에 빠짐없이 참석했다. 그렇지 않아도 나의 자취방이 모임방으로 사용되는 데다 특히 최 선배는 거의 자기 집처럼(!) 자주 드나들었기 때문에 땡땡이칠 수도 없었다.

80모임을 하면서 금희 선배와 함께 79학번이나 78학번 여성 선배들을 만나거나 별도의 모임을 시도하기도 했는데 80모임처럼 지속적으로 유지되지는 못했다. 그래도 79학번 김○○ 선배와의 만남은 꽤 오랫동안 지속되었다. 그 선배 집에서 진행된 모임은 80모임만큼 정형화된 것은 아니었지만, 이런저런 이야기를 편하게 나누면서 가깝게 지냈다. 나중에 여학생 동아리를 만들 때 선배는 지도교수를 섭외하고 초대 회장을 맡는 등 동아리 출범의 중요한 한 축을 담당해주었다. 80모임은 중간에 한○○이 떠나고 대신에 이○○와 같은 동아리 소속인 신○○이 들어오는 등 구성원에 변동은 있었으나 꾸준히 지속되었는데, 안타깝게도 신○○이 질병으로 일찍 세상을 떠나면서 4명(기애란, 이ㅇㅇ, 전경희 그리고 나)이 되었다. 우리는 논의를 통해서 2학년 겨울방학 때 당시 운동권의 필수코스였던 공활도 함께하고, 3학년 때는 1980년 5월에 언더화된 동아리 대신 새로운 동아리 오픈 대열에 발맞추어 여성 동아리 '선정회(선정회라는 명칭은 지도교수를 부탁받은 교수가 수락 조건으로 제안한 것)'를 출범시켰다. 공활이 학생운동 이후 노동운동으로 이행하기 위한 준비 과정이라면 선정회는 지속적인 여성 활동가 재생산을 위한 것이었다.

그런데 당시 여성팀이나 선정회 활동을 하던 여학생들 대부분은 이미 별도의 소속이 있는 경우가 많았다. 이것은 결정적인 순간에 구심력이 어느 쪽으로 작용하느냐에 따라 조직이 깨질 수 있다는 것으로, 여성팀이 안고 가야 할 숙명과 같은 것이었다.

다만 나의 경우에는 여성 쪽으로 조금 더 기울어졌는데 그 이유는 여성팀에 자취방을 내준 탓도 있으나 내 기질 탓이 크다. 이제야 하는 말이지만 아마도 나는 운동권 부적응자였던 것 같다. 남성 중심의 모임도 모임이지만 뒤풀이 시간이나 특히 함께한 MT(모꼬지) 등에서 접한 경직된 분위기와 거친 운동권 문화에 적응이 잘 안 되었다. 무엇보다 습관처럼 사용하던 욕설과 EDPS(음담패설)가 많이 거북했다. 나는 가난한 농촌 출신이지만 욕설을 들어본 적도, 스스로 욕설을 입에 담아본 적도 없다. 그리고 초등학교 4학년인가부터 남녀 분반을 했으며 여중과 여고를 다녔기에 남학생과 교류할 기회 자체가 거의 없었다.

그렇다고 세미나를 통해서 학교에서 배우지 못한 새로운 지식을 얻고 세상을 보는 새로운 눈을 갖게 된 내가 운동권의 대의를 저버릴 수는 없는 일이었다. 여성팀 또한 경직된 운동권 분위기라는 점에서는 다를 바 없었지만 적어도 욕설이나 EDPS는 듣지 않아도 되니 좋았다. 그리고 여성팀이지만 공부면 공부, 실천이면 실천 무엇 하나 빠지지 않는다고 생각했다. 그렇게 나의 몸과 마음은 서서히 여성 쪽으로 이동하고 있었다.

그러나 아이러니는 욕설과 EDPS는 없었지만 나 또한 누구보다 경직되고 거친 운동권 문화에 물든 사람이라는 사실에 있다. 내가 적응을 잘하지 못했다는 것과 다르게 하는 방법에 대한 대안 모색은 전적으로 다른 문제다. 그래서 여성 동아리인데도 프로그램을 만들 때 여성만의 차별화된 콘텐츠는 생각도 하지 못했고, 회원을 맞이하는 태도 또한 어떻게 하면 나/우리가 생각하는 옳은 그 길(!)로 인도할 것인가 외에 다른 관심은 없었던 것 같다. 선정회를 찾는 여학생이 어떤 기대를 하고 왔는지, 무엇을 하고 싶어 하는지 등은 관심 밖이었던 당시의 나를 생각하면 안타깝기만 하다.

그래서인지 3학년 2학기 말 즈음 한 회원이 고별을 고하면서 "(운동권에) 완전히 빠져 있는 사람 같았어"라고 한 말이 잊히지 않는다. 여성 동아리를 준비하는 과정에서 최소한 노동과 계급 우선을 넘어 새로운 관점의 페미니즘 공부라도 했더라면 좀 나았을까…. 그때는 몰랐지만, 서구에서는 1980년대에 이미 로지 브라이도티, 도나 해러웨이와 같은 걸출한 3세대 페미니스트가 활발하게 활동하고 있었는데…. 아쉬움 많은 나의 선정회와의 인연은 3학년 겨울방학 때 수배자가 됨으로써 일단락되었다.

그런데 선정회를 여성들이 모일 수 있는 장으로 만들고 후배들을 이끌어야 할 위치에 있는 회원 대부분은 선정회가 1번이 아닌 경우가 많았다. 동아리 스케줄 잡기도 어려웠고 일정상 진행하면 불참자가 많았다. 이러한 선정회의 구심력 vs 원심력 문제가 구멍 난 물병 정도의 수준이었다고 한다면, 5·23팀의 현장 이전 논의 과정에서 발생한 그것은 훨씬 폭발적이었다.

노동운동, 그리고 새벽을 여는 여성을 위한 책
암탉이 울면… 세상이 변한다!

5·23을 만들어낸 독자적인 여학생 조직화 과정의 중심에는 최금희 선배가 있었다. 그리고 나는 그 여성팀의 처음과 끝 대부분을 함께했다. 많은 시간과 많은 것을 같이했던 만큼 둘 사이에 쌓인 이야기가 상당하지만 선배가 너무 일찍 가버린 탓에, 남은 이야기는 나의 기억에 의존할 수밖에 없다.

나는 1983년 12월 출소 후 선배를 처음 만났을 때 선배가 보여준 표정을 잊을 수가 없다. 그렇게 싱글벙글 환하게 웃는 모습을 본 적이 없었기 때문이었다. 처음에는 어리둥절했지만, 나중에 이전 논의를 하면서 그 의미를 짐작할 수 있었다. 아마도 선배는 5·23팀과 80여성팀이 현장 이전을 함께한다면, 독자적인 여성 활동가 조직의 기반을 마련할 수 있다는 기대를 했을 것이다. 사실 나만 하더라도 5·23팀이 노동운동도 함께하리라 생각했다. 그러나 5·23 친구들은 함께하기를 거절했다. 5·23팀 중에서 현장 이전을 여성팀과 함께한 사람은 경희가 유일했다. 그리하여 여성 현장 이전은 나와 경희, 애란이 3명이 함께하게 되었다. 물론 이전 이후 제주가 고향인 고○○를 비롯해 몇 명이 합류하기도 했지만, 내가 두 번째 구속수감될 때까지 함께한 구성원은 선배와 우리 셋이었던 것으로 기억한다.

노동운동을 하면서도 나의 자취방은 여전히 사랑방이었다. 오히려 현장 친구들까지 놀러 오면서 더 북적거렸다. 심지어 내가 현장에서 시위를 하고 구속될 즈음(1986년 4월) 어느 주말은 여성팀 모임을 끝낸 선배랑(애란이도 있었던 듯) 놀러 온 현장 친구들까지 해서 좁은 방에 포개듯이 잤던 적도 있다.

당시 나는 이미 집시법으로 체포된 전력이 있었던 터라 동생 이름을 사용하고 있어서 대기업 취업은 쉽지 않았다. 그래서 먼저 노동집약적인 소규모 전자회사에 다니면서 경험을 쌓은 후, 두산유리로 이동했다가 정직원 승급을 앞두고 신분증 때문에 퇴사할 수밖에 없었다. 정직원으로 승급하기 위해서는 등본이 아닌 주민등록증을 제시해야 했기 때문이었다. 다시 우경산업이라는 TV부품 조립공장에 취업했는데 그즈음에는 제법 관록이 쌓여서 현장 친구들과 곧잘 어울렸다. 월급날이면 함께 시장통을 돌아다니며 군것질도 하고 주말이면 우리 집에서 밥도 같이 먹곤 했다.

그러나 나의 평화로운 현장 생활은 오래가지 못했다. 우경산업에 1985년 11월에 들어가서 1986년 4월 8일 노동조건 개선을 위한 (선도적) 투쟁을 주도하고 또다시 수감되었기 때문이었다. 당시 내가 속했던 팀은 '선도적 정치투쟁론'의 입장이었지만 내 생각은 조금 달랐다. 노동운동의 주체는 노동자가 되어야 하고 따라서 조직화가 먼저라고 여겼다. 그러나 여전히 경직된 운동권 문화는 조직이 결정하면 따라야 했다. 그때는 몰랐지만 메울 수 없었던 이 구멍은 나의 구심으로서 한 번도 떠난 적 없었던 여성팀/선배를 원심으로 밀어내는 결정적인 계기가 되었다. 조직의 결정을 따랐던 나는 5·23과 달리 4·8은 수사도, 재판도, 수감 생활도 오롯이 혼자 감당해야 했다.

그런데 1986년 8월에 특사로 출소한 다음 선배를 다시 만났을 때, 기다렸다는 듯이 여성운동 관련 책을 만들자는 뜻밖의 제안을 했다. 나는 즉석에서 좋다고 했다. 나 또한 그간 여성팀 운영을 하면서 여성이 접근할 수 있는 맞춤 책이 있으면 좋겠다는 생각을 수도 없이 했던 터이기 때문이다. 그리하여 마지막까지 남아 있던 세 사람(선배, 기애란, 그리고 나)은《암탉이 울면-새벽을 여는 여성을 위하여》라는 책의 집필을 시작했다.

돌이켜 보면 이 집필 기간이야말로 선배와 가장 화기애애하게 만났던 아름다운 시간이 아니었나 싶다. 특히

《암탉이 울면-새벽을 여는 여성을 위하여》

내가 맡았던 여성농민과 도시빈민 파트는 참고문헌 속 인용이 아닌, 내 온몸과 정신에 아로새겨진 나의 감성을 담아 표현할 수 있어 좋았다. 그만큼 나의 글쓰기는 순조롭게 진행되었고, 선배도 내 원고를 거의 원안대로 접수하는 경우가 많았다(가끔씩은 좋은 표현이라는 칭찬까지 곁들여서).

그렇게 책 집필을 마치고 나도 결별을 고했다. 아마도 비슷한 시기에 애란이도 떠났던 것으로 기억한다. 나는 선배가 우는 모습을 그때 처음 보았다. 그러나 선배의 눈물도 나의 결심을 돌이키지 못했다.

사실 나의 부산행은 어떤 조직적인 연계도 없었다. 다만 부산은 적어도 별을 2개씩이나 달고 있는 나의 이름으로도 현장 취업이 가능해 노동운동을 하기 위한 첫 번째 관문이 열려 있는 곳이었다. 부산에는 대규모 신발공장이 많아서 취업하기 수월했기 때문이었다. 노동운동을 계속하고자 했던 나에게 좋은 조건이 아닐 수 없었다. 그리하여 1987년부터 다니던 회사가 폐업할 때까지 5년간 미싱사로 근무하다가 노동자들의 임금과 퇴직금은 물론이고 약간의 위로금까지 챙기는 성공적인 '청산 투쟁'을 마지막으로 현장을 떠나 '내일신문' 창간팀에 합류했다.

마지막으로 하고 싶은 말은 5·23과 《암탉이 울면》은 내가 부산에서 자리를 잡는 데 큰 힘이 되었다는 것이다. 나는 현장을 다니면서 지역 노동상담소와 사회과학 서점을 드나들고, 이러저러한 지역 행사에 참여하면서 얼굴을 알리기 시작했다. 그 과정에서 몇몇 지역 활동가들이 나를 눈여겨보았고, (부산에 내려와 있던 동문 등 여러 경로를 통해서) 내가 5·23의 주역이자《암탉이 울면》의 저자라는 사실이 알려졌을 것이다. 나에게 관심을 가졌던 지역 사람들 입장에서 그것은 나를 한 사람의 활동가로 받아들이고 신뢰할 수 있는 증표와 같은 것이 아니었을까 싶다. 어쨌든 나는 서울 출신이면서도 부산에서 현장 이전을 준비하는 훌륭한 여성 후배를 많이 만날 수 있었다. 그렇게 만난 후배들로부터《암탉이 울면》이 거의 신입 여학생의 필독서로 읽힌다는 이야기를 듣고, 시공을 가로질러 큰 흐름으로 연결되는 '우리들의 이야기'에 얼마나 가슴이 뛰었는지 모른다. 5·23팀이 흩어져 따로 활동한다고 해도, 내가 부산이라는 공간으로 이동했다고 해도 고여 있는 것이 아니라 큰 흐름으로 함께하는 우리는 동지인 것이다. 오늘날 위기다 싶으면 누구보다 먼저 광장으로 달려 나오는 수많은 여성도 '우리의 이야기'라는 하나의 큰 흐름으로 연결되어 있음은 물론이다. 그 흐름 속에서 여성이라는 마지막 소수자의 눈을 통해서 해러웨이는《사이보그 선언》을, 브라이도티는《유목적 주체》를, 그리고 캐런 바라드는《우주와 중간에서 만나기》와 같은 세계가 주목하는 지속 가능한 미래를 위한 대안적인 담론을 펼쳐낼 수 있었을 것이다.

승리의 기억과
좌절의 상처

안민재

도서관학과

1980년 연초부터 성대는 데모를 자주 했다. 총장 퇴진과 학내 비리 척결을 요구하고, 병영집체훈련을 위한 문무대 입소를 거부하고…. 나는 그 대열에 참여해 법정대도서관에 모여 집에 안 가고 농성을 했다. "걱정하지 마라, 불이익은 절대 없을 것이다"라는 과대표 곽용석의 말을 믿고 학과 친구들과 함께 문무대 입소 거부투쟁도 끝까지 참여했다.

그 정도로 열심히 뛰어다니면 어디선가 선배가 나타나 제안 같은 걸 해야 맞는데 나한테는 없었다. 이해는 한다. 알록달록한 옷차림새를 보아하니 주로 놀러 다니는 계열로 보였으리라. 뭐 맞는 이야기다.

가을에 학교 외부의 제안을 받았다. 여러 학교가 모여 사회과학 세미나를 하는 데 참여할 생각이 없느냐는 것. 나는 외대 다니던 고등학교 때부터의 '베프'를 초청했다. 곽용석도 참여시켜 사전에 함께 독서 토론용 커리큘럼을 짜서 나갔다. 그렇게 하는 건 줄 알았다. 그런데 주최 측(이른바 지도 선배 격인 서울대 79학번도 있었다)은 당황한 모양이었다. 서로 자기네 안대로 하자고 주장하다가 판이 깨졌다.

결국 베프는 기분 나쁘다고 그만뒀다. 곽용석은 (나중에 알았지만) 그날 본 여학생이 맘에 들어 나보고 "우린 그냥 참여하자"라고 했다. 여기서 길이 갈렸다. 당시 나는 뭐 별다른 문제의식이 없던 학생이라 '여학생과 곽용석 사건'이 없었으면 애당초 이 길로 들어서지 않았을 듯하다. 오랜 시간을 살다 보니 우연이 작용해 참으로 많은 것이 결정됨을 느낀다. 다들 그렇지 않을까?

이듬해 2학년 초부터는 야학 선생님도 했다. 운동권 노동야학이 아니고 서울 성수동 소재 검정고시 준비 야학이었다. 기수별로 학생 수도 많았다. 주로 성수동 공단 중소기업에서 일하던 10~20대 노동자였다. 학생과 친구로도 지내고 서로 형, 동생, 오빠라고 부르며 친해졌다. 선생님 노릇을 1년쯤 했다.

'야학비판론' 돌렸다가
요주의 인물로 찍혀

2학년 중반 성대 운동권 조직에 참여하게 되었다. 같은 과 최금희 선배가 신방과 김용기 선배를 소개해주었는데 차분하게 이야기하는 것을 받아만 적어도 그냥 잘 쓴 책이 될 것 같은 멋진 선배였다. 조승문, 홍갑표, 이건수도 만났다. 학과에서는 이헌필, 기애란, 곽용석, 김정형, 문종훈 등과 함께 움직였다. 다시 불러도 정다운 이름들이다. 후배도 많았다.

3학년 말, 김용기 선배가 "노동운동으로 이전을 바로 준비하자"라고 제안했다. 그해 겨울 나는 혼자 영등포 소재 철공소를 두어 달 다녔다. 그런데 학교의 노선이 바뀐 듯했다. 학내 투쟁이 중요하다는 거다. 과거 전민학련 조직에 가담했던 민병두, 이정현 선배가 학교 조직의 지휘권을 갖게 되었고 이후 많은 변화가 있었다.

그런데 나는 새로운 지도 선배 이정현에게 곧바로 요주의 인물로 찍혔다. 교외 조직으로부터 입수한 팸플릿 '야학비판론'을 학교에 돌린 일이 문제가 되었다. 민병두, 이정현 선배가 세우려던 학생운동 노선과 팸플릿의 내용이 상충된 탓에 선배들은 내가 '야학비판론'을 지지하는 서울대 출신 조직과 연계되어 있다고 짐작한 모양이었다. 결국 이정현 선배로부터 "안민재는 학생운동에 참여하는 태도가 나쁘다"라는 지적과 함께 "한 번 더 똑같은 행동을 하면 조직에서 제명하겠다"라는 경고를 들었다. 나는 이정현 선배가 좋아 군말 없이 따랐다.

당초에는 친구들의 글에도 여러 차례 나오는 '3·22팀'에 나도 참여하기로 예정되어 있었다. 3·22팀은 1983년 첫 시위 주동팀이었는데 문제가 생겼다. 남봉우가 경찰에 노출되는 바람에 새로 맡은

'스트러글 포스트(투쟁 책임자)' 역할을 수행하기 어렵게 되어 내가 대신 그 역할을 떠안았다. 그해 연초부터 3·22팀, 5·23팀, 5·25팀, 9·26팀, 11·9팀 5개의 시위 주동팀이 조직되었고 나는 이를 지원해 한 해의 시위 투쟁을 성공시켜야 하는 임무를 맡았다.

전국 학생운동의 모범이 된 1983년 성대 시위

성대는 1983년 학내외 시위 투쟁을 성공시킨 일로 일약 전국 학생운동의 리더 위치에 올랐다. 과장이 아니다. 민주 세력과 다른 대학의 학생운동권 모두가 환호했다. 성대에서 시작한 '적극적이며 성공적인 시위 투쟁'은 이후 전국으로 확산되었다.

3월 22일 시위는 도서관 난간에 올라간 이헌필과 서창호의 고공 전술로 막이 올랐다. 홍갑표, 이근덕, 한상철 등은 경찰 사복조에게 결코 밀리지 않고 버텼다. 5월 23일 시위는 주동자가 모두 여성임에도 불구하고 오경희, 고미경, 조해정 등이 훌륭하게 제 역할을 수행했다.

5월 25일에는 더욱 과감한 공격 전술을 구사했다. 경상대 앞에서는 시위대가 학내에 투입된 경찰 사복조를 선제공격하는 동시에 학교 바깥에서도 100여 명이 교문 앞에 정렬한 전투경찰들을 뚫고 학교 안으로 치고 들어왔다. 경상대 앞 선제공격 주동은 서민원, 교문 앞 돌파의 주동은 누구였는지 기억이 나지 않는다. 또 후문을 지키던 5명 정도의 사복경찰관을 다수 조직원이 생포해 금잔디광장까지 끌고 내려왔다.

고공 주동 손정진은 학교에서 제일 높은 교수회관 굴뚝까지 혼자 올라가 몇 시간을 버텨주었다. 어찌 올라갔을까. 내려오기도 힘들었겠다. 이날 경찰은 전국 최초로 '교내 시위대 해산 전술'을 포기했다. 너무나 거센 시위대의 공세 앞에 경찰 측은 대학본부, 교문 앞 등 거점만 방어하는 전술로 전환했다. 우리가 작지만 중요한 승리를 거둔 것이다.

에스깡깡의 전설이 만들어지다

당시는 줄곧 데모만 생각하며 지내다 보니 꿈도 데모하는 것만 꾸었다. 5월 25일 시위 며칠 전, 이정현 선배를 만났다. "정현이 형이 꿈에다 나오시던데요." "하하, 내가 꿈에 왜 나와?" "형이 꿈에 나왔는데 저보고 동쪽으로 가래요." "헉! 너 그 이야기 다른 사람한테 했니?"

대학 간 연합 지도부에서는 1차 동대문, 2차 청량리, 3차 마장동에 모였다가 해산하고 또 모이는 게릴라전 방식으로 가두시위를 계획하고 있었던 모양이었다. 이 선배가 놀라는 것도 무리가 아니었다.

그때 선배는 "동쪽 이야기를 다른 사람에게 했느냐"고 재차 물은 뒤 가두시위 계획을 들려주었다. 5월 25일 가두시위도 매우 성공적이었다. 1차, 2차, 3차 모두 주동이 있었을 텐데 2차 청량리 하근철만 기억난다. 교외 시위 총 주동은 서범석이었지. 얼마나 많이 맞았을까.

나는 1983년 그해 시위를 주동한 80학번 친구의 초롱초롱하고 때로는 번쩍이던 눈빛을 지금도 잊지 못한다. 시위 주동하고 감옥 가겠다는 친구가 참 많기도 했다. 이들이 순서대로 다 주동을 해야 하니 시위팀 숫자도 매번 10여 명씩은 되었다. 그리고 1인당 직계 후배만 각기 10명이 넘었을 것이다. 감옥행을 자처하는 선배를 바라보는 후배의 심정이 오죽했을까. 결국 수백 명의 준비된 조직원이 사전에 결단하고 시위에 참여하는 셈이었다. 1983년 성대 시위 투쟁은 준비 단계부터 성공할 수밖에 없었다. 이렇게 이른바 투쟁력 으뜸이라는 '에스깡깡의 전설'이 만들어졌다.

당시 시위 주동하고 잡혀간 친구들은 동대문경찰서에서 심하게 폭행당했다. 버티다 쓰러지기도 하고 맞아서 바지를 못 입을 정도로 다리가 부었다고 했다. 그런데 단 한 명도 조직 배후를 경찰에 이야기하지 않았다.

1983년 5월 25일의 예를 들어보자. 성대, 고대, 서울대가 주축이 되어 교외 연합시위를 벌이고 주동자들이 잡혀 들어가니 당연히 폭언, 구타, 고문이 이어지며 배후를 대라 할 것 아닌가. 그런데 성대 친구들은 버텨주었다.

취조하는 형사가 "교외 연합 가두시위는 누구한테 지시받았어"라고 물으면 "오늘 학내 시위 중에 웬 모르는 학생으로부터 오후

6시 30분 동대문으로 모이자는 이야기를 들었다. 그래서 다른 학생에게 이야기했다"라고 답하는 식이었다. 모두 이런 진술로 일관하며 폭행과 회유를 이겨냈다. 그래서 남은 조직 멤버가 무사했고 또 후배 조직도 활동을 계속할 수 있었다.

민정당 점거농성에 서울대가 빠진 까닭

1984년이 되면서 이정현 선배가 본인이 하던 역할을 내게 물려주었다. 이른바 '학간 연대' 조직 지휘부에 참여했다. 서울대 77학번 윤석인 선배, 고대 76학번 이승환 선배를 만났다. 1984년은 학생운동의 가두시위가 전국에서 거침없이 일어나고 확대되던 시기다. 나는 함께 성대 조직 관리를 담당한 민병래 선배와 자주 싸우며 맡은 역할을 수행했다.

1984년 11월, 우리는 안국동오거리에 위치한 민정당 중앙당사를 기습 점거해 농성을 벌이는 담대한 전술을 실행에 옮기기로 했다. 최초의 주요 타깃 점거농성이었다. 학생운동, 민주화운동은 이렇게 1984년부터 점차 고양되고 확대되어 이른바 1987년 6월 투쟁으로 발전되어 갔다. 전국의 학생운동, 노동운동 조직도 이론적 깊이가 더해지고 입장에 따라 분화되어 갔다.

당시는 밝히기 어려웠던 일이 하나 있었다. 학간 연대 지휘부에 참여하던 학교 가운데 성대, 고대, 연대는 학내 조직이 하나로 통합되어 있었던 반면, 서울대는 연원이 무림과 학림에서 시작해 여러 조직으로 나뉘어 있었다. 그래서 내가 윤석인 선배 후임인 서울대 80학번 오동렬에게 작심하고 따진 적이 있다.

"너희 학교는 조직이 여러 개이니 어떻게 연합시위를 같이 상의하겠느냐? 적어도 연락 관계는 하나로 만들어줘. 그리고 서울대는 오더가 다 새 나간다는 말이 많아." "아, 지금은 힘들어. 이것저것 크게 문제가 된다고 판단되면 네가 서울대를 제쳐버려." "뭐? 참나."

단지 화가 나서 하는 말이 아니었다. 오동렬은 같은 이야기를 그전에도 내게 한 적이 있다. 본인 생각에도 서울대에 문제가 많다는 것이다. 그래서 나는 고대, 연대 대표와 따로 상의해서 오동렬 말대로 서울대를 진짜로 제외시켰다.

당시 민정당사 기습 점거농성 시위 때 성대·고대·연대 조직은 인사동사거리에서 출발하게 하고, 서울대에만 다른 장소인 종로예식장 앞으로 집결하라고 알려주었다. 결과는 대성공이었다. 인사동사거리 출발 전술은 기밀이 새지 않았다. 학교당 100명씩 약 300명의 시위대가 인사동사거리부터 민정당사 후문까지 딱 30초! 100미터 달리기로 영화처럼 전 인원이 진입에 성공했다. 반면 종로예식장 앞은 우려했던 대로 기밀이 새 출발 시간에 사복경찰로 바글바글해 실패했다. 그래서 민정당사 농성에 서울대만 빠지게 된 것이다.

나중에 예상외로 서울대 양 조직으로부터 "서울대가 크게 잘못했으며 반성하겠다"라는 사과 메시지가 왔다.

1985년부터는 성대 학생운동 조직을 김현수가 지휘하도록 이관했고 같은 해 김현수도 조직사건으로 검거되어 이후 모든 조직과 뒤처리는 조승문이 담당한 것으로 알고 있다.

왜 나는 스스로 연락을 끊고 숨어버렸을까

나는 가족이 거주하던 미국을 잠시 다녀와 1986년부터 노동운동에 가담했다. 안양 지역에서 활동하는 것을 시작으로 이후 1990년대 중반쯤까지 여러 역할을 맡았다. 몇 년간 수배되어 숨어다닌 적도 있다. 더 깊이 직업적 운동권 생활로 나아갔던 이 기간의 경험은 지금 돌아보면 밝은 기억만으로 남아 있지 않다. 젊은 날 온 힘을 쏟아부으며 열심히 산 시기인데도 말이다.

만일 1990년대의 전 세계적인 큰 변화, 즉 소련 해체와 동구권 몰락으로 대표되는 공산주의의 퇴조가 한 20년쯤 늦게 이루어졌다면 어땠을까. 나는, 우리는 무엇을 했을까. 돌아보면 참으로 섬뜩할 때가 있다. 큰일이 벌어지지 않아 다행이라는 생각을 여러 번 하기도 했던 것 같다.

1990년 중반 다양한 좌파 이념과 노선을 구체적으로 선택했던 이른바 직업적 운동권 세력은 대부분 해체되었다. 내가 속한 조직도 마찬가지였다. 조직의 일부는 '내일신문' 사업으로 활동을 계속했지만 전국의 수많은 지역·부문 조직은 길을 잃고 해산되었다.

이 시기 가장 후회스러운 일이 있다. 함께 활동하고 또 많은 이야기를 나누어오던 동료에게서 혼자 숨어버리거나 혼자 관계를 끊어버리는 식으로 행동했던 일이다. 그냥 생각나는 데까지 같이 이야기하며, 심히 고민된다고 말하면 되는데 그걸 못했다. 결론이 없어도 되는데 그 이야기를 못 하고 안 했다. 무책임하게 3년쯤 시간을 끌었다. 수많은 후배에게는 미안하다는 말을 할 시기도 놓쳤다. 지역에서 함께해오던 사람들과 제대로 말 한마디도 못 했다. 물론 나름대로는 일부 동료와 상의하고 어떤 방식으로라도 이후 방향을 만들어내야 한다고 생각했으면서도 말이다.

1997년 잠시 생업으로 선택해 운영하던 사업체가 망했다. 전자제품 제조사였고 어음도 썼는데 IMF 금융위기 때 부도가 났다. 아! 이제는 생존 외에 더 이상 무슨 다른 생각을 하기 어려운 나락으로 빠졌다. 중국 보따리 장사부터 시작했고 이후 유통업, 스타트업 동업, 직장 등을 전전하며 7년에 걸쳐 이전의 모든 사업 부채를 상환했다.

어떤 친구는 기자가 천직이었다는데, 나는 유통업이 천직이었을까. 1998년부터 28년째 주로 식품 유통업에 종사 중이다. 농식품 유통업은 누구든 해볼 만한 직업이다. 다른 부문보다 업계 사람들이 착하고 정직하며 매사에 느긋한 편이다. 또 농식품 부문은 나이 든 현역이 많다. 산지 생산자부터 가공사업자, 유통업자 모두 나이가 많다고 그만두는 사람이 없다. 나이가 더 들어도 계속 일할 수 있으니 천직으로서는 큰 장점을 지닌 셈이다.

내 아들 요한아

고지환

법학과

살아가는 동안 견디기 어려운 일들이 일어난다. 나이 60이 가까워져 올 때 내 인생에서 가장 힘든 일도 소리 없이 다가왔다. 6년 전의 일인데도 여전히 어제 일처럼 생생하고 아프다. 아마 죽는 날까지 잊히지 않을 테다. 한동안은 미칠 듯 가슴 저렸고 누구에게든 하소연하지 않고는 배기기 힘들었다. 그래서 아픔과 슬픔은 나누라고 했던가. 80학번이 문집을 만드는데 순전히 개인적인 사연을 올려도 되는지 망설여졌다. 마침, 이희용이 전화를 걸어와 문집 원고 얘기를 하길래 내 사연을 적어도 되는지 물었고, 그는 '좋다' 하면서 조언을 해주었다. 이에 용기를 내어 사건 직후에 써 두었던 글을 옮긴다. 내가 살아온 인생, 어려운 일이 많았는데 아들을 잃은 사연에 비하면 정말 아무것도 아니었다. 다 견딜 만했다.

아픈 마음으로 이렇게 넋두리한다
너에 대한 조사는 다시 쓰마

2019년 7월 16일 저녁, 나의 큰아들 고요한(개명 전 고병탁)이 복무 중인 강원도 고성 군부대에서 목을 매 숨졌다. 당시 25세 상병, 그해 크리스마스 날에 전역할 예정이었다. 검시와 현장 조사, 생활관 조사, 친한 동료 면담 등 필요한 절차에 참석했다. 부검은 내가 거부했다. 소속대 장교는 부검이 원칙이나 유족이 원하지 않으면 고려해보겠다고 했다. 타살이 아님이 명백한데 부검은 무의미하다고 생각했다. 설령 뭔가 의심이 있다고 해도 난 부검을 거부했을 터이다. 아들의 주검이 난도질당하는 것을 견뎌낼 수 없기에 말이다.

강릉육군병원에서 3일장을 치르고 화장한 후 유골을 수습해 상주시 화산동 상주교회 묘지에 안장했다. 교회장으로 했다. 상주교회 담임목사님과 부목사님들, 권사님들이 영순 제수씨와 병조, 병근이를 태워 먼 길을 오셨다. 입관 예배까지 집전해주셨다. 정말 고마웠다. 훈련을 마치고 1박 2일 외박을 나와 군복을 입고 가볍게 미소를 머금은 채 찍은 사진을 골라 영정사진으로 썼다. 아이 엄마는 활짝 웃는 사진이 좋겠다는 의사를 비쳤으나 난 군대에서 죽었는데 군복 입은 사진을 쓰자고 했다.

그렇게 내 아들은 영원히 내 곁을 떠나갔다. 좋은 곳으로(하늘나라 하나님 곁으로) 갔으리라 믿는다. 어쨌건 세상에 와서 그리 힘들어했으니 이제 안식을 얻으리라.

갑작스러운 연락
강릉육군병원으로

막 잠이 들려던 참이었다. 아내가 리카버리를 네 알 주며 먹고 옷을 입으라고 했다. 요한이가 많이 아프다고 부대에서 연락이 왔다며 지금 가자고 했다. 막내 병근이는 잠들었고, 병조는 자려던 참이었다. 아내는 병조에게 요한이 형이 다쳐서 병원에 가야 하니, 내일 병근이 깨워서 학교 잘 다녀오게 하라고 했다.

불안한 느낌이었으나 난 묻지 못했다. 목적지가 속초의료원에서 강릉육군병원으로 바뀌었다. 도착하니 영안실이 보였다. 아내는 이미 알고 있으면서 애써 태연한 척했다. 나도 겉으로는 의연한 양했으나 무너지고 있었다. 일말의 기대를 했는데… 아내는 내가 심약해서 쓰러져 버릴까 봐, 사실대로 말을 못 했다고 했다.

아프다, 가슴이 찢어지는 듯하다. 혼魂이 날고 백魄이 흩어지는 듯 아무런 생각이 없다. 요한이에게 아무 할 말이 없다. 내가 죄인이다. 내 탓이다. 나는 아비로서 아이를 지켜주지 못했다는 자책이 물밀듯 밀려와 너무 고통스럽다. 잠을 이루지 못한다. 평소에도 토막잠을 자곤 했는데 그날 이후로 새벽 2시든 3시든 잠이 한 번 깨면 다시 잠들 수 없다.

사랑하는 요한이는 가고 없는데 너는 편히 잠을 자고 있다는 내면의 자책 때문이리라. 내가 조금만 더 아이를 살폈던들, 내가 조금만 일찍 정신을 차려서 단 한 번이라도 요한이에게 네 뒤에는 언제나 든든한 아빠가 있으니 아무 걱정하지 말고, 무슨 문제든 아빠와 상의하자고 똑 부러지게 말했던들 이런 일이 있었을까 싶었다. 이제까지 요한이에게 비슷한 취지의 말을 했을 텐데 확신을 주지 못했던가 보다. 내가 과연 아빠 자격이 있는 사람인가.

꼭 해주고 싶은 말
끝내 못 다한 이야기

내 기억으로 요한이가 어느 정도 자란 후 부자간 진지한 대화를 한 기억은 단 세 번이다. 고등학교를 마칠 무렵 요한이가 개명하고 싶다고 했을 때, 대전침례교신학대학을 다니다가 다시 공부해 원하는 대학을 가고 싶다고 했을 때, 그리고 마지막은 지난 (2019년) 6월 9일 일요일 휴가 나온 요한이와 둘이서 점심을 먹은 때였다.

이날 갑자기 요한이에게 꼭 해주고 싶은 말이 있었다. 아빠가 소년 시절과 청년 시절에 했던 고민과 살아온 이야기, 그리고 요한이의 할아버지께서 6·25전쟁 중 강원도 고성에서 군 생활을 하면서 살아남은 이야기 등.

우리 형제는 아버지로부터 여러 차례 이 이야기를 들었다. 전시에 제주에서 16주 신병교육을 마친 후, 최전선인 강원도 고성에서 행정병으로 전사자 통보 쓰는 일을 했고, 하루에도 수많은 죽음을 겪으며 살아남은 이야기. 고지를 서로 빼앗기 위해 거의 매일 100여 명이 올라가면 전쟁놀이 1시간 이내에 거의 다 죽고 살아 내려온 사람은 손가락에 꼽을 정도였고, 지휘관은 이들을 부둥켜안고 살아남아 주어 고맙다고 통곡했다는 전설 같은 이야기들을 전해주고 싶었다. 요한이의 할아버지, 내 아버지 세대는 지금보다 훨씬 힘든 세월을 살아냈다는 것을 들려주면 지쳐 보이는 녀석이 조금이라도 힘을 내지 않을까 하는 생각에서였다.

지금은 군대 생활이 예전과는 다르다고 하나, 군대를 안 간 나로서는 자식이 무사히 제대할 때까지 무던히 마음이 쓰일밖에. 그런데 말하는 요령이 부족해 내가 하고픈 말을 제대로 다 하지 못했다. 일요일 점심시간이어서 식당에는 손님도 거의 없었고 빨리 일어서라는 눈치를 준 것도 전혀 아니었다. 오히려 까치복집 주인아주머니는 부자간에 그렇게 다정하게 대화하는 모습이 아주 보기 좋다고 말해주기도 했다. 그런데 내가 한자리에서 너무 많은 말을 하는 것 같아 못다 한 이야기는 집에 가서 하자며 일어섰다. 난 집에 가서 나머지 해주고 싶었던 이야기를 하고 요한이의 고민도 들어볼 생각이었다.

상주 중앙시장 주차장 근처 까치복집을 나왔을 때 요한이가 "아빠, 먼저 가세요, 저 잠시 어디 들렀다 갈게요"라고 해 곧 따라오겠거니 생각했다. 먼저 집에 와 기다렸으나 녀석은 해가 다 져서 지친 모습으로 귀가했다. 동생들도 있고 아이 엄마도 있는데, 힘든 요한이를 잡고 대화하기가 뭣해 다음에 이야기하자며 미루었다.

후회스럽다. 항상 난 때를 못 맞춘다. 순발력이 없다고 해야 하나. 어쩌면 당시 이미 요한이는 다른 생각을 하고 있었는지 모른다.

그런데 식당에서 요한이도 제대 후 바로 복학할지(요한이는 대전침례교신학대학을 1년 반 정도 다니다 다시 경북대학교 사범대 영어교육과에 들어가 재학 중 갑자기 2018년 4월 말경 강원도 고성에 있는 신병교육부대에 입대했다) 아니면 교육공무원 시험 준비를 할지 고민이라고 했다. 엄마도 앞으로 몇 년간 교육공무원 퇴직자가 많아서 많이 뽑을 거라는 말을 했다면서. 나는 공무원 시험준비를 하려면 노량진학원에라도 가야 하지 않냐고 물으니, 재수할 때 인터넷 강의를 듣고 도서관에서 혼자 준비한 경험이 있어서 그때처럼 공부하면 된다고 했다.

난 속으로 이렇게 말하는 아들이 무척 고마웠다. 한편, 아들에게 미안했다. 동생들도 마찬가지지만 요한이는 초등학교 다닐 때 피아노학원, 바둑학원, 검도학원을 잠시 다닌 것 외에 학원을 다닌 적이 없다. 말하는 요한이의 얼굴을 똑바로 바라보았는데 눈동자는 맑고 흰 이가 가지런했으며 피부도 깨끗해 참으로 잘생겼음을 다시금 느꼈다.

지금도 눈앞에 선하다. 그것이 요한이와 내가 나눈 최후의 오찬이 될 줄 감히 짐작이나 할 수 있었으랴. 그날 우린 적당한 식당을 찾아 상주 시내를 많이 걸었다. 요한이는 복어는 자기 취향이 아니라고 했다. 별도로 칡냉면을 한 그릇 비우고 복지리는 밥과 함께 조금 먹었다. 그날따라 문 닫은 집이 많았는데 걷는 것이 힘들어 과거 자주 갔던 까치복집을 선택한 것이다. 지금 생각하면 차를 몰고 좀 멀더라도 근사한 식당을 찾을 걸 후회스럽다.

지난 설 때 요한이가 첫(?) 휴가를 나왔다. 서울 문정동 형님 집으로 바로 왔는데 보기에 좋았다. 그리 힘들어하지 않는 것 같았고, 전방 초소 근무 중이라고 했다. 당시 남북관계가 다소 화해 무드여서 천만다행이라고 생각했다. 설날 세배를 받고 내가 "요한아, 제대할 때까지 몸 다치지 말고 잘 지내다 오거라"라고 말했단다. 난 기억이 가물가물한데 형수님이 당시 그 장면을 유심히 보고 '아재가 참 자식에 대한 사랑이 깊다고 느꼈다'라며 화장장에서 말해주었다. 형수님이 특별히 느낄 정도로 요한이 떠나기 전 수년간 난 정말 거의 말을 잃고 살았다.

내가 잘못해 내 아들을 지켜주지 못했다

나는 묻는다, 하나님에게. 왜 우리 요한이를 그렇게 일찍 데려가셨느냐고? 내 평생 이 질문에 대한 응답을 들을 수 있을지는 알 수 없다. 내 신앙의 깊이에 달렸으리라.

또 나는 묻는다, 군부대와 국가에게. 왜 생때같은 내 자식이, 그렇게 잘생기고 큰 말썽 없이 고이 자란 내 아들이, 그리고 전역을 불과 5개월여밖에 남겨두지 않은 아이가 그런 극단적인 선택을 해야만 했는지?

군부대 관계자는 면밀하고 다각적인 조사(수사)를 거쳐 한 점 의혹 없이 그 답변을 주겠다고 약속했다. 믿는다. 그러나 그러나 그 한계도 분명 있으리라 생각한다.

　　장례 기간 내내 요한이와 우리 부부, 그리고 남은 두 아이를 위해 함께해준 형님 내외분, 제수씨, 막내동생 내외, 재우, 재선이, 큰처남 내외분, 작은처남 내외분, 처형, 처제들, 동서들 모두 고맙기 그지없다. 그리고 상주로 내려와 준 여동생과 소영이, 지혜, 은혜, 재남이, 탁균이, 군부대 관계자분들에게도 감사를 전한다. 서울에서 온 요한이의 고등학교 동기이자 절친인 ○○, 사회 친구 ○○, ○○는 거의 1시간을 우느라 식장 안으로 들어오지도 못했다. 아이 엄마도 그들을 안고 통곡했다. 나도 울었다. 이날 난 수년간 절제했던 소주를 두 잔 마셨다. 정말 견디기 힘들었다.

　　사단장, 연대장 이하 예하 장병의 위문도 많은 위로가 되었다. 요한이와는 일면식도 없었을 인근 부대 장병 수백 명이 조문을 왔다. 눈시울이 뜨거워진, 끝내 울먹이는 병사가 많았다. 일일이 손을 잡고 말했다.

　　"내가 미안하다. 요한이도 여러분에게 미안하게 생각했을 것이다. 그리고 정말로 고맙다. 남은 기간 무사히 잘 보내라."

　　한 번 하기 시작하니 조문이 끝날 때까지 비슷한 말을 계속하게 되었다. 조문 온 많은 장병이 우리 요한이같이 느껴져 안쓰러웠다. 한편 요한이의 죽음을 직접 목격한 아이들, 같이 생활했던 동료들이 조사 과정에서 겪을 고초가, 앞으로 생활하면서 겪을 트라우마가 눈에 선했다. 이들이 무슨 죄가 있는가. 그들은 자신들이 요한이를 지켜주지 못했다고 자책하고 죄송하다는 모습을 보였는데 아니다, 내가 잘못해 내 아들을 지켜주지 못했고, 그 결과 주변에 폐를 끼치게 되었으니 오롯이 내 탓이다. 그 장병들에게 진심으로 미안했다.

영결식 당일 화장장 계단을 오르는데 무릎이 몹시 아팠다. 운동 부족에다 위문 온 장병들과 수도 없이 맞절을 했기에….

그 후 요한이는 군인사법상 순직Ⅲ형(일반 순직, 직무와 간접적으로 관련된 원인으로 사망, 직무수행 과정에서 발생한 질병, 과로, 스트레스 등과 인과관계가 있을 경우, 다만 자해·자살 등은 원칙적으로 제3형으로 분류됨)으로 결정되어 현재 대전현충원 7묘역에 안장되었다. 그나마 요한의 죽음과 관련해 동생 병조(군 현역 복무 마침), 병근(군 미필)에게 '형은 군에서 순직했다'라고 말할 수 있어서 다행이다.

외로운 사회주의운동의 길

김태연

행정학과

1980년 3월 입학부터 1983년 11월 제적·구속까지 성대 학창 시절은 내 인생에 어떤 의미였을까? '서울의 봄' 이후 나는 그 시기를 살아간 수많은 대학생의 일반적인 행동방식에 따랐던 것 같다. 즉 생각하는 바나 행동하는 바나 그다지 특별한 것이 없었기에 그 시대가 던지는 충격에 놀라 금잔디광장으로 뛰쳐나갔다가 현실에 눌려 도서관으로 후퇴하기를 반복하던 평범한(?) 유형의 학생이었다.

1982년 봄 어느 날, 성대 학생운동 조직에서 나름 역할을 하는 친구가 학회장 출마를 권유했다. 운동권 막후 사정을 잘 모르지만, 학도호국단 체제에서 합법 공간으로 진출하기 위해 학생 운동권과 일반 학생권을 오락가락하는 내가 적임자로 낙점된 것 정도는 짐작할 수 있었다. 그 정도는 당연히 해야 할 그 시대 대학생의 책무라 여기고 학회장에 이어 총학생회(학도호국단) 학술부장 역할을 나름대로 열심히 했다.

이후 "대학생으로서의 소임을 다했으므로 이제 나의 인생길로 간다"라고 작심하고 도서관에 본격적으로 터를 잡았다. 그런데 1983년 그해는 학생운동이 유난히도 거세었다. 운동권에 대거 진입한 80학번이 학생운동을 정리할 시기도 되었기 때문인지 하루가 멀다고 데모가 터지고 구속자가 속출했다. 도서관 창문 틈으로 스며드는 것은 전경의 군홧발 소리와 최루탄 냄새만이 아니었다. 인생을 어떻게 살아갈 것인가? 지금 생각하면 좀 신파스럽기는 한데 하여간 1980년대 한국의 대학생이었기에 가능한 번뇌가 아니었을까?

몇 개월 동안의 고민 끝에 인생길을 선택하고, 성대 학생운동권 언더 지도부와 연결되어 있다고 추측되는 친구를 찾아 데모 주동팀 합류 의사를 밝혔다. 그렇게 11월 9일 학내 시위를 주동하고 체포되면서 나의 학창 시절을 마감했다. 인생길을 선택하는 마지막 순간까지 마음에 걸렸던 어머니에게 죄송하다는 말을 못 했는데, 40여 년이 지난 지금 생각해도 죄송한 건 마찬가지다.

학창 시절 후
인생길 초입

감옥에서 열심히 공부해 똑바로 살 준비 좀 해보려는데 유화국면이

랍시고 4개월 만에 석방되었다. 성대 80학번 동료들과 노동현장 진입팀을 구성해 1984년 11월에 안산 반월공단으로 들어갔다. 작은 공장 프레스공으로 취업해 새로운 인생길을 걷기 시작했다.

1985년 초에 본격적으로 활동할 공장으로 옮겨 사이클 회를 만들어 총무를 맡고 학습 소모임을 구성하는 등 어설프긴 했으나 나름대로 열심히 현장 활동을 했다. 그 무렵 구로동맹 파업이 터지고 학출 활동가에 대한 군사정권의 경각심이 높아졌다. 위장취업자 색출을 위해 반월공단 전체 노동자의 신원조사가 진행되어 1986년 3월 반월공단의 학출 활동가 수십 명과 함께 나도 해고되었다. 그때까지 성대 80학번 동료들과 함께했던 현장 활동팀이 해체되었고, 나의 인생길에서 일정 부분을 차지하고 있던 학연도 자연스레 마침표를 찍었다.

이후 노동운동을 택한 나의 인생길은 별반 특별한 것이 없다. 1980년대 한국 사회의 학생운동 출신 노동운동가가 걷는 보편적인 길을 따라 걸은 셈이다. 전국의 각 지역에서 비합법(반합법) 노동운동 조직이 결성되었듯이 나도 반월공단에서 해고된 후 지역의 활동가들과 함께 노동운동단체를 결성해 그 일원으로 활동했다. 수원으로 옮겨 다시 공장에 취업해 노조 결성을 준비하다 1987년 노동자 대투쟁 직전, 산재사고와 관련된 투쟁으로 해고되었다. 노동자 대투쟁 이후부터 수원노동상담소 간사 등 노동운동단체 활동과 경기노련 수원지구협의회 사무차장 등 노동조합 활동을 했다.

당시는 한국노동운동의 노선이 발전하고 분화하던 시기였다.

사람 사는 곳이면 언제 어디에서나 그러하듯 노동운동 내에서도 무엇이 옳은가를 두고 노선 간의 경쟁과 대립이 격화되었다. 나라고 그 대립 구도에서 자유로울 수는 없었다.

1990년쯤 되니까 노선과 사업방식 차이에서 오는 피로감이 누적되었기에 그때까지 해오던 모든 활동을 접고 현장으로 들어갔다. 일종의 하방 같은 걸 스스로 선택한 셈이었다. 1990년 말에 수원 지역의 제법 큰 중소기업체에 들어갔는데 어찌어찌해 노조가 결성되었고 교육부장을 맡게 되었다. 그런데 1991년 3월경에 나는 '경수노련'이라는 조직사건으로 경기도경 대공분실로 연행되었고 국가보안법 위반으로 구속되었다. 노조위원장과 간부들이 면회 와서 "노조 일은 걱정하지 말고 수감 생활에 건강 조심하라"라고 위로하는데 나는 미안한 마음을 금할 길이 없었다. 이제 막 결성된 신규 노조의 간부들이 나 때문에 국가보안법이라는 어마무시한 법으로 얼마나 겁박당할지 짐작이 갔기 때문이었다. 출소 후 위원장을 찾아봤으나 만날 수 없었다.

때로는 외로움을 느끼기도 한 인생길

모든 사람은 인생을 살아 나갈 목표를 갖기 마련이다. 마찬가지로 세상을 바꾸겠다는 운동가들이 운동적 지향점을 갖는 것은 당연하다.

1980년대 학생운동 출신 노동운동가가 대체로 그랬듯이 나의 운동적 지향도 사회주의였다. 그 수준은 학창 시절 단과대 학습모임 등에서 일본식 마르크시즘 이론에 수박 겉핥기식으로 접근해본 정도에 불과했지만, 노동현장에 들어간 이후 한동안 지향점 자체에 대한 근본적 고민은 없었다.

그러다 1991년 구속된 후 이제 진짜 공부 좀 하자며 《자본론》부터 읽기 시작했다. 그 무렵 소련을 비롯한 동유럽 사회주의 국가들이 무너졌다. 나의 운동적 지향점인 현실 사회주의가 망했으니 일대 충격일 수밖에 없었다. 당시 수감 중인 광주교도소에는 비전향장기수 선생들, 내로라하는 정치조직의 이론가들, 노동운동가, 학생운동가 등 수십 명이 2개 사동에 모여 있었다. 이들은 개방 시간부터 폐방 시간까지 문을 열고 살았는데 그들과 작금의 사태에 관해 공부도 하고 토론도 해봤지만, 명쾌한 해답이 나올 리 없었다.

"현실 사회주의가 망했다고 해서 '적자생존 약육강식'을 삶의 가치와 방식으로 여기는 자본주의가 옳다는 것은 아니다.""사람에 의한 사람의 착취와 억압을 지양하고 공동체적 가치와 방식을 지향하는 사회주의 이상 자체는 옳다.""계급적 모순과는 별도로 사람 사는 곳이면 어디든 민주주의 문제가 존재한다."

어찌 보면 하나 마나 한 소리로 들리는 이런 세 가지 정도를 인류사적 대사태에 직면해 캄캄한 앞날을 헤쳐 나갈 등불로 삼고 1년 6개월 만에 출소했다. 사회주의가 망한 시점에서 사회주의를 운동적 지향으로 재확인하고 나왔으니 그 이후 나의 인생길이 순탄할 리는 없었다. 나는 평소에 "진보적인 사상은 출발점에서는 소수이다. 이를 다수 대중의 지지를 받아 현실화하는 것이 운동이다"라는 것을 운동의 신조로 삼아왔다. 그래서 그런지 나와 같은 정치노선을 갖는 사람들 내에서는 온건주의자로 치부되어 소수파에 속했다.

그런데 나의 사회주의적 지향은 한국 사회 전체는 말할 것도 없고 운동권 내에서도 소수파에 속한다. 분단과 전쟁을 거치면서 사회주의 하면 북한의 가난과 세습이 먼저 떠오르기에 지구상에서 대한민국은 사회주의 운동하기가 가장 어려운 곳이다. 그래도 위안은 있었다. 현실 사회주의가 망한 후에 자본주의의 '약육강식 적자생존' 방식이 워낙 기승을 부리다 보니 유럽의 여러 사민당이 다시 강령상의 '민주적' 사회주의를 구현하기 위한 고민을 시작하고, 남미에서 일진일퇴를 거듭하며 '핑크빛' 사회주의에 대한 실험을 포기하지 않고 있었다. 심지어 미국에서까지 '민주적' 사회주의 세력이 확산하고 있었다.

좌우지간 세상에 적지 않은 사람이 나와 같은 인생길을 가고 있어서 다행이었다. 그렇지만 한국 사회에서 사회주의를 지향점으로 삼는 운동가는 외롭다. 사회주의에 대한 이 사회의 터부에 좀 충격파를 던져볼 냥으로 몇 년 전 대통령 선거에 사회주의 후보를 출마시킨 적이 있다. 그때 우리 동문 중 일부도 걱정하는 심정에서였겠지만 '안타깝다'는 반응을 보인 것을 알고 있다. 학창 시절을 마감하며 선택한 인생길에 대해 후회는 없지만 때로는 외로움을 느낄 때도 있었다.

1년의 외도와
복귀

1992년 출소 후 약 1년 정도 인생길에서 외도의 길을 걸었다. 인생의 목표에는 변화가 없었으나 운동 조직적 문제로 활동을 중단한 김에 돈을 벌어볼 셈으로 당시 떠오르는 첨단사업에 뛰어들었다. 개인용 컴퓨터 보급이 확산하고 있다는 정세를 간파하고 컴퓨터 조립판매업을 개업한 것이다.

인문계 출신으로서 컴퓨터라고는 만져본 바가 없었으나, 서적 몇 권과 386 PC 한 대를 구매해 1개월간 연구와 조립 및 분해 실습을 그야말로 밤낮을 가리지 않고 했다. 자본주의 사회에서 돈독이 올라 그랬는지 노동운동보다 더 집중적으로 했던 것 같다. 수원역 부근에 매장을 내고 사업을 시작했는데 약 1년 정도 되던 때에 전노협에서 오라 해 눈물을 머금고 떼돈(?) 벌 기회를 포기한 채 다시 노동운동의 길로 복귀했다. 그때 연마한 실력으로 한동안 노동운동계에서는 컴퓨터 실력자로 제법 이름을 날리기도 했다(믿거나 말거나).

1993년 전노협 법규부장을 시작으로 2005년까지 민주노총 기획국장, 조직국장, 사무차장, 정책기획실장 등 노동조합 전국조직에서 일했다. 물론 이 시기에 정치조직 멤버십을 갖고 활동하기도 했다. 2005년에 자의 반 타의 반으로 민주노총을 사직하고 민주노총 각급 조직의 현장 활동가들이 참가하는 전국활동가조직을 결성해 2012년까지 일했다. 세간에서 흔히들 말하는 민주노총 내의 3개 정파 중 현장파 조직이라 하면 이해가 쉽게 될 듯싶다.

그 후 2012년 노동자 대통령 후보 선거대책본부, 2013년 노동자계급정당 추진위, 2016년 사회변혁노동자당 결성 등 사회주의 노동자계급정당을 결성하는 일에 전념했다. 2017년부터 사회변혁노동자당 대표를 맡아 3년간 '사회주의 대중화' 사업을 추진했다. 대표 임기가 끝나고, 2021년 대선에 사회주의 대선후보가 출마한 후 조직 일선의 사업에서 물러났다.

나는 늘 내가 선택한 인생길의 목표를 향해 내 나름의 역량을 최대한 발휘해보고자 했다. 내가 선택한 인생길이 쉽다고 생각한 것은 아니었지만, 역시 어려운 길이었다. 이제 1980년대 학생운동 출신 노동운동가가 아닌 새로운 세대의 활동가들이 새 비전을 갖고 새로운 길 닦기를 기대해본다.

협력할 것을 협력하지 못하면
운동이 망하는 길로 간다

사람이란 참으로 간단치 않고 만만치 않은 존재인 것 같다. 인류의 대표적인 세계관인 종교만 봐도 그렇다. 같은 기독교나 불교 안에 또 얼마나 많은 종파가 있는가? 사람마다 세계관이 복잡다단하고 중시하는 삶의 가치와 이를 풀어내는 방식도 다양하다. 그 차이가 대립하고 협력하며 인류의 역사가 진화해왔을 것이다.

마찬가지로 노동운동도 사람이 하는 것인지라 노선의 분화와 대립이 필연적으로 존재하기 마련이다. 나는 노동운동이라는 인생길을 걸어오며 맞닥뜨릴 수밖에 없는 노선상의 차이와 대립에 어떻게 대처할지 고민하지 않을 수 없었다. 모든 대립에서 자유로운 것은 가능하지도 않고 옳지도 않았다. 그렇다고 모든 차이를 대립으로만 받아들이는 것도 마찬가지였다.

그래서 "딱 2개의 전선만 갖도록 노력하자"라고 결론을 봤다. 하나는 내가 가장 중시하는 가치와 공존할 수 없는 적과의 전선인 이른바 대적 전선이고, 다른 하나는 운동 내부의 노선 차이에 의한 대립 전선으로 이것은 아마 정당으로 표현될 것이다. 인간이 간단치 않은 존재이므로 운동 내부의 노선 차이 자체는 불가피하나, 협력할 것을 협력하지 못하면 운동이 망하는 길로 간다는 것이 나름대로 정리한 운동관이었다.

그리고 한국 사회에서 사회주의를 내건 운동 세력은 특별히 모나게 굴지 않아도 급진주의 소수파 운동으로 고립되기 십상이다. 민주노총이라는 대중조직에서 활동할 때와 달리 활동가 조직이나 정당 조직 활동을 하면서 차이를 전제로 연대를 강화하는 문제에 더관심을 두게 되었다. 이런 문제의식에서 2009년부터 용산범대위 상황실장, 쌍용차범대위 상황실장, 세월호참사시민대책회의 공동운영위원장, 유성범대위 공동집행위원장, 박근혜퇴진행동 재벌구속특위장, 태안화력 청년비정규노동자 고 김용균 시민대책위 공동대표 등한국 사회의 주요한 사회적 연대 투쟁에 참여했다.

대략 10년간의 사회적 연대 투쟁 과정에서 각계각층의 다양한 사상과 노선을 가진 사람들과 함께하며 노동운동에서 배울 수 없는 또 다른 인생을 배웠다. 그전에는 세계관이 달라도 너무 다른 신부나 목사와 무엇을 함께 도모한다는 건 꿈도 못 꿀 일이었다. 그러나 그들과 연대 투쟁을 하면서 죽고 나서의 세계관 차이가 뭐 그리 대수냐 싶은 생각도 들었다. 죽은 후의 세상은 어차피 알 수 없고, 살아 있는 현세의 문제를 공감하고 손을 맞잡을 수 있다는 사실이 중요하다 싶었다. 나의 철학적 세계관이 무너진 것일 수도 있지만, 차이 속에서 협력하는 인생길을 배운 것일 수도 있지 않을까 싶다.

인생길의 종착지에 근접하면서

한국인 남성 평균수명을 기준으로 볼 때 앞으로 살날이 꽤 남은 것 같기도 하고 얼마 안 남은 것 같기도 하다. 노동운동가로서의 활동 수명은 생물학적 수명보다 짧을 것이므로 1980년대 성대 학창 시절에 선택한 인생길의 종착지에 근접했음은 분명하다.

남은 세월에 또 다른 거창한 일을 새로 도모하기는 어렵고 그럴 생각도 없다. 세상을 바꾸는 정도의 큰일에서 60세 이상은 빠져주는 게 맞다는 게 내 생각이다. 아무래도 연륜이 쌓이면 재산이든, 빚이든, 가치관이든, 습관이든 뭔가를 갖게 마련이고, 갖게 되면 지키려는 유혹이 생겨 진보보다는 보수로 기울어질 가능성이 크기 때문이다.

지금 세상에 보면 '낄끼빠빠'가 안 되어서 짐이 되는 자들이 얼마나 많은가? 내가 그 정도의 인물은 못 되지만 하여간 나도 인생길에서 내 것으로 만든 지키고 싶은 뭔가가 있을 것이다. 재물은 없으니 아마도 낡은 생각이나 방식일 가능성이 크다. 그래서 새로운 일을 도모하는 것은 피하고 얼마 전부터 나의 인생길 정리작업을 하고 있다. 개인사를 정리할 건 없고, 영광스럽게도 1980년 이후의 한국노동운동사를 집필할 기회를 얻었다. 약 3년 작업의 막바지에 접어들고 보니 이게 나의 인생길을 되돌아보는 일이기도 했다. 올해 연말쯤 인생길을 되돌아보는 이 일을 끝내고 남은 인생에서 무얼 할지 천천히 생각해볼 요량이다.

내 삶을 지탱해준 도시락 사랑

서민원

행정학과

국민학교 때 호구조사 같은 걸 할 때마다 부모님 학력을 적는 난이 꼭 있었다. 그때마다 나는 어디를 찍어야 할지 난감했는데 무학력이라는 칸이 없었기 때문이었다. 우리 어머니 아버지는 학교를 한 몇 달 다니신 걸로 알고 있는데 어찌어찌 한글을 떼신 후 교육의 혜택은 전혀 받으신 적이 없는 분들이다. 그래서인지 우리 어머니 아버지는 더욱더 네 자식의 교육에 정성을 다하셨고 다들 대학교까지 보내신 걸 무척 보람 있어하셨다.

그런데 장남인 내가 대학이라고 들어가 데모하다가 학교에서 쫓겨나고 감옥까지 갔으니, 어머니 아버지의 실망과 두려움은 얼마나 컸을까.

감옥에서 나온 후 나는 누구보다 일찍 결혼했다. 그리고 바로 현장 팀원들과 함께 공장에 취직했는데, 공장 생활이 채 6개월(?)이 갔을까, 아내의 건강이 계속 안 좋아져서 인생의 큰 결단을 해야만 했다. 나보다 근 1년을 먼저 출감하고 나서 바로 공장에 들어갔던 아내는 건강상 노동운동을 접을 수밖에 없었고 친정 식구 한 명 없이 홀로 투병 생활을 하다 지쳐 결국 미국 식구들에게 합류하겠다고 말했던 것이다.

그때 아내는 자신의 결정을 이야기하면서 내게 처음으로 눈물을 보였고 나에게 '네가 진정으로 원하는, 네 인생에 맞는 신중한 결정을 하기를' 간곡히 부탁했다.

그 당시 우리는 신혼이었지만 연애는 무려 5년이 넘게 해왔고 사실 내가 일방적으로 몇 년을 우기고 설득해 결혼까지 밀어붙였는데 몸이 아파서 운동도 조국도 떠나겠다는 아내를 보며 난감했던 기억이 난다. 나는 원래 아무리 복잡한 것도 단순화시키는 편이기에 아내를 버릴 수 없다는 결론 하나로 함께 미국으로 가겠다고 약속을 했다.

미국에 간 지 몇 년이 지난 후 나중에 아내가 그러더라. 그때 내가 이렇게 말했다고.

"운동은 어디서도 할 수 있지만 내가 사랑하는 사람은 너 하나뿐이니 어디든 같이 가겠다." 나는 솔직히 기억이 잘 안 나는데 아내는 그 말을 꽤 감동적으로 기억하고 있는 듯했다.

낯선 땅,
미국에서 생활을 시작하다

장모님이 미국 영주권자이기에 아내의 수속은 빠르게 진행되었고 먼저 미국으로 떠났다. 나도 아내와 한시라도 일찍 합류하기 위해 수속을 밟기 시작했는데 한국 정부에서 여권을 내주지 않아 부모님이 무척 맘고생을 하셨다. 그때 내 기억으로는 집시법 위반 문제로 여권을 내주지 못하겠다는 것이었는데 그것도 확실한 답을 준 것은 아니었고 여권 발급 보류 형태로 계속 시간만 끌었다. 결국 미국에서 혼자 반년 넘게 기다리던 아내를 한국으로 다시 불러야 했다. 당시 나는 누나 소개로 과외 선생 노릇을 하며 시간을 보냈는데, 원래 별 고민을 하지 않는 단순한 성격임에도 인생이 참 답답하게 느껴졌던 게 기억이 난다.

아내가 한국으로 다시 나오고 한 8개월이나 지났을까, 어느 날 부모님이 오래 다니던 교회의 한 권사 덕분에 갑자기 여권이 나오게 되었고 그 여권을 손에 쥐고 나와 임신한 아내는 부리나케 미국행 비행기를 탔다.

지금 생각해보면 남의 나라로 이민 가는데 나는 아무런 준비도 한 것이 없었고 별 두려움도 없었던 것 같다. 원래 부닥치는 대로 해결해 나가는 성격인 데다가, 뭐 사람 사는 데가 다 그렇고 그럴 테고 열심히 살면 되지라는 막연한 태도를 갖고 있었다고나 할까.

미국 산호세에 도착해서 장모님이 소개해주신 페인트 자영업자 밑에서 일했다. 가구 옮기고 벽에 테이프 붙이는 등의 단순한 일을 했는데 꼼꼼하지 못하다는 이유로 한 달 만에 잘렸다. 그때 처음 알았다, 내가 꼼꼼한 일은 못 하는 사람인 것을. 힘쓰는 일은 자신 있었는데 말이다.

몇 달 후 우리는 아들을 낳았고 이민자가 밥 벌어먹을 데가 더 많다는 LA로 이사 가기로 결정한 뒤 에어컨도 없는 조그만 차에 신생아와 전 재산을 싣고 9시간을 달려 사촌 형네 집으로 갔다. 형네 집에 공짜로 얹혀살면서 우연히 만난 중학교 동창에게서 잔디 깎는 일을 소개받았다. 장비 사느라 돈을 들였는데, 벌이는 장비값도 못 건질 정도였다. 할 수 없이 아이를 한국 부모님께 보낸 후 아내는 한국 분이 주인인 비디오 가게에 점원으로 취직해, 우리는 반년 동안 죽어라 일만 했다.

그렇게 열심히 하니 생활을 할 수 있을 것 같아 아이를 다시 데려오고 아내는 비디오 가게를 그만두고 아이를 키우며 자신의 건강 회복에 신경을 쓸 수 있었다.

몇 년 후, 아내가 그 시절 얘기를 꺼냈다. "그때 정말 심한 우울증을 앓아 거의 매일같이 울었다"라고. 그런데 나는 왜 그걸 전혀 몰랐을까. "너는 원래 무관심하잖아"라고 아내가 무심히 답변한다. 나는 '그런가?' 하고 잠깐 생각하다 말았다.

1991년 로드니 킹 사건으로
이방인의 삶을 그만두다

미국에 온 지 4년이 채 안 되었을 무렵 그동안 주말도 따로 없이 잔디를 열심히 깎은 덕분에 LA에서 1시간쯤 떨어진 시골에 조그만 집을 터전으로 삼을 수 있었다. 그래도 삶이라는 게 조금씩 자리 잡아가고 있는 듯했다.

그러던 어느 날, 텔레비전 화면에 한 흑인 남성이 백인 경찰 4명에게 돌아가며 곤봉으로 무참히 얻어맞는 장면이 보도되었다. 그 피해자의 이름은 로드니 킹이었는데 근처에 살던 행인이 우연히 캠코더로 찍은 영상이 하루아침에 전국으로 퍼지면서 경찰의 과잉 진압과 인종차별 문제가 미국 언론에 크게 보도되었다.

그 후 1년 동안 재판이 이어졌고 흑인 배심원이 단 한 명도 없는 배심단은 경찰 전원에게 무죄를 선고했다. 그러자 LA시는 순식간에 시위대에게 점령되어 건물과 상점에 불이 붙고 약탈과 무력 충돌이 시작되었다. 무력시위는 6일 동안 밤낮으로 이어졌다. 결국 63명 사망, 2,000여 명 부상, 1,100여 개의 건물 파괴 등 그 피해액이 10억 달러를 넘었다고 한다.

이 와중에 우리에게 가장 충격적인 사실은 피해액의 40퍼센트 이상이 한인 상점들이 본 것이었다. 약 2,300개의 한인 가게가 약탈, 방화, 파손 등을 당했는데 이는 우연한 피해가 아니었다. 언어 장벽과 문화적 거리감 속에서 흑인 지역사회와의 갈등과 불신이 극에 달해 한인이 시위대의 주요 표적이 되어버렸기 때문이었다. 일주일 가까이 한인 상점들이 불타고 약탈당하는 모습을 TV로 보면서 아내와 나는 깊은 충격에 빠졌다.

사실 그동안 우리 부부도 크고 작은 인종차별을 몇 번 경험했다. 식당 웨이터가 백인 손님을 먼저 응대하거나, 마트에서 괜히 도둑처럼 감시당하는 느낌을 받은 적도 있었다. 그럴 때마다 '기분 탓이겠지' 하고 넘겨버리면서도 괜히 찜찜했는데 이번에는 도가 지나쳤다. 이건 단순한 개인적인 기분 문제가 아니고 미국 사회 속 깊숙이 자리 잡은 구조적인 인종차별 문제라는 걸 절감했다. 이 나라에서 오래 살 거면 우리도 이 나라의 시민으로서 권리를 제대로 누리고, 책임도 함께 져야겠다고 마음먹게 되었다.

이제 우리 땅
시민권을 따고 주민이 되다

LA 폭동 이후 아내와 나는 투표권을 행사할 수 있는 시민권을 땄다. 이제는 방문자가 아닌 주민이 된 느낌이었다. 그즈음 우리는 교대로 아들을 돌보며 야간 영어 회화 수업도 들었다. 하루는 아내가 "너는 머리가 쓸 만하니 이참에 아예 대학 졸업장을 따는 게 어떠냐"라고 말했다. 나는 "일주일에 60시간 가까이 잔디를 깎는데 공부할 시간이 어디 있냐?"라고 항의했다. 그러자 아내는 "벌써 학교에 입학 서류를 다 넣었으니 다니기만 하면 된다"고 했다.

나는 본의 아니게 낮에는 잔디를 깎고, 밤에는 대학을 다니는 이중생활을 시작했다. 수업 시간에 졸린 것 빼고는 생각보다 공부는 그리 어렵지 않았고 오히려 재미도 좀 있었다. 문제는 성대 다닐 때 받은 학점이 거의 없어서 학위를 따려면 4년 공부를 통째로 다시 해야 했다는 점이다.

나는 곰곰이 생각했다. '무슨 전공이 제일 점수 따기 쉬울까?' 결론은 회계였다. 수학에는 자신 있었고 영어도 그리 많이 안 써도 될 것 같았기 때문이었다. 대학 4년 과정을 3년에 마치고 졸업했을 때 누구보다도 부모님이 제일 기뻐하셨고, 아내는 수고했다고 맛있는 음식을 많이 만들어주었다. 대학 마치고 나니 밤이나 주말에 학교를 안 가도 되어 너무 살 만했다.

그런데 그 신나는 것도 잠깐, 하루는 아내가 "체력도 튼튼하고 공부도 잘하니 법대를 가면 어떻겠냐"고 말하는 것 아닌가? 이건 또 무슨 소리! 대학도 사실은 부모님께 죄송한 마음에 반은 억지로 다닌 거였고, 나는 그만하면 충분하다고 생각했다. 그리고 솔직히, 잔디 깎는 일이 싫지 않았다. 맑은 공기를 마시며 신경 쓸 것 없이 몸으로 때우면 되는 일이 하기 좋았다. 게다가 열심히 하면 우리 세 식구 먹고살 만큼은 벌었고. 그런데 법대를 또 가라니…. 나는 이번에는 단호하게 말했다. "안 가. 진짜로 안 가!"

법대 첫 강의를 듣는 날, 대학 시절과는 사뭇 다른 분위기가 느껴졌다. 학생들의 눈빛에는 뚜렷한 목적의식이 있었고, 강의 하나하나를 레이저로 겨누듯 집중해서 받아들이는 모습이었다. 수업 내용이 미국 법 체제 깊숙한 곳으로 파고들어 가면서, 나도 점점 공부에 더 끌려 들어갔다.

이 무렵, 우리 이민 생활에도 몇 가지 변화가 생겼다. 아들이 한 명 더 생겼고, 개와 고양이까지 가족으로 들어오면서 집 안이 꽤 북적거렸다. 나는 7년간 운영하던 잔디 깎는 일을 정리하고 CPA 회사에 들어가 생애 처음으로 와이셔츠를 입고 사무실 책상에서 일하는 삶을 시작했다. 변하지 않은 건 하나, 낮에는 일하고 밤과 주말에는 여전히 법대를 다녔다는 사실이다.

아내도 분주했다. 두 아이를 키우며 미술 전공으로 학사학위를 받았는데 그동안 아이들 학교 자원봉사도 빼먹지 않은 건 물론 내 점심 도시락도 빠뜨리지 않았다. 내가 법대를 졸업할 무렵, 학자금 대출이 10만 달러를 넘긴 반면, 아내는 장학금을 받아 단 한 푼의 빚 없이 학교를 마쳤다. 이후 대학원에 진학해 교사 자격증을 땄고, 공립 고등학교 정교사로 채용되었다. 그때 아내의 나이는 마흔두 살이었다. 그리고 20여 년 동안 아이들을 휘어잡으며 정성껏 가르치다, 얼마 전 교직 생활을 마무리했다. 아내의 은퇴 후 좋은 점 하나, 내 도시락 반찬의 가짓수가 늘었다는 것이다.

한국도 미국도
너무나 많이 변했다

그사이 시간이 제법 흘러 이제 아이들도 다 자라 각자 제 몫의 삶을 살아가고 있다. 또한 세상도, 나라도, 우리 가족의 일상도 바뀌었다.

한국은 이제 세계 11위의 경제 대국이 되었고, 국회의원이 된 운동권 선후배들도 꽤 있는 듯하다. 한때 지하조직에서 함께 유인물을 돌리던 친구들이 이제는 사회 곳곳에서 원하는 삶들을 꾸려가고 있다.

내가 대학 다니던 시절, 가두시위는 시민으로서 할 수 있는 최고의 저항이었다. 화염병과 돌을 들고, 물대포와 최루탄을 맞으며 인간 띠를 만들어 거리로 나가는 게 가장 극단적인 싸움 방식이었다. 그런 시위가 어느 순간 촛불 집회로 바뀌더니, 이제는 노래하고 춤추며 구호를 외치는 '콘서트 시위'로 진화했다. 세계 곳곳에서 한국의 집회 문화가 '예술적'이라고 감탄하는 걸 보면, 예전의 우리의 모습이 떠올라 한편으로는 믿기지 않고, 한편으로는 참으로 뿌듯하고 자랑스럽다.

그동안 미국도 변한 건 마찬가지다. 미국이 직접 병력을 투입한 걸프전, 아프가니스탄전, 이라크전… 이름만 들어도 한 세대가 기억할 만한 전쟁을 벌였고, 9·11 테러 이후 소수민족은 잠정적 테러리스트로 취급받는가 하면, 흑인 대통령이 처음으로 탄생하는 역사적인 순간이 있었다. 또 나라 전체가 정치적 양극화로 흔들리는 시기도 지나왔다. 무엇보다 학교 내 총기 사건이 너무 잦아져 어느 학교에서 언제 몇 명이 죽었는지 뉴스를 따라가기가 버거울 지경이다.

그런 변화들 속에서, 이민자의 자리는 언제나 조심스러웠다. 늘 일은 누구보다 더 열심히 해야 했는데도, 존재 자체가 환영받지 못하는 경우도 많았다. 아시안 혐오 범죄는 잊을 만하면 증가했고 이민자에 대한 시선은 언제나 조건부다.

그럼에도 우리는 이곳에서 자리를 잡았고, 아이 둘을 키웠고, 삶을 이어왔다. 아내는 여전히 하고 싶은 것이 많다고 하루가 짧다나. 나는 매일 내 작은 사무실로 출근해 아내가 싸준 도시락을 맛있게 먹으며 일하고 있다. '열심히 일해!'가 매일 아침 아내가 나를 배웅하며 외치는 구호다.

마지막으로 불러보는
친구의 이름

대학 시절, 내가 가장 가까이 지냈던 친구가 있었다. 우리는 동사라는 동아리에서 만났고, 나중에 심산이라는 그룹을 함께 꾸렸다. 최루탄을 피해 골목을 달렸고, 같은 날 데모한 후 함께 붙잡혀 징역을 살다 같은 날 풀려났다. 그는 내가 속이야기를 가장 편하게 꺼낼 수 있었던 사람이었다. 나는 걸핏하면 그 친구네 집에서 잠을 잤고 어머니가 차려주신 밥을 함께 먹었다. 수많은 밤을 사상이니 이념이니 진정한 민주주의가 무엇이니 하며 뜨거운 이야기들을 밤새 나누다 잠이 들곤 했다.

어느 날, 대학 2학년 때였던가? 그 친구와 나는 기차를 타고 순천에 있는 한 선배를 찾아갔다. 쾨쾨한 냄새가 물씬 나는 싸구려 여인숙 방을 하나 얻어 셋이 청자 담배를 돌려 피우며 학생운동을 어떻게 사회운동으로 성공시킬 수 있을지를 두고 목소리를 높였던 게 생각난다.

미국으로 이민 온 뒤 그와의 연락이 끊겼고 그러려니 하며 살고 있었는데 몇 년이 흐른 어느 날, 한인 신문 지면에서 뜻밖에 그의 이름을 보게 되었다. 그가 노동운동을 계속하다가 체포되었고, 여러 차례 조사를 받은 뒤 스스로 생을 마감했다는 게 신문 기사의 내용이었다. 고문을 당했다는 말도 있었지만, 정확한 사인은 확인되지 않았다고 했다. 그때 처음으로 '가슴이 아프다'라는 뜻이 무엇인지 체감했던 것 같다.

그 얼마 후, 대학 동기 ○○가 LA를 왔다가 내 집에 잠시 들렀다. 나는 ○○에게 그 친구의 마지막에 대해 아는 게 있는지를 캐물었고, ○○는 조심스럽게 말해주었다. 그 친구가 겪었던 심신의 고통들, 불안정한 마음 상태⋯. 그 말을 듣는 순간, 나는 할 말을 잃었다. 그토록 가까웠던 사이였고, 함께한 시간도 적지 않았는데 나는 그의 아픔에 대해 아무것도 모르고 있었다. 나는 도대체 그 녀석에게 어떠한 친구였던가, 그 녀석을 얼마나 알았던가. 사람이라는 존재를 얼마나 단순하게만 이해하고 있었던가.

운동권 안에서 내가 소외감을 느낄 때 그 친구는 나를 챙겨주었고, 꼭 필요한 소식을 전해주던 유일한 사람이었다. 나는 그 친구에게만큼은 내 속마음을 후련히 털어놓을 수 있었다. 그런데 정작 그가 가장 도움을 필요로 했을 순간에 그의 곁에 있지 못한 것이, 그게 참 오래 회한으로 남는다. 그 후로 모든 날 속에, 내 안에는 늘 그 친구가 있다.

동이야, 그 뒤로 많은 시간이 흘렀지만, 널 떠올릴 때마다 나는 여전히 그 시절로 돌아간다.

광주가 앗아간
스포츠 전문기자의 꿈

김병덕
정치외교학과

성인이 된 1980년부터 지금까지 45년가량이 흘렀다. 돌이켜보면 나름 인생을 살아가는 데 이정표가 되는 여러 일이 약 10년 주기로 있었던 것 같다. 그 일을 힘 삼아 꾸역꾸역 살아낸 게 내 인생이라는 생각이 든다. 동기 문집을 펴내는 것을 계기로 한 번 정리할 시간을 갖게 되어 감사한 마음이 든다.

'광주'와 '전태일'
내 심장을 움켜쥐다

대학 입학식을 마친 후 3개월, 참으로 많은 일이 일어났다. 민족사적으로나 내 개인사적으로나.

그때는 '광주'가 내 평생을 따라다니며 삶의 기준이 될 거라고까지는 생각하지 못했다. 본디 내 꿈은 스포츠 전문기자가 되는 것이었다. 열두 살 때부터 일간스포츠를 끼고 살았으니 스포츠 지식도 꽤 많았다.

내 롤모델은 고두현이라는 1세대 스포츠 저널리스트였다. 그러나 1980년 5월 18일 이후 광주가 내 마음에서 모든 것을 밀어냈다. 사실 광주로부터 도망치려고 발버둥을 쳐봤다. 가난한 가정 형편, 연로하신 아버지 등 온갖 핑계를 대보았다. 그러나 6개월 뒤 성대 중앙도서관 구석진 서가 맨 아래 귀퉁이에서 그만 《사상계》와 《월간 다리》에 실린 전태일 열사 영정을 가슴에 품고 울부짖는 이소선 어머니의 사진을 보고야 말았다. 그 자리에서 1시간여 동안 끅끅대며 울었다.

그렇게 운동에 몸을 던졌다. 운동에 투신하기로 결심하고 약 6개월 동안 열심히 살다가 모두가 알다시피 1981년 5월 시위에서 경찰에 붙잡혀 단순 가담치곤 거하게 제적까지 되어 강제징집이 되었다.

32개월간의 군대 생활은 고통의 연속이었다. 신체에 하자가 많은 내겐 육체적 고통부터가 견디기 힘들었다. 하지만 그보다 더 씻을 수 없는 트라우마를 안긴 사건이 생겼다. 바로 1983년 3월 말 2주 동안 사단 보안대와 서울 보안대 분실(진양상가)에서 소위 녹화사업이라는 이름의 프락치 강요 공작을 받은 일이었다. 군대에 고립된 채 보안대에 연행되었을 때는 죽음의 공포를 느꼈고, 프락치가 되어 동지들을 팔라는 강요를 받았을 때는 죄책감을 견디지 못할 것 같아 '죽어야 할까?' 하는 충동을 느꼈다. 사실 이런 경험으로 인해 병래가 최근에 집필한《파괴된 청춘》을 읽어볼 엄두를 내지 못하고 있다. 최근까지도 군대에 다시 끌려가는 악몽을 꾸다 깬 적이 꽤 여러 차례이다. 아마 평생토록 트라우마에서 벗어나지 못하리라.

다섯 살배기의 똥이
내가 할 일을 알려주다

1987년 민주항쟁 이후 결혼을 해 1990년 8월 6일에 첫아들이 태어났다. 그날 병원에서 동이의 분신 소식을 들었다. 이 무슨 아이러니인가! 몇 달 전 도피 중이던 정길이 형 집에서 우연히 본 게 마지막 모습이었다. 그는 고등학교 때 내 옆에 앉아 나만 보면 말없이 빙긋 웃곤 했다(나중에 대학 입학 후 물어보니 귀여워서 웃었다고 하더라). 1년 후 심산 후배 귀정이가 죽었다. 다시 고민이 시작되었다. 직장을 때려치우고 시민단체에 들어가서 시민운동을 하고 싶었다. 물론 아내는 반대했다. 가족의 생계 또한 중요했다.

　학습지 선생으로 수원 아주대 근처 허름한 마을로 가정방문을 간 어느 날 다섯 살배기 사내아이 집에 들어갔다. 아이가 마루에 엉거주춤 서 있었다. 바지에 똥을 싼 채 어쩔 줄 모르고 있었다. 아이 엄마는 없었다. 그냥 두고 볼 수 없어서 욕실로 데려가 옷을 벗겨 물로 씻기고 옷에 묻은 똥을 제거한 다음 초벌 빨래를 해 세탁기 옆에 두었다. 아이를 데리고 안방으로 들어가 속옷과 겉옷을 갈아입히니 그제야 아이 엄마가 돌아왔다. 아이의 뒤처리를 한 약 20분 남짓한 동안 똥 냄새를 맡지 못했다. 손으로 씻겨내면서 똥이 더럽다는 생각도 전혀 들지 않았다.

집으로 돌아오는 버스 안에서 곰곰이 생각했다. 아이의 똥이 더럽지도 냄새가 역하지도 않았다. 그때 깨달았다, 내가 평생 해야 할 일이 무엇인지를…. 그 후로부터 지금까지 한눈팔지 않고 교육 관련 일만 했다. 참 고마운 똥이었다.

문제집 푸는 것이
교육의 전부일까

학습지 교사를 하면서 많은 아이를 만났다. 아이들에게는 저마다 고유한 개성이 있는데 교육 내용이나 교수법은 획일적이었다. 선진국은 어떻게 교육하고 있는지 궁금했다. 인터넷도 없던 시절이라 무역협회 도서관을 찾아갔다. 그곳의 미국, 영국, 독일, 프랑스, 이탈리아, 이스라엘의 교육용 교구와 자료 제조 업체 목록에서 100개 회사를 골라내 무작정 팩스를 보냈다. 기술적인 문제는 무역회사를 운영하는 친구의 도움을 받았다.

약 30개 회사가 답장과 함께 화보 같은 카탈로그를 보내줬다. 마치 전화번호부처럼 두꺼웠다. 그 안에는 형형색색의 다양한 상품이 있었다. 뭣에 쓰는 물건인지 도대체 알 수가 없었다. 그렇게 교구와의 애증 어린 동행이 30년째 이어지고 있다. 물론 지금은 많은 교구가 국내에 소개되어 있고, 나 또한 여러 제품을 계통화시켜 교육 프로그램을 만들 정도의 수준이 되었다. 현재 내가 하고 있는 아이들 교육 프로그램이 바로 그것이다.

30년 전 아내가 카탈로그와 제품 샘플을 보더니, "우리나라에도 이런 것이 있으면 아이들에게 너무 좋겠다"라고 말한 것에 용기백배해 여전히 교구를 연구하며 살고 있다. 유치원부터 초등 4학년까지는 교과서 없이 교구로만 수학의 전 교과 과정 커버도 가능하다. 우리나라 교과서 집필진들이 몰라서 게을러서 못 할 뿐이다.

여담 한마디 하자면, 초등학교 교과서를 검인정 제도로 바꿨더니 모든 검인정 출판사들이 중학교 수학 교과서 저자와 초등 고학년 수학 교과서 저자들에게 초등 저학년 교과서를 집필하게 해 추상적·해석학적·연역적 추론이 가득한 문제집을 팔아먹고 있다. 검인정 제도의 좋은 취지가 내용을 개악해버린 셈이다. 전조작기 유아기에서 갓 벗어난 아동의 발달 특성을 전혀 고려하지 않은 무지한 처사다.

선생 똥은 개도 안 먹는다는 옛 속담을 실감하다

2011년 오랜 직장 생활을 끝내고 자그마한 나만의 공간을 만들어 서

당처럼 아이들을 가르치기 시작했다. 그때 '비판적 사고critical thinking', '창의적 사고creative thinking'란 개념을 두 축으로 하는 교육 프로그램을 만들었다. 아이들이 습관처럼 '그것이 최선인가? 더 나은 방법은 없을까? 왜 그렇게 생각할까?' 등 비판적으로 사고하게 이끌었다(이는 일종의 산파술이라고도 하고 중재라고도 하는 교육법이다).

대부분의 학부모는 낯설어했고 극소수 학부모만 호응했다. 창의력을 키우려면 미술을 시켜야 한다고 생각하는 대부분의 학부모는 논리적 사고logical thinking, 비판적 사고의 기반 위에 창의적 사고력이 싹튼다는 말을 잘 이해하지 못했다. 그러다 보니 교사 육성이 힘들었고 대중화는 더더욱 요원했다. 하지만 내 문하에 든 아이들은 짧게는 3~4년, 길게는 10년째 나와 만나고 있다.

역시 회사 생활보다 현장에서 아이들을 가르치는 것이 훨씬 더 짜릿한 긴장감과 쾌감을 동시에 주었다. 한편 "선생 똥은 개도 안 먹는다"는 옛 속담이 이해가 되기도 했다. 기가 쪽쪽 빨리는 데 똥에 뭔 영양가가 있겠는가!

암튼 이렇게 아이들과 함께 뒹굴며 15년째 살고 있다.

앞으로 어떻게 살면서
삶을 마무리할 것인가

지금부터는 현재와 미래의 이야기인 듯하다.

현재의 내 모습은 여전히 장난기 만랩인 브레인트리 선생님이다(내 공간의 이름이 브레인트리교육연구소다). 아이들에게 깊게 생각하고 끝까지 사고의 화두를 놓지 않게 하는 선생님이지만 또 다른 관점에서 보면 생각하게 강요(?)하는 선생님이기도 하다.

지금은 코흘리개들이 부쩍 커서 중학생, 고등학생이 되었다. 그 아이들과는 해석학 또는 문해력이라고 불리는 분석적 사고력analytic thinking, 비판적 사고력을 위한 역사 세미나를 같이하고 있다. 또 수학을 도구로 더 나은 풀이법 찾기 등 다양한 관점을 소화할 수 있는 창의적 사고력 훈련을 함께한다.

어려서부터 비판적 사고력과 창의적 사고력 훈련을 받아 이를 머리에 장착한 아이들에겐 어떤 맹목적·극우적 선동이 발붙일 수 없을 것이라는 확고한 믿음이 내겐 있다.

20대 남성의 극우적 성향은 어려서부터 비판과 분석, 다른 관점 등을 사고하는 훈련 부족의 결과물이라고 생각한다.

또한 전 세계의 사고력 교육법을 다 찾아내(사실은 이미 다 찾아놓았다) 선생님들을 위한 교육 자료를 만들어 보급해야겠다는 꿈을 가지고 있다. 그동안 내 분신을 한 명 양성하지 못한 회한도 있기에 지금부터라도 하나하나 만들 참이다.

게으른 내가 얼마나 해낼지 모르겠으나 멈추지 않고 하다 보면 다 끝내든지, 하다 생을 마치든지 둘 중에 하나겠지!

계엄사 사전 검열의 추억

이희용
신문방송학과

대학 전공을 신문방송학과로 택한 뒤 자연스럽게 기자를 꿈꾸며 학보사(성대신문)를 지망했다. 신입생 환영회 때부터 서클마다 회원 유치에 나서고 선배들의 영입 제안도 쇄도했으나 모두 뿌리친 채 오로지 성대신문 수습기자 선발 공고만 기다렸다. 학생기자는 서클 활동을 병행할 수 없다는 얘기도 들은 터였다.

그러나 5·18 휴교 때까지도 신입생 선발 공고는 뜨지 않았다. "새 술은 새 부대에 담아야 한다"는 취지로 2학년 정기자 일부를 내보낸 뒤 2학년 수습기자들을 새로 더 뽑았기 때문이었다. 이들의 수습 6개월이 끝난 뒤인 11월 1일에야 1학년을 선발했다.

성대신문 수습기자 선발시험 경쟁률은 8대 1이 넘었다. 동기생은 김성구(국문), 박현선(영문), 허경은(불문), 문경환(철학), 최영표(사학),

김영주(도서), 서범석(사회), 박동규(경제), 장수정(수학), 정태인(건축), 이동경(전기), 이기환(기계), 김소희(의상), 김위선(교육), 김종우(농경제), 김정윤(조경)에 나까지 포함해 17명이었다.

당시 3학년은 1980년 봄 각 대학 학보사들과 연합해 '지하신문'을 발간하려 했다는 이유로 퇴사 압력을 받아 아무도 없었다. 77학번인 4학년 임규찬(독문) 선배가 편집장, 75학번 복학생 3학년 권순긍(국문) 선배가 취재부장을 맡고 있었다. 2학년도 4명이었다가 임천혁(경제), 김현국(경영), 고윤희(기계) 3명으로 줄었다.

교정지 들고
서울시청 2층 계엄사에서 검열받아

수습기자들의 가장 중요한 일과는 매일 한 건씩 스트레이트 기사(취재한 사실을 있는 그대로, 객관적이고 간결하게 전달하는 기사 형식)를 쓰고 선배에게 점검받는 일이었다. 기삿거리를 찾아 대학본부, 부속기관, 서클룸 등을 누비고 원고지를 메우느라 낑낑댔다. 화요일과 목요일 저녁에는 편집회의에 참석하고 토요일에는 한국경제신문사에서 신문을 제작했다.

신입생인 우리가 힘들게 쓴 원고는 "이걸 기사라고 썼냐?"라는 선배의 꾸지람과 함께 휴지통에 처박히기 일쑤였다. 나는 그래도 처음 쓴 탈춤 공연 기사가 7면에 4단으로 실려 선배들의 칭찬과 동기들의 시샘을 받았다. 단순 사실만 전달하지 않고 관객 반응과 진행상 문제점 등을 두루 짚어 호평을 받은 것이다.

한국경제신문사 1층 제작국에 들어섰을 때 마주친 낯선 풍경과 코를 찌르던 잉크 냄새는 지금도 생생하게 떠오른다. 동기들은 난생처음 보는 활판 인쇄 시설이 신기해 자기 이름 활자를 뽑아 고무줄로 묶은 뒤 스탬프용 도장을 만드는가 하면 제판부에 부탁해 자기 얼굴 사진으로 동판을 만들기도 했다.

당시는 계엄 상황이었다. 신문을 발행할 때마다 서울시청 청사 2층에 있던 계엄사령부 검열국으로 교정용 대장臺狀을 들고 가서 사전 검열을 받아야 했다. 대학신문도 예외가 아니었다. 영관급 장교인 검열관이 붉은색 사인펜으로 가위표(×)를 치면 다른 기사로 채워야 했다. 빈칸으로 발행하는 건 허용하지 않았다.

보통은 대체 원고를 준비하는데, 한 면을 통째로 들어내라고 하는 바람에 부랴부랴 성대신문 편집실로 달려가 학우들이 투고한 원고를 가져오기도 했다. 그러면 신문 제작이 다음 주 월요일로 미뤄지기 일쑤였다. 계엄사 검열을 통과하고도 뒤늦게 배포 금지 지시가 내려진 일도 있었다.

겨울방학에도 1월 1일자 신년호와 2월 졸업식에 맞춘 졸업호를 발행해야 했다. 틈틈이 신문 편집에 관한 실무를 배우고 사회과학 독서모임에도 참여했다. 신문 제작이나 교육 시간에 빠졌다는 이유로 선배에게 '빠따'를 맞기도 했다. 당시에는 성대신문뿐만 아니라 일부 서클에서도 얼차려(기합)와 구타 문화가 존재했다. 회의실 안쪽에는 수도 시설을 갖춘 사진 현상용 암실이 있었는데 수도꼭지를 틀면 소리를 감출 수 있어 여기자들이 우는 장소로 애용했다.

동기들은 이런저런 이유로 하나둘씩 중도에 그만두어 2학년 1학기를 앞두고 10명만 남았다. 3학년 3명과 함께 새로운 기획을 준비했다. 1979년 10월 27일 발동된 계엄이 1981년 1월 24일 해제된 것도 의욕을 부추겼다. 계엄 456일간의 주요 사건을 정리한 기획기사, 도시 빈민 시리즈 등을 준비하겠다고 보고했다가 주간교수에게 퇴짜를 맞았다. 계엄사 검열은 사라졌지만 주간 확인 도장이 없는 원고는 인쇄 작업을 해주지 않았다.

우리는 항의의 뜻으로 집단 사표를 냈다. 그러나 한원택(행정) 주간교수와 부주간(총장 비서실 남상률 과장)을 비롯한 학교 당국의 태도는 완강했다. 퇴임한 선배들이 수습에 나서며 우리를 설득했다. 사태는 엉뚱하게 흘러갔다. 79학번 3학년들을 내보내고 우리 동기를 주축으로 새롭게 진용을 꾸린 것이다. 권순긍 선배가 두 번째로 복귀해 편집장을 맡았고, 78학번들이 토요일마다 신문 제작을 도와주기로 했다.

우리는 신입생 기자들을 빨리 충원해달라고 요청했지만 우리의 수습 기간도 채 끝나지 않은 상황이어서 수습기자 선발은 2학기로 미뤄졌다.

5월 1일 자로 정기자가 된 뒤 2학기가 되자마자 부장 겸 편집장으로 발령이 났다. 그때까지 남은 동기는 9명이었다. 나는 3학년 2학기 때까지 편집장으로 재임해 드물게 장수했다. 그때까지 함께한 동기는 나를 비롯해 6명이었다.

성대신문·성대방송과
단과대 선전 일꾼이 모인 '간다부'

당시에는 이렇다 할 학내 매체가 없고 기존 언론도 대부분 제구실을 못 할 때여서 성대신문에 대한 관심과 기대가 높았다. 그런 만큼 비판이 따가웠고 주문도 많았다.

신문을 배포하는 월요일이면 대학본부 1층 성대신문 창구 앞에 긴 줄이 늘어섰다. 한 부 더 달라고 조르는 독자와의 실랑이도 자주 벌어졌다. 그때는 다른 학교 친구(특히 미팅 상대)에게 학보를 우송하는 게 유행이었다. 자기네 학교 신문을 보여주려고 하기보다는 띠지에 간단한 사연을 적어 보내기 위해서였다. 신문은 3종 우편물이어서 편지보다 우편요금이 쌌다.

운동권에서는 성대신문을 하나의 연대 조직이나 활동 공간으로 활용하려고 했다. 학내외의 주요 이슈에 관한 공지와 논평, 사회 문제에 대한 여론 환기, 한국 근현대사 등의 학습 커리큘럼 소개 등 다양한 기능을 할 수 있기 때문이었다. 200자 원고지 한 장당 300~500원인 원고료도 쏠쏠했다.

성대신문 기자들은 운동권의 포섭 대상이었다. 나 역시 학과 선배를 비롯한 여러 명과 팀을 유지했다.

학내 선전 일꾼들의 비공개모임도 있었다. 나를 비롯해 성대방송국 김강호(수학), 문과대 김윤옥(사학)·곽용석(도서), 사회대 정종승(사회), 경상대 손정진(산심)이 79학번 박형중(경제) 선배와 함께 정례적으로 모여 공부하고 토론했다. 모임 이름은 속칭 '간다부'였다. 선전이란 뜻의 영어 프로파간다의 뒤 두 글자를 딴 것인데, 나와 용석이의 얼굴이 검어 아프리카 우간다에서 따왔다는 놀림도 받았다. 이 모임은 후배 학번들에게로 이어졌고, 1984년 학내 민주화가 부분적으로 이뤄진 뒤 간다부를 발판으로 공개 조직인 성대매스컴위원회가 발족되기도 했다.

내가 재직할 당시 다른 대학들과의 연합 조직 결성도 시도되었으나 경찰의 감시와 방해가 심해 만나기조차 힘들었다. 약속 장소에 가면 어떻게 알았는지 경찰이 먼저 와 있는 식이었다. 우여곡절 끝에 우리가 시작한 대학신문 편집장모임을 모태로 1984년 자유언론실천 대학신문기자연합(자대기련)이 출범했고, 훗날 전국대학신문기자연합 (전대기련)으로 발전했다.

당시 학내 시위 소식을 보도하는 것도 쉽지 않았다. 시위 사진을 싣는 것은 엄두도 내지 못했으나 누가 구속되었는지 등의 소식은 1단으로라도 실으려고 안간힘을 썼다. 내용은 누가 언제 교내 시위를 벌여 집회 및 시위에 관한 법률 위반 혐의로 구속되었다는 게 전부였지만 공안 당국은 이마저도 싣지 못하게 주간·부주간을 통해 압력을 넣었다.

광주민주화운동 1주년을 앞두고 1981년 5월 12일 벌어진 학내 시위는 반향이 컸다. 우리는 강력하게 요구해 5월 25일 자 신문에 '示威主動學生(시위주동학생) 6명 구속'이란 5단 제목의 기사를 1면에 이례적으로 실을 수 있었다.

당시 구속되어 유죄 판결을 받은 79학번 손중양(철학) 선배가 지난해(2024) 재심을 청구한 뒤 성대신문 기사를 찾고 싶다며 도움을 요청해왔다. 기사에 연행 날짜가 명기되어 있어 불법 구금의 증거 자료로 쓸 수 있겠다고 여긴 것이다. 역사를 바로잡는 데 조금이나마 기여했다는 보람과 당시 민주화 투쟁 소식을 더 자세히 싣지 못했다는 아쉬움이 교차했다.

'5월 광주'의 기억 소환하러 학생의날 광주 르포 기획

1981년 2학기 개강호에는 농촌 활동 등 다양하게 여름방학을 보낸 소식을 전하며 대학생 미국 연수를 비판하는 기사를 실었다. 비용이 많이 들어 부유한 학생들만 갈 수 있고, 관광 위주로 일정이 짜인데다, 대부분 고가의 선물을 사들고 왔다는 내용이었다.

문제는 주간이 지도교수로 미국을 다녀온 것이었다. 우리가 쓴 기사의 게재를 허락하는 대신 다음 호에 연수생의 글도 싣자고 했다. 원고를 받아 보니 연수 일정이 알차고 보람이 컸다는 자화자찬 일색이어서 곤혹스러웠다. 그래도 주간이 직접 청탁해 받은 글이어서 편집을 맡은 동료에게 원고를 전달한 뒤 목요일 편집회의에서 논의했으나 결론을 내지 못했다.

그날 저녁 술자리에서 박동규가 "그 글을 그대로 신문에 싣는다는 건 도저히 용납할 수 없다"며 재차 반대 의견을 냈다. 나를 비롯한 몇몇이 공감했으나 대안이 마땅치 않았다. 다른 원고로 대체하려면 주간의 승인을 받아야 했다. 술기운을 빌려 나와 동규 등 4명이 은평구 신사동의 주간 댁을 찾아갔다.

술상을 앞에 놓고 격론을 벌였으나 주간은 물러서지 않았다. 이튿날 신문사로 출근했더니 부주간이 불렀다. 오늘 아침 한 교수가 총장에게 주간직 사의를 밝혔으니 찾아가서 사과하라는 것이었다. 집단 사표는 우리의 무기라고 생각했는데, 교수가 주간을 못 하겠다고 하니 당혹스러웠다. 우여곡절 끝에 원고는 그대로 실리고 주간은 사의를 번복했다.

그 시절 '5월 광주'는 제도권 언론에서 금기어였다. 그래도 우리는 조금이나마 광주민주화운동의 실상을 알리기 위해 머리를 짜냈다. 11월 3일 학생의날 기획으로 광주 르포(현지 보고 기사)를 준비했다. 직접 언급하지는 못해도 기억을 떠올리게 하려는 취지였다.

광주에서 고등학교를 나온 박현선 등 3명이 출장을 다녀왔다. 그러나 주간과 부주간의 반대로 금남로나 도청 등의 분위기 스케치와 광주 시민의 인터뷰 등은 몽땅 삭제되고, 1929년 일제강점기 당시의 항일 투쟁사와 일반적인 광주 현황만 실렸다. 독자들이 '고작 이런 글을 쓰려고 광주까지 간 건가'라며 고개를 갸웃거릴 만했다.

1982년 봄에는 학도호국단 체제를 개편하며 총학생장과 단과대 학생장 등 학생 대표들의 간접선거가 이뤄졌다. 5공 정권이 내놓은 유화책이었으나 학생들의 기대에는 턱없이 못 미쳤다. 그런 비판을 담은 기사를 내보내려고 했으나 이번에도 주간·부주간의 반대에 막혀 알맹이 빠진 기사가 나가고 말았다.

나는 동기나 후배 기자들에게 부담을 주지 않겠다는 생각에 대자보 형식의 글을 써서 내 이름으로 신문사 창문에 붙였다. 학원민주화의 당위성과 학도호국단 간부 선거제도의 문제점을 기사화하려고 했으나 당국의 언론 탄압으로 싣지 못했다는 내용이었다. 내심 사직까지 각오했으나 무사히 넘어갔다. 안기부 요원이 만나자고 해서 코리아나호텔 커피숍에 갔더니 누가 시켰는지 집요하게 물어보다가 혼자서 한 일이라고 하니 앞으로 주의하라고 경고만 하고 자리를 떴다.

청춘을 하얗게 불사를 때
주간 속은 까맣게 타들어가

우리는 당시 친구들이 누리기 힘든 혜택도 많이 받았다. 수습기자 월급은 1980년 1만 2,000원, 1981년 1만 5,000원, 1982년 1만 9,000원으로 해마다 인상되었다. 5공 정권이 당근과 채찍으로 언론인을 관리해온 것과 같은 맥락이었다. 1982년 기준으로 정기자 4만 2,000원, 부장 5만 원, 편집장 6만 2,500원을 받았다. 그때 당시 한 학기 등록금이 42만 원 안팎이었으니 지금 가치로 따지면 10배가량 되었을 것이다.

수습 기간이 지나면 학기마다 장학금이 나왔고, 스트레이트 기사를 제외한 칼럼과 기획기사 등에는 따로 원고료를 지급했다. 편집 회의와 신문 제작 때도 일괄적으로 회의비가 나왔으니 돈 걱정 크게 하지 않고 풍족하게 먹고 마셨다. MT도 수련회라는 명목으로 학교 예산을 받아 다녀왔다.

개인적으로 특별한 경험도 할 수 있었다. 문교부가 대한민국 대학생 대표단이라는 이름으로 각 대학 학도호국단 간부들을 모아 보내던 해외연수에 참가한 것이다. 학교 등급에 따라 달랐지만 1982년 12월 우리 학교 총학생장은 유럽, 부학생장은 일본 및 동남아로 가기로 되어 있었다. 이성기 총학생장은 단과대 학생장들의 탄핵으로 직무정지 상태에 놓였다. 부학생장인 황운성(유학)은 참가 제안을 거부했다. 그러자 학교 측에서는 나한테 제안했다. 고민 끝에 수락한 뒤 보름간 일본, 필리핀, 대만을 견학했다.

그 대신 잃은 것도 많았다. 일에 쫓기느라 수업에 제대로 들어가지 못한 것은 물론 토요일마다 신문을 제작하느라 학과 MT에도 참가하기 힘들었다. 공안 당국에 요주의 인물로도 찍혀 퇴임 후 동대문경찰서 신세도 많이 졌다. 내가 편집장으로 재직할 때는 학생들의 여론을 의식해 가만히 놓아두다가 만만하게 여긴 것이다.

비교적 다양한 경험을 한 터라 주변 친구들에게 "대학 시절 공부와 연애 빼고 다 해봤다"라고 자랑했는데, 정작 가장 중요한 그 두

가지를 못한 게 두고두고 후회가 되었다.

성대신문 기자 출신들의 모임 이름은 성탁회成鐸會다. 초대 주간인 월탄 박종화(국문) 교수가 지은 이름이다. 언론을 '사회의 목탁'이라고 하듯이 성대신문이 '성균관대의 목탁' 구실을 하고 성대신문을 거친 동문들도 세상에서 그런 역할을 해달라는 당부를 담은 것이다.

2024년 9월 20일 모교 600주년 기념관에서 성대신문 창간 70주년 기념식이 열렸을 때 성탁회장인 나는 인사말을 통해 "성대신문을 만드느라 청춘을 하얗게 불살랐다"라고 회고했다. 역대 주간을 대표해 축사에 나선 조건상(국문) 교수는 "학생기자들이 청춘을 하얗게 불사를 때 학교 당국과 학생들 사이에 낀 나는 속이 까맣게 타들어갔다"라고 털어놓았다.

월탄 선생의 당부를 실천해왔는지 돌아보면 낯이 화끈거리지만 나름대로 소중하고 보람찬 시절이었다. 졸업 후 언론인의 길을 걷는 동안 힘들거나 흔들릴 때마다 성대신문 기자 시절을 떠올리며 마음을 다잡으려 했다. 그때의 고민과 경험과 지식은 지금도 나의 자양분이자 각성제다.

그녀는 행성으로,
나는 위성으로

서범석
사회학과

아침 6시 기상. 빈속에 B형간염바이러스 치료제인 바라쿠르드 한 알을 먹는다. 이제 하루가 시작되었다. 40년 이상을 내 간 속에 잠들어 있던 바이러스가 왜 활동을 시작했는지 모른다. 암이 일깨웠을까? 세포가 바이러스를 통제할 수는 없는 일, 다만 암세포가 간에다가 뭔 짓을 해서 잠든 바이러스가 깨어났고 이제부터 난 죽는 날까지 매일 바라쿠르드 한 알씩을 먹어야 한다.

바이러스는 짧은 기간 내 간을 많이 망가트렸고 간 보호제도 아침저녁으로 챙겨 먹어야 한다. 또 있다. 이뇨제와 항암제. 이뇨제는 심장과 폐에 물이 차는 것을 막기 위해 먹는다. 정상적이라면 간이 생성하는 알부민이 해야 할 일이지만 간이 충분히 활동하지 못하는 관계로 이뇨제가 임시방편으로 대신한다. 알부민은 단백질을 충분히 섭취하면 된다지만 도대체 사람이 하루 세끼 고기만 먹을 수는 없는 노릇 아닌가? 그래서 며칠 전부터 젊은이들 사이에 인기를 끌고 있는 단백질보충제를 먹고 있다.

그리고 마지막으로 항암제다. 항암제는 내 암세포의 유전자변이에 딱 맞게 표적치료용으로 개발된 것으로 세계 최대 제약사인 머크사의 텝메코다. 그냥 보통 크기의 알약 2개씩 하루 한 번 복용하면 끝이다. 항암제치곤 아주 간단하다. 보험이 적용되어 하루 만 원도 안 하는 가격이고 부작용도 거의 없다. 우리나라 폐암환자 100명 중 1~2명 될까 말까 한 희귀변이라고 한다.

이 대목에서 톨스토이가 생각난다. "행복한 가정은 대개 비슷하지만 불행한 가정은 저마다 다른 이유가 있다"고 했지. 건강도 마찬가지다. 건강한 사람은 대개 비슷하지만 아픈 사람은 저마다 다른 이유가 있다. 수십 가지, 아니 수백 가지 이상의 요인들이 서로 조화를 이루어야만 몸의 건강이 유지된다. 그중 단 하나만 틀어져도 우리는 고통 받는다. 건강할 때 내가 알부민이 무엇인지, 간수치가 무엇인지 알 까닭이 없다.

산소포화도와 혈압을 측정하고 현관문을 열고 나온다. 오늘도 걷는다. 하루 1만 5,000보. 어제는 뛰어보았다. 500미터를 겨우 뛸 수 있었다. 7분 페이스다. 얼마 전 갑자기 찾아온 폐렴으로 강북삼성병원에 입원했는데 그때 병실 밖에서 펼쳐지는 JTBC마라톤을 넋을 잃고 바라보았다. 내가 저 마라톤대회에 참가한 것이 서너 번쯤 되는 거 같다. "그래, 다시 달려보는 거야. 여기서 나간다면 다시 달리자.

풀코스는 힘들어도 10킬로미터라도 뛰어보는 거야." 그렇게 다짐했다. 7분 페이스로 겨우 500미터를 달리는 체력이지만 난 다시 걷고, 달리고 있다.

전화를 건다. "나야, 범석이. 다음 주에 2박 3일 가려고 하는데 별다른 일정 없지? 두 번 정도 라운드하고 하루는 숲을 산책하고 쉬려고." 제주에 사는 동기와 통화를 했다. 그가 이 모임에 왜 나타나지 않는지 나는 모른다. 그건 누구의 잘못도 아니다. 그저 인생을 살다 보면 어느 순간 갈림길에서 헤어지게 되는 것일 뿐. 언젠가 길에서 다시 만날 수도 있다. 지금은 엇갈려 있을 뿐.

전화가 온다. 병래다. 글을 쓰라는 부탁이었다. 딱히 쓸 것이 없어서 쓰지 않고 있었지만, 그렇다고 거절할 만한 이유도 없었다. 사는 게 원래 그런 거니까. 그저 일기 쓰듯 하면 되겠지, 하고 수락을 했다. 그렇게 오늘 나는 컴퓨터 앞에 앉았다.

세브란스병원
병상에서

2025년 8월 초 세브란스 본관 입원실, 나는 창가에서 밖을 내다보았다. 입구에 들어선 암병동, 우측으로는 제중원, 좌측에는 의과대학 건물들이 빈틈없이 들어차 있다. 내가 선 본관 옆으로는 중입자가속기가 있고, 어린이병동, 재활병동, 치과병원이 이어진다. 신촌역이나 신촌로터리를 지나온 차들이 이곳 세브란스의 어느 지점을 목표로 하건 단 한 번에 찾아가는 것은 거의 불가능에 가깝다. 대개는 한두 번 뺑뺑이를 돌아야만 목적지로 향한다.

마구잡이로 들어선 건물들과 건물들을 잇는 도로망은 혼란스럽기 짝이 없다. 난개발도 이런 난개발이 없다. 하지만 최근에 들어선 건물들일수록 최신의 건축기법을 동원해 내부는 으리으리한 인테리어를 자랑한다.

오래된 기억이지만 연대는 땅이 넓어서 이렇게 난개발을 하지 않아도 될 줄 알았다. 하지만 어찌 된 영문인지 누가 봐도 뒤죽박죽 난개발을 했다. 아마도 후원자가 생기거나 자금이 확보되는 대로, 급하게 필요하다 싶은 건물들을 즉흥적으로 지어버린 것 같다. 왜 그랬을까?

군비경쟁이다. 살아남기 위해서는 계속 달려야 하기 때문이다. 사회의 모든 영역이 살아남기 위해 군비경쟁을 한다. 제자리에 멈춰선 순간 그 자리를 유지하지 못한다. 계속 달려야만 현 상황을 유지할 수 있다는 '붉은 여왕의 가설'이 생물의 진화뿐 아니라 산업이나 지역 상권에도 그대로 적용된다. 멈추는 순간 도태된다.

군비경쟁에 열심인 집단에 소속된 자들도 같이 군비경쟁을 하고 있거나 경쟁의 소용돌이에 휘말린다. 의료산업도 그렇다. 수십억, 심지어 수백억에 이르는 새로운 설비를 들여와야 하고, 그러면 그 설비를 설치할 건물을 세우고 인력 재교육도 해야 한다. 빅 5에 들어서느냐 탈락하느냐가 사회적 평판과 병원의 존망을 결정하는 시대가 되고 있다.

병원의 하루는 분주하다. 도대체 얼마나 많은 사람이 여기에 생계를 의탁하고 있고, 또 얼마나 많은 사람이 이곳에서 치료받고, 치료받기를 원하며 줄을 서서 기다리는지 가늠조차 되지 않는다. 간호사들이 내달리며 24시간 한순간도 잠들지 않는 병동과 응급실이 있는 곳. 하나의 작은 도시다.

그런데 나는 왜 이곳에 왔는가? 하루, 또 하루, 한 달 또 한 달이 지나도록 아무것도 변하지 않고 그저 풀벌레 소리, 나뭇잎 흔들리는 소리만 나는 곳, 10년이 지나도 100년이 지나도 구름만 흘러가는 곳에서 나는 왜 이곳으로 와야 했는가?

방아쇠는
당겨졌다

아버지가 돌아가신 지 20년이 넘었다. 폐암이었다. 형이 세상을 뜬 것도 12년이 되었다. 바로 JTBC마라톤을 완주하고 돌아온 다음 날이었다. 역시 폐암이었다. 그러니 내가 폐암에 걸리는 것은 예정된 수순이었다. 그러고도 올봄까지 담배를 피웠다.

지금 책상 위에는 지난해 8월 4일 발행한 서울 ㄴㅂㅅ병원의 가슴CT 판독소견서가 놓여 있다. 소견서에는 깨끗하다고 되어 있다. 지난해 처음으로 건강검진을 받았는데, 이왕 서울까지 가서 하는 거

가슴CT도 찍고 싶었다. 그런데 딱 1년 후 나는 폐암 4기에 뇌 전이까지 된 상태라는 진단을 받았다. 어찌 된 일인가?

겨울 산에서 산다는 건 힘들다. 나이가 들수록 더 힘들다. 눈길에 넘어져 며칠씩 꼼짝 못 하기도 하고, 눈을 치우는 것도 힘들다. 겨울에 할 수 있는 일이라곤 목공일이나 술을 담그는 것인데, 그 둘에 나는 완전히 흥미를 잃었다. 그 무렵 12·3내란 사태가 터졌다. 내란은 '일야구도하기'처럼 위태로웠다. 게다가 세상의 스트롱맨들은 모두 나서서 총칼을 휘둘러대고 있다. 포연이 그치지 않는 와중에 또 미사일이 날아다닌다. 인류의 문명이 기후위기와 AI산업으로 풍전등화인데 저 혼자 살겠다고 노략질에 나서고 있다. 과연 희망이 있는가? 아니, 살아갈 수는 있을까? 인류를 대체할 AI로봇들에 의해 네안데르탈인의 운명을 걷게 되어도 기꺼이 받아들여야 하는가? 그때까지 스트롱맨들에 의해 세상은 다시 전쟁터가 되어버릴 텐데 구태여 그 꼴을 봐야 하는가? 식량을 제외한 전 인류의 필요품을 단 한 나라의 생산력만으로도 충분히 커버할 수 있는 세상에, 모두가 만족할 성장의 엔진은 존재하지 않는 듯했다.

그렇게 나는 혼자만의 생각에 빠져들었다. "다 해봤어. 나는 내가 해보고 싶은 걸 다 해봤어. 한 번 더 한다고 해서 재미도 없고, 세상을 더 어지럽힐 뿐이야. 아… 지겹다. 이제 그만 살아도 충분하지 않나?" 당시 흥미를 가지고 있는 유일한 놀이가 골프였다. 하지만 트럼프의 굿샷을 보며 혐오감을 느끼지 않을 수 없었다. 하고 싶지 않았다. 겨울을 지내면서 그렇게 생각을 정리해가며 몇 안 되는 사람과의 관계마저 냉랭하게 가져가기 시작했다. 비싼 목공 공구들도 중고 시장에 내다 팔며 주변 정리에 들어갔다. 그때 기침이 멈추지 않았다. 뭐지? 담배를 끊었다. 한 달, 두 달… 두통은 더 심해졌고, 어지러워서 일어설 수 없었다. 먹은 것을 다 토했고, 종일 거실에서 쓰러져 잠만 잤다. 그러던 어느 날, 병원을 가자는 집사람의 손에 이끌려 춘천의 어느 대학병원 응급실로 갔다. 김용우의 성화도 한몫했다.

나는 그 누구와도 계약하지 않았다

병실에서 주로 만나는 사람은 간호사들이다. 나는 간호사들과 어떤 계약도 하지 않았다. 하지만 그들은 나를 위해 일을 한다. 대개는 상냥하고 헌신적이다. 그들은 왜 그렇게 사는 걸까? 간호사만이 아니다. 병실을 청소하는 사람들, 밥을 해서 가져다주는 사람들, 나를 휠체어에 태워 X-레이실이나 MRI실 등으로 검사를 위해 데려가고 다시 병실로 데려다주는 것을 일로 삼은 사람도 있다. 중요한 검사나 시술이 있을 때는 관계자가 와서 상세한 설명과 함께 사인을 받는다. 이 모든 일의 정점에는 의사가 있다. 그들도 나를 위해 무언가를 한다.

　나는 그 누구와도 계약하지 않았다. 그런데 그들 모두는 나를 위해 무언가를 한다. 왜 그럴까? 나는 타인을 위해 일하지 않았다. 내 머리카락 하나를 뽑아서 온 세상에 평화가 온다 해도 나는 그리하지 않겠다고 말한 양주楊朱의 위아주의爲我主義 철학을 나 또한 산에 들어가서 살기로 한 날부터 금과옥조로 여겼다. 나는 그리 살아왔는데 지금 나를 둘러싼 모든 사람이 번갈아가며 나를 돌본다. 낯설다. 이 병원의 시스템이, 사회의 시스템이. 어떤 보이지 않는 손이 모두를 이타적인 생활방식에 익숙해지도록 만들었을까? 단지 몇 푼의 돈, 직업에 대한 자부심, 사회적 평판, 자신이 속한 집단에서 갖게 되는 사회적 지위? 나에게는 서푼어치 가치도 없는 그런 것들에 얽매여 일사불란하게 이타적인 행위들을 하며 웃음을 짓는 그들에게 나는 아픈 몸을 의탁하고 있었다.

"이제 이들과 함께 호흡하고, 같이 웃고 같이 울며 살아가 볼까? 이건 지금껏 내가 살아왔던 것과는 전혀 다른 삶이잖아. 약간은 가식의 얼굴을 하고. 그리고 어디까지가 진심이고 어디부터 가식인지 알 수 없는 지경에 이른 많은 사람과 함께."

세브란스에서의 처음 며칠간 나는 그런 생각을 했다. 내가 그들 속에 들어갈 수 있다면 20여 년 전 내가 등지고 떠났던 사회적 삶을 다시 하지 못할 이유도 없었다. 그때 나는 자칭 사회 부적응자였는데 이제 불치의 병을 얻고 나서야 사회 적응에 나서는 꼴이 되었으니 쉽지는 않을 것이다. 수많은 환자가 자신의 병을 감추거나 사회적 관계를 끊는 까닭도 사회는 언제나 정상인들, 건강한 자들이 중심이기 때문이다. 하지만 나는 보았다. 사회는 이미 늙었고, 구성원들도 대개는 하나둘쯤 질병을 안고 살아가고 있다는 사실을. 그리고 건강한 자들만이 중심이 된다고 믿는 사람이 있다면 그 사람이 바로 심각한

정신적 질병 상태에 빠진 거라는 사실을.

아마도 내가 서울에 올라왔다는 사실을 알린 이유도 여기에 있을 것이다. 덕분에 많은 사람을 만났고, 또 만날 것이다.

암의 스위치가 켜진 사람

나는 방아쇠를 당기면서 암에 걸렸다. 정신적 스트레스가 몸의 가장 약한 부분에서 변이를 일으킨다. 그런데 스트레스의 정의는 무엇일까? 정신적 압박이 없으면 발전이 없다. 시련을 극복하고 성취감을 느끼는 것은 삶의 동기이기도 하다. 하지만 탈출구가 없는 정신적 압박, 그것을 내면화할 때 몸에서 변이가 시작된다. 지금도 내란수괴는 탈출구가 없는 상황에서 엄청난 스트레스를 받고 있을 것이다. 하지만 그자는 내면화하지 않는다. 모든 책임을 타인에게 돌리고 자신은 영원히 위대한 군주를 꿈꾸는 망상에 빠져 있는 한 변이는 일어나지 않는다. 사람은 누구나 탈출구가 없는 정신적 압박 상태에 놓인 경험이 있을 것이다. 그때 '내 탓이오' 했으면 변이가 생겼을 것이고, '네 탓이다' 했다면 무사했을 것이다.

사실 인간은 스스로를 속이며 산다. 그렇게 진화했다. 가령 네비게이션을 잘못 입력해 당초 가려고 했던 목적지와는 전혀 다른 곳에 도달한 남자가 있다고 하자. 귀한 휴가를 망치고 숙소 예약이 날아가는 손해를 보았지만, 그는 다른 결론에 도달한다. 새로운 곳에서 더 많은 경험을 하고 사람들을 만날 수 있었다고. 그런 합리화와 변명들로 가득한 신문 지면을 우리는 매일 보고 있다.

그런데 합리화하지 않는 고지식한 자들에게서 암은 자란다. 암은 사회가 숨 쉴 틈 없이 꽉 짜인 현대 사회의 개인에게 빈번히 발생하는 병이다. 반성하고, 뒤돌아보고, 책임이 두렵고, 혹은 자책하게 만드는 윤리라는 것은 이기적 존재인 유전자의 적이다. 적을 만난 유전자의 변이, 그게 암이다. 반성, 자책, 윤리, 도덕, 공동체 따위를 들먹이는 뇌의 행동양식은 체세포의 생존방식을 정면으로 부정한다. 그 결과 변이가 발생한다. 그건 다세포 생물의 탄생 이래 수억 년 진화의 결과다. 누구의 잘못이 아니다.

실제로 인류사 300만 년에 윤리와 도덕, 보편적 가치, 공유하는 심성 따위가 보편화된 시기는 불과 50년밖에 되지 않는다. 나머지 긴 세월 동안 우리는 그저 정글 속에서 이기적 유전자의 작동 원리에 충실한 기계로 살아왔을 뿐이다. 내 운동신경과 생존본능은 여전히 파충류의 뇌인 소뇌의 지배를 받는다. 그러니 이제 병들고 늙어가는 세포들에게 부디 적을 만나게 하지는 말자. 본능대로 살게 하자. 그렇다고 뻔뻔할 수는 없는 노릇. 그게 우리들의 딜레마다. 우리가 암을 대할 때 느끼는 근본적인 질문이다. 왜 착하게 살라고 가르치고 배웠냐고?

암은 독한 놈이다. 암의 스위치가 켜진 사람들은 대개 죽음의 스위치가 어디에 있는지도 알 것이다. 나는 폐암환자다. 겉은 멀쩡해도 속은 암으로 인해 균형이 무너진 상태다. 간이 제 기능을 못 하고, 몸의 체액을 적절하게 유지하고 배출시켜주는 데도 실패한다. 감기 한번 독하게 걸린 채로 몸을 방치한다면 금방 폐렴으로 발전하고, 폐에 물이 가득 차 큰 고통 없이 잠들 수 있을 것이다. 부디 그렇게 방아쇠를 두 번 당기는 일은 없어야 할 일이다. 그러나 언젠가는 피할 수 없는 일이 될 것이다. 우리는 모두 생존을 건 싸움을 한다면 질 수밖에 없는 운명이다. 우리가 태어났으므로. 그러니 우리의 후손은 우리를 닮은 AI로봇으로. 그것이 실패하지 않는 길이다. 그러나 그 로봇이 우리를 닮았다면 우리는 살아남지 못할 것이다. 우리를 살려두지 않을 것이다.

절박하고
절실한 시간들

올해로 홍천에서 인제로 거처를 옮긴 지 10년이 되었다. 홍천에서의 삶은 빈한했고 인제에서의 삶은 풍요로웠다. 하지만 약탈적인 농업, 무분별한 개간과 태양광 시설, 축사 등 삶의 질을 떨어트리는 이웃들의 공격은 계속되었다.

그래도 나는 나무와 꽃을 심고, 목공일을 배우고, 술을 빚고, 밤이면 별을 관찰하는 등 그간 꿈꾸어왔던 모든 일을 즐기며 살았다. 지금은 혼인관계인 집사람이 주말마다 찾아왔으니 많은 남자가 꿈꾸어왔던 삶이었다. 하지만 더 욕망이 일지 않았다. 새로운 것에 대한 갈망도 사라졌고, 기존의 활동들도 심드렁해졌다. 그렇게 나는 암에 걸렸다. 더 나은 것, 새로운 것, 더 높은 곳에 올라서기를 바라는 욕망은 유전자에 새겨진 것이었다. 운명을 거부하는 자는 생명체의 진화를 거스르는 형벌을 받게 마련이다.

한 공간에서 나와 그녀는 왜 달랐던 걸까? 전혀 다른 두 존재가 있었으니. 나는 암에 걸린 후 지금까지 단 한 번도 눈물을 흘리거나 슬프다는 생각이 들지 않았다. 하지만 그녀는 다르다. 하늘이 무너지는 충격 속에서 하루하루를 이어가고 있다. 그녀를 보고 있으면 슬프고 눈물이 날 것만 같다. 지금껏 우리는 손을 잡고 어디를 향해 걸어가고 있었던 것일까? 그녀는 시속 50킬로미터의 속력으로 달리고 있고, 나는 60킬로미터가 넘는 속력으로 달리고 있다. 게다가 결코 이해할 수 없는 남녀 간의 가치, 관념, 행동양식을 갖고 동행했다. 만나서 각자의 핸드폰을 보고 있는 것처럼, 그녀와 나는 함께하면서도 영원히 다른 길을 걸어가고 있는지도 모른다. 그래도 괜찮다. 다시 살아나야 한다, 그녀의 위성으로. 그녀는 행성으로, 나는 위성으로. 영원히 달의 뒷면을 보지 못한 채 동행하는 행성과 위성이 될지언정 다만 몇 해만이라도 더 그녀의 궤도를 돌고 싶다. 그녀를 향해 날아오는 소행성들은 등짝으로 다 막아내면서 그녀의 궤도를 돌고 싶다.

폐암환자와 보호자들이 모인 카페가 있다. 그곳에 가끔 들러 정보도 얻고 글도 읽는데 코끝이 찡해지는 글들이 자주 올라온다. 그들에게 지금의 순간들은 절박하고, 절실하다. 그 절박한 감정이 그대로 드러난 글들은 타인의 마음을 울린다. 많은 글 중 댓글 하나가 눈에 들어온다.

"역설적이게도 폐암에 걸린 이후로 가장 행복한 시간을 보내고 있습니다. 그 사실이 슬프기도 하고." 일만 하고 산 폐암 4기 환자가 처음으로 해외여행을 다녀왔다는 글에 달린 댓글이다. 지금 함께하고 있는 이 시간의 소중함에 벅차 자신의 모든 것을 걸고 사랑하고 있으니 어찌 행복하지 않을 수 있을까? 나도 그녀에게 가슴 벅찬 존재일까? 물었다. 그렇다고 한다. 나는 지금 1년 전 건강하고 유유자적하며 모두의 부러움을 사는, 전생에 나라를 구한 남자보다 더 행복하다.

<암 투병 경과>

2025/08/02   춘천성심병원 응급실 중환자실

2025/08/04   세브란스병원 2주간 입원 신경외과 /

                감마나이프 3회 시술 / 조직검사

2025/08/20~9월 중순

                세브란스 종양내과. 항암에 대한 의견 난조로 전원 결심

2025/09/17   강북삼성병원 약 일주일 입원 / 항암 시작 / 심장천자술 시행

2025/10/27   폐렴으로 강북삼성병원 일주일 입원

친구와 함께하는 여행,
더욱 커진 기쁨

오영수

경제학과

대학에 입학한 지 벌써 45년이 넘었다. 되돌아보면 여러 굴곡이 있으나 지금도 청년 시절 민주화를 위해 뜻을 모았던 친구들과 만나고 있으니 행복하다. 내가 직장이 아닌 일상에서 만나는 이들 가운데서 그 친구들은 늘 중심에 있다. 한 달에 한 번은 고등학교 친구들과 공부하고, 대학 친구들과는 등산을 한다. 모두 고맙고 소중하다.

대학 친구들과 처음으로 함께 떠난
스위스 여행

2017년 6월에 처음으로 친구들과 함께 해외여행을 떠났다. 매월 하는 등산모임에서 김태성이 알프스 트레킹을 가자고 제안을 한 데서 비롯되었다. 이희용이 대장이 되어 절반은 패키지, 절반은 자유여행을 섞어서 준비했다. 두 친구 외에도 김정형, 김현근, 박동규, 오영수, 정상호, 홍갑표가 같이했다.

당시만 해도 스위스는 대부분의 유럽 여행 패키지에서 하루나 이틀 정도 할애해서 스쳐 가는 코스로 운영되었다. 그런데 우리는 과감히 스위스에 집중하는 결단을 해 스위스의 많은 명소를 돌아볼 수 있었다.

스위스 여행에서 기억에 크게 남은 것은 자유여행 동안 그린덴발트의 로지에 베이스캠프를 차려 2층 침대 4개, 일반 침대가 6개 있는 큰 방에서 모두가 함께한 시간이다. 공간을 같이 쓰면 이런저런 이유로 충돌이 발생하기 쉬운데, 우리는 화기애애하게 잘 보냈다. 친구들 하나하나가 훌륭한 인격을 가졌고, 여행에 앞서 매월 가진 등산모임으로 서로를 충분히 이해하는 상태가 된 덕분이리라.

왜 친구들과
자유여행을 떠나는가

나는 주로 친구들과 해외여행을 많이 갔다. 가족과도 가지만, 친구와 가는 것은 색다른 즐거움을 준다. 그러다 보니 매년 친구들과 가는 일정을 먼저 고려해 가족과 가는 여행의 계획을 짠다. 물론 이렇게 하는 것이 최선이라고 생각하지는 않는다. 아들이 결혼한 후로는 내가 여행을 떠나면 아내는 긴 시간을 혼자 집에 남아 있어야 하기 때문이다.

얼마 전, 18일간 남미 여행을 다녀오면서 내가 집을 오랫동안 비우는 것이 아내에게는 힘든 일임을 알았다. 그렇다고 친구끼리 여행에 부부가 동반해야 한다고는 생각하지 않는다. 그럴 수 있는 경우가 있고, 그렇지 않을 수도 있다.

어쨌든 친구와 자유여행을 하는 것에는 몇 가지 이유가 있다. 첫째는 어려움과 즐거움을 같이 겪으니 관계가 단단해지는 면이 있다. 둘째는 여행 계획을 논의하고 진행하기에 편하다. 셋째는 친구들과 함께 노후 여가활동을 함께할 준비를 하는 것이다. 친구들이 이미 '지공거사(지하철을 공짜로 타는 노인)'가 되기 시작했는데, 제2의 인생기에 여행을 함께하는 의미가 크기 때문이다. 물론 패키지여행도 이용할 수 있지만, 가급적 자유여행을 직접 계획해 편안하게 여행을 즐긴다.

자유여행을 선호하게 된 데는 디지털 혁명의 덕이 크다. 스위스 여행을 하기에 앞서 아들의 대학 졸업식에 가족여행단을 구성해 런던과 케임브리지를 다녀왔다. 그때 비로소 자유여행이 쉬워졌음을 알았다. 구글 지도를 기반으로 한 다양한 여행 앱이 있어 편리하게 이동할 수 있고, 호텔이나 에어비앤비를 인터넷으로 쉽게 예약할 수 있기 때문이다. 그래서 스위스 여행에서는 이희용이 준비한 계획에 맞추었지만, 그 후 일본 여행 등에서는 내가 주도적으로 프로그램을 준비했다.

본격적인 친구 해외여행의 시작이 된
일본 여행

일본 여행은 스위스 여행이 좋았는지 친구들 사이에서 바로 해외여행을 가자는 의견이 나오며 계획을 세우기 시작했다. 2018년 가을에 일본의 단풍을 보러 가기로 했다. 이 여행에는 김현근과 정상호가 함께하지 못했다. 대신 스위스 여행에 빠졌던 민병래와 한상철이 합류했다. 장소는 도호쿠 지방으로 정했다. 일본의 도호쿠는 혼슈 북동부에 위치하며 아오모리현, 이와테현, 미야기현, 아키타현, 야마가타현, 후쿠시마현 등 6개 현을 포함하는 지역을 말한다. 후쿠시마 원전 사고로 인한 방사능이 염려되었으나, 후쿠시마와는 거리가 먼 지역이어서 괜찮으리라 생각했다.

여행 계획을 세우기 위해 단풍 등 관광명소를 먼저 확인한 후 구글 지도를 보며 구상했다. 여행은 아오모리-이와테-아키타 순으로 정해졌다. 이동 수단은 우리와 달리 운전석이 오른쪽에 있지만 렌터카를 선택했다. 가장 어려운 일은 날짜를 정하는 것이었다. 그 당시는 모두 직장 일도 바쁘고 사회 활동도 왕성한 시절이어서 일정을 맞추기가 쉽지 않았다.

어렵사리 날짜를 맞추었으나, 막상 가보니 조금 철이 일렀다.

본격적인 단풍을 본 것은 아니지만 낮은 곳에서도 색색의 변화가 있고, 우리가 올랐던 산봉우리에서는 절정의 단풍을 보았기에 만족할 만했다. 단풍이야 우리나라도 훌륭한 곳이 많지만, 일본까지 간 것은 역시 새로 방문하는 지역의 음식과 술을 맛보려는 목적도 있기 때문이다. 아오모리 등은 도쿄나 오사카 같은 대도시가 아니어서 음식 물가가 서울에 비해 낮은 편이었다. 그래서 우리는 지역의 맛있는 음식을 맘껏 즐길 수 있었다.

잊지 못할 일은 매일 양주를 한 병씩 비웠다는 것이다. 미리 출국 면세점에서 각자에게 할당(?)된 양주를 준비해 와서 좁은 호텔 방에 모여 2차를 즐겼다. 술을 마시며 지난 세월, 각자의 에피소드를 얘기하며 웃고 떠들다 보니 시간 가는 줄을 몰랐다. 이렇게 해서 공동으로 과거의 기억을 상기하고 부족하거나 오해가 있었던 부분은 보완하는 작업을 한 셈이다.

아일랜드 흑맥주에서 스코틀랜드 위스키로 바뀐 여행

스코틀랜드 여행은 원래 겨울에 추적추적 비가 내리는 더블린에서 흑맥주 한 잔을 마시며 입학 40주년을 기념해보자는 내 제안에서 시작되었다. 여기에는 스위스나 일본 여행과 달리 경제학과와 무역학과에서 가깝게 지내던 친구들이 참여했다. 개인 사정이 생긴 친구가 있어 남긴 빈자리를 경제학과 78학번 선배 두 분이 합류해 채웠다.

처음에는 더블린이 있는 아일랜드와 스코틀랜드를 12일 이내로 여행하기로 계획을 잡았다. 그랬더니 이동에 시간이 많이 들고 제대로 여행하기 어려울 것 같다는 판단이 들었다. 스코틀랜드에 집중하기로 하고 계획을 다시 세웠다. 주종도 아일랜드 흑맥주에서 스코틀랜드 위스키로 바뀌었다. 스코틀랜드의 주요 명소를 선정한 후 구글 지도를 이용해 여정을 시뮬레이션했다. 차 두 대로 움직이는 문제점을 줄이고자 큰 차 한 대를 렌트하기로 작정했다. 그런데 8인승 이상 자동차의 경우, 버스 운전면허가 필요했다. 버스 운전면허까지 딸까 생각했으나 시간이 너무 많이 들기에 생각을 바꾸어 승용차 두 대를 렌트하기로 했다.

2020년에 여행을 할 계획이었으므로 2019년에 항공편, 호텔, 렌트카 예약 등 준비를 마쳤다. 그런데 코로나19가 발생하는 바람에 기약 없이 연기할 수밖에 없었다. 그러는 사이에 호텔 예약금이 날아가고, 비행기 표 환불이 늦어지는 소동을 겪었다. 여행이 가능해져서 다시 호텔과 항공편을 예약하는데, 코로나19를 계기로 물가가 많이 올라 비용이 커졌다. 이런저런 노력 끝에 아시아나항공을 상대적으로 저렴한 가격에 예약해 이용할 수 있었고, 벤츠 자동차도 싸게 빌렸다.

스코틀랜드를 여행하며 우리는 골프의 발상지도 가보았고, 깊은 물속에 괴물이 산다는 전설이 있는 네스호도 가보았다. 한 번은 네스호 옆에 있는 성을 향해 출발했는데, 정반대 방향으로 가서 되돌아온 일도 있었다. 내비게이션에 목적지를 입력하는 과정에서 비슷한 지명이 나오자 자세히 확인하지 않고 설정해서 생긴 일이었다. 이동 중에 옆좌석에 타고 있던 선배가 어제 우리가 왔던 길로 가는 것 같다고 얘기하는데도 그렇지 않을 것이라고 우기고 계속 갔다. 나중에 이상해서 차를 세우고 보니 전날 왔던 길을 거슬러 가고 있었다. 다시 부랴부랴 차를 돌려 다른 일행을 만날 수 있었는데, 아무도 원망하지 않고 오히려 격려를 해주어 위로를 받았다.

이렇듯 여행하면서 실수할 수 있는데, 수습을 잘 해내야 여행이 지속된다. 한편 운전, 통역이나 음식 주문 등을 맡는 역할을 다른 친구들과 분담할 수 있어서 자유여행의 부담이 나에게만 쏠리지는 않았다.

인생 여행으로 작정하고 떠난 남미 여행

남미 여행은 인문학 공부를 하는 모임에서 내가 회장을 하던 시절 초빙강사로 여성 여행작가를 모시면서 비롯되었다. 그분과 나는 페이스북 친구를 맺은 것 외에는 생면부지였으나, 성공한 인생을 살다 여행으로 제2의 인생을 시작한 것이 멋져 보였다. 그 작가는 남미를 홀로 배낭여행을 한 후 거기에서 찍은 사진으로 전시회까지 열었는데, 우리 모임의 초청에 기꺼이 응해주었다. 작가의 강의를 들으면서 남미, 그중에서도 파타고니아를 여행하고픈 생각이 강하게 들었다.

그래서 한 달에 한 번씩 만나 공부하는 고등학교 친구들에게 같이 갈 것을 제안했다. 그 친구들 역시 민주화운동에 참여한 이력이 있을 뿐만 아니라, 1980년대 후반부터 매월 만나 시국을 논했으며 최근에는 탄핵집회도 같이 참여할 정도로 가깝다. 여행단을 구성해 여행기금을 적립하고 함께 준비했다. 중간에 앞서 말한 여행작가도 만나 조언도 들었다.

그런데 이 여행 역시 코로나19를 계기로 미루어져 출발 일자를 기약하지 못했다. 작년에야 상황이 좋아져 올해 1~2월에는 가야겠다고 결심하고 계획을 다시 세워 실행에 착수했다. 원래는 파타고니아 트레킹과 체 게바라 루트를 중심으로 일정을 잡았는데, 일부 멤버가 교체되고 다른 의견도 나오면서 일정을 대폭 수정했다. 체 게바라 루트를 많이 줄이고 남미의 땅끝인 우수아이아도 포기하는 대신, 마추픽추와 이구아수폭포를 넣었다.

나는 남미의 부에노스아이레스와 칠레 산티아고를 외환위기 직후에 출장으로 다녀온 적이 있다. 그것은 일하러 간 것이고 굉장히 빡빡한 일정이어서 여행이라고 할 수 없다. 그냥 한 번 다녀온 적이 있다고 얘기할 수준인 것이다. 그랬기에 나이가 더 많아지기 전에 보러 가기 위해 친구들을 모은 것이다.

유럽이나 일본 여행과 달리 남미 여행은 안전에 대한 우려가 컸다. 내 기억에 칠레와 아르헨티나가 자유여행을 못할 정도로 염려할 곳은 아니었기에 감행했다. 다만 자동차를 렌트하지는 않기로 했다.

대신 현지 사정을 잘 아는 가이드나 현지 패키지를 활용하기로 했다. 마추픽추는 페루레일이라는 철도회사의 패키지를 이용했고, 나머지 여행지는 현지 가이드를 활용했다. 현지 가이드는 자동차를 가져와 우리를 태우고 다니며 영어로 안내했다. 또한 남미 여행에서도 내가 계획을 수립하고 진행했으나 통역이나 음식 주문, 인원 확인 등은 다른 친구가 맡아준 덕분에 내 부담이 많이 줄었다.

앞으로도 친구들과 여행은 계속된다

앞으로 적어도 1년에 한 번은 친구들과 해외여행을 다녀오려고 한다. 현재 계획 중인 여행도 있고, 구상 중인 여행도 있다. 친구와 여행을 하는 것은 인생의 중요한 동반자와 즐거움을 같이 만드는 과정이라고 생각한다. 젊은 시절에 이상을 꽃피우며 함께 행동했던 친구들을 소중하게 생각하며 인생의 마지막까지 여행을 멋지게 하고 싶다.

나는 전문적인 여행가도 아니고 많은 곳을 경험하지도 않았다. 언어상의 어려움도 크고 체력도 강하지 않아 자유여행을 인도하기에 적합하지 않을 수 있다. 그러나 친구들과 함께 서로 도움을 주고받으며 여행한다면 어떠한 어려움도 극복할 수 있다는 믿음이 있다. 이렇게 여행을 즐길 수 있는 친구들이 오래도록 건강을 유지해 같이 여행을 떠날 수 있기를 바란다.

자랑스러운 내 동생, 뼈 아픈 내 동생

이승희
경제학과 이충섭 누나

벌써 40여 년이 지나 많이 가물거립니다. 1980년 충섭이는 성대 경제과에 입학, 즐겁게 학교를 다녔습니다. 10월로 기억합니다. 어느 날, 학교 다녀온다고 나간 동생이 들어오지 않았습니다. 전화도 없었고요. 그때는 관악구청 근처의 작은 빌라에 살 때였지요. 저는 2남 2녀의 맏이고 충섭이는 저보다 여덟 살 아래 큰남동생이었습니다. 저는 의상실을 하면서 아버지와 어머니, 밑으로 두 동생을 챙기면서 가장 노릇을 했습니다.

그런데 충섭이가 이틀, 사흘이 지나도 전화 한 통 하지 않으니, 집에서는 난리가 났죠. 경찰에 실종신고를 해야 하나 하던 참에 동대문경찰서 형사과에서 연락이 왔습니다. 충섭이가 여기 있다며 빨리 오라고 했습니다. 아버지와 어머니는 부여에서 농사만 짓다가 올라오신 지 얼마 안 된 상태라 서울 지리를 하나도 모르고 세상 물정도 어두웠지요.

저는 단숨에 동대문경찰서로 달려갔습니다. 충섭이가 화장실에 '전두환 타도'라는 낙서를 했다며, 형사는 "다시는 이런 일 없게 하겠습니다"라는 각서를 쓰라고 했습니다. 정말 공손하게 써서 제출하고 충섭이를 데리고 나왔습니다. 큰누나라고 하지만 저도 그때는 20대 아가씨였는지라 정말 놀라고 당황했지요. 충섭이의 손을 잡고 경찰서 2층에서 내려오면서 "충섭아, 왜 그런 짓을 했어"라고 물으니, 충섭이가 "누나, 조용히 해. 누나랑 나랑 쥐도 새도 모르게 죽어"라고 하더군요.

충섭이는 공포에 질려 있었습니다. 그때가 운명의 갈림길이었던 것 같습니다. 경찰서에서 나온 후, 충섭이가 공부에만 충실했으면 어떤 삶을 살았을까요? 충섭이는 고향 부여에서 소문이 자자할 정도로 공부를 잘했지요. 재수를 했지만 후기인 성대 경제과에 잘 들어갔으니 졸업하면 대기업 입사도 가능하고 회계사 등 여러 자격증도 딸 수 있지 않았을까요?

그런데 우리 집안에는 자기 개인의 영달은 뒷전에 두는 저항의 피가 흘렀고 충섭이가 이를 고스란히 물려받았나 봅니다. 한漢자 구龜자를 쓰시는, 부여 임천면에서 1870년에 태어나신 할아버지가 의병으로 활동하셨거든요. 1906년 5월 17일, 홍주의병에 합류하셔서 유격장으로서 군사 모집을 하시다 일본군에게 붙잡혀 10년 형을 받으셨지요(1990년 건국훈장 애족장이 추서되었습니다). 저는 충섭이를 보면 한 번도 뵌 적이 없는 할아버지 생각이 나고, 그 뜻이 이어지는 게 아닌가 하는 생각이 듭니다.

어느 날, 동생이 보낸 편지 한 통

충섭이는 낙서 투쟁의 홍역을 치르고 2학년이 되었습니다. 언제나 말이 없는 동생을 지켜볼 수밖에 없었습니다. 저도 의상실 일이 바쁘기도 했고요. 그때가 가을이었죠. 충섭이가 제게 보낸 편지가 의상실로 왔습니다. 저는 받자마자 '아, 무슨 일이 있구나' 직감이 왔습니다. 충섭이가 집을 나간 지 이틀이 되었는데 아무런 연락이 없던 터였습니다. 걱정하시는 부모님께는 친구 집에 잘 있다고 의상실로 전화가 왔으니 걱정하지 말라고 거짓말로 안심을 시켰지요.

편지에는 "누나, 나는 누나가 바라는 삶을 살 수 없을 것 같아"라는 간단한 글귀만 담겨 있더군요. 여덟 살 차이에 불과하나 충섭이는 제게 자식과 같았습니다. 저는 갓 스무 살 때 서울로 올라와 흔히 '시다'라고 하는 일을 하면서 재봉과 디자인을 공부했습니다. 충섭이가 워낙 공부를 잘하니, 제가 서울로 불러 올렸어요. 사직동에 있는 제 자취방에서 오랫동안 같이 지냈죠. 월급도 적은데 충섭이를 공부시키려니 힘들었으나 충섭이가 우신고등학교에 장학생으로 입학하니 힘도 나고 보람도 느꼈습니다.

충섭이는 모든 문제를 저와 상의했습니다. 고3 때 서울대에 떨어지고 2차로 한양대 공대에 붙었습니다. 저는 충섭이에게 돈 걱정하지 말고 등록해두고 네가 재수하고 싶으면 하라고 했지요. 마음 약한 충섭이는 돈이 아까워 한양대를 반년 정도 다니다가 도저히 공대가 맞지 않았나 봐요. 재수를 하겠다고 하더군요. 저는 충섭이 뜻을 받아주었죠. 그러니 차종채, 권정호 씨와 시위할 때도 아마 제가 마음에 제일 걸렸을 거예요.

충섭이가 구속되고 MT를 갔다, 답사를 갔다, 그러면서 부모님을 계속 속였습니다. 1심에서 1년 6월을 선고받자 어쩔 수 없어서 사실대로 말씀드렸죠. 그날 우리 집은 울음바다가 되었습니다. 지금도 기억납니다. 10·7팀 가족이 면회를 다니며 친해졌습니다. 그때 현국 씨 아버님이 20대인 제가 많이 안쓰러운지 다른 놈들은 그럴 만하나 충섭이만큼은 잘못한 것 같다고 하시더군요.

1년 반 만기출소를 하고 시작된 분열증

문제는 1년 6개월 만기출소하고 시작되었습니다. 1984년 4월 19일에 나왔는데 집 주변을 관악서 형사가 늘 감시했죠. 복학 문제 때문에 혜화동에 가서 친구를 만나면 거기도 따라온다는 거예요. 그때부터 충섭이의 행동이 이상하게 변했습니다. 두려워서인지 집 밖을 나가려고 하지 않더군요. 머리를 수건으로 싸매고 목장갑을 끼고 있었습니다. 세를 준 옆방을 너무 두들겨대서 시비가 붙기 일쑤였죠. 하루종일 담배만 피우고, 방 안에 꽁초가 수북이 쌓여도 절대 못 치우게 했어요.

그때 운성 씨의 처 은혜 씨와 종채 씨의 처 정희 씨가 잊지 않고 찾아와주었습니다. 두 사람 말은 잘 들어서 그날이 방 청소를 하는 날이 되었죠. 충섭이의 병증이 심해지니 아버지도 화병을 앓으셨어요. 온 집안이 우울증을 앓는 기분이었습니다. 그러곤 충섭이가 동맥을 끊는 사고가 났습니다. 한밤중에 일어난 일인데 엄마가 어찌어찌 병원으로 데려가 꿰매서 살려냈죠. 그때 이웃에 있던 언니가 제게 용인에 있는 신경정신과를 소개해주었습니다. 입원 치료하면 좋을 거라고 했습니다. 1년 6개월 남짓, 입·퇴원을 여러 차례 반복했으나 별로 차도가 없었어요. 나중에 알고 보니 수면제를 놓아 충섭이를 재우기만 한 거였죠. 다시 집으로 데려왔는데 집안의 시름은 깊어졌습니다. 그 무렵이 아마 1990년대 초인가 그럴 거예요.

그러다 휴머니스트 후배인 이화영 씨와 연락이 닿았습니다. 화영 씨가 연희정신과를 소개했는데 원장이 운동권 출신이고 믿을 만하다고 일러주더군요. 그러면서 충섭이를 자신이 사는 면목동으로 이사시키라고 권했습니다. 서로 의지하면서 살자고. 충섭이와 저희 어머니가 기초생활보장수급자로 신청하는 방법도 알려주었죠. 할아버지 덕분에 독립유족연금이 조금 나왔는데 아버지가 돌아가시면서 연금이 작은아버지에게 넘어갔어요. 저는 저대로 살아야 하는 상황이었기에 수입이 없던 어머니와 충섭이에게 큰 도움이 되었습니다.

연희정신과 원장은 KBS '아침마당'에도 나오는 유명한 분이고 진실한 사람이었어요. 거기서 3개월 치료받고 상태가 많이 좋아졌습니다. 원장님이 강남터미널로 이사 가면서 후배 의사한테 병원을 인계했는데 충섭이가 새 의사와도 잘 맞았습니다. 그때 희망이 보이는 듯했습니다.

뜻하지 않은
어머니의 발병

2003년으로 기억합니다. 제가 김포에 살 때, 어머니가 충섭이를 데리고 면목동에서 제 집으로 놀러 오셨죠. 그런데 어머니가 이상한 소리를 하시는 거예요. "너희 집으로 오는데 경찰이 50명이나 따라붙었다"라면서 저를 막 야단치셨어요. 당신이 제 집으로 오는 걸 아는 사람이 없는데 네가 경찰에 알려주지 않고서야 어떻게 미행을 했겠냐고요. 어머님도 분열증이 발병하신 거죠. 오랫동안 충섭이를 돌보면서 겪은 고통이 어느 순간 터져나온 모양이었습니다. 충섭이가 주차요원도 해보고 건물 경비도 했지만, 잘 적응하지 못하면서 계속 은둔생활을 하는 상태였는데 어머니까지 발병했으니 두 사람만 살게 할수는 없었습니다. 남편에게 사정해 어머니와 충섭이를 김포집으로 들였습니다. 다행히 남편과 애들이 잘 받아줘서 어머니는 2008년도까지 같이 사시고 돌아가셨습니다. 환청과 환상에 시달리시기는 했지만요.

남은 근심은 충섭이의 앞날

어떡하다 보니 충섭이가 청운중학교 입학하던 때부터 제 손으로 기르고 보살핀 셈이 되었네요. 50년 넘는 세월입니다. 그래서 충섭이를 보면 동생이라기보다 자식 같은 느낌입니다. 벌써 충섭이도 60대 중반입니다. 몇 년 전 충섭이와 긴 대화를 나누었습니다. 지금은 누나 집에서 생활하지만 언제까지 누나가 네 곁에 있을 수는 없다. 네가 스스로 생활할 수 있어야 한다고. 그때 요양원 얘기도 나왔어요. 충섭이는 요양원에는 가지 않겠다고 확실하게 고개를 젓더군요. 대신 제가 요구했어요. 그럼 자활치료를 열심히 받으라고. 충섭이는 대답이 천천히 나오지만 한 번 뱉은 말은 꼭 실천해요. 그때부터 지금까지 김포에서 홍제천 근처에 있는 사랑마을 신경정신과에 나가 낮생활을 하고 여러 프로그램에 참여하고 있습니다.

지금도 기억나네요. 충섭이가 출소한 날, "충섭아! 엄마 아버지 생각 안 하고 왜 그랬어?" 하고 물었죠. 충섭이가 "누나, 광진이(조카) 때는 이런 세상이 없어야지" 하더군요. 그 말이 제 가슴을 울렸습니다. 아마 할아버지도 그런 뜻에서 의병 대열에 합류하셨겠죠.

오랜 세월, 충섭이와 그 마음을 함께 나눈 성대 80학번 친구분에게 감사드립니다. 성대 80학번과 성민동의 추천으로 2021년도에 '민주화운동, 그 기억과 희망 나누기' 본부에서 주는 성금도 받았습니다. 큰 힘이 되었지요. 또 힘들고 외로울 때마다 잊지 않고 찾아주신 상철 씨와 운성 씨, 은혜 님에게 특별히 인사를 전합니다. 동기였던 송경호 교수님, 미국과 영국에서 재직하다 은퇴 후 충섭이를 보러 일부러 걸음을 해주셨지요. 고맙습니다.

작은아버지가 돌아가신 후, 할아버지의 유족연금을 제가 받게 되었습니다. 저는 다른 형제와 상의해서 이를 충섭이한테 돌렸습니다. 할아버지의 독립운동 덕분에 그 뜻을 이었던 충섭이가 남은 생, 최소한의 자존감을 지니고 살게 되어 다행입니다. 저도 마음이 홀가분하네요.

앞으로도 오래도록 성대 80학번 벗들과 충섭이가 우정을 나누고 서로를 돌보면서 살아가기를 바랍니다. 고맙습니다.

나와 남들이 다 행복할
일상을 꿈꾸며

정상호

경제학과

문집 발간위원장인 병래가 내게 전화를 한 건 8월 13일 오후였다. 나는 당시 아내와 딸아이에 더해 튀니지에서 온 아내의 언니와 조카 여자아이까지 4명의 여자를 데리고 일본 여행을 하던 중이었다. 그날은 부산에서 비행기를 타고 오사카에 도착한 첫날이었다. 공항에서 배낭을 멘 채 시내로 가는 기차를 타고, 내려서 10여 분 동안 숙소까지 걸어가느라 땀을 너무 흘렸다. 막 샤워를 끝내고 나왔는데 전화를 받은 것이다. 외국 여행 중이라고 하자 문자로 용건을 전하겠다고 했다. 나중에 메시지로 받은 병래의 말에 따르면 문집을 만드는데 나도 원고를 기고하면 어떻겠냐는 것이었다.

물론 동문회에서 문집을 만든다는 얘기는 벌써 들었다. 그러나 옛날 1980년대 활동에 글의 초점을 맞춘다는 느낌이어서 감옥을 다녀온 후 아무런 활동을 하지 않은 나로서는 별로 할 얘기가 없을 것 같아 잠자코 있었다.

열흘 동안의 여행을 다녀와서 병래에게 다시 물어보니 학생운동 시절 이후라도 자신의 인생 역정을 서술하는 내용 역시 얼마든지 환영한다는 대답을 들었고 그래서 이렇게 용기를 내어 내가 지난 40여 년 동안 뭘 하고 살았는지, 무슨 생각을 하면서 살았는가를 되짚어보았다.

미국 유학
뉴스쿨 시절

어디부터 시작할까 생각해보다가 아무래도 나이 스물여섯에 떠난 미국 유학길부터가 가장 낫겠다는 판단이 들었다.

텍사스 주립대학에서 첫 학기를 보내고 아무래도 이건 아니다 싶어서 미국에서 가장 진보적이라는 대학원 중심의 뉴욕시 한복판에 있는 뉴스쿨New School for Social Research로 옮겨갔다. 처음 몇 학기 동안은 한국에선 금서로 여겨졌던 맑스주의 책과 논문들을 교재 또는 부교재로 쓰고 대부분 과목에서 에세이 논문을 제출하는 것으로 학기말 시험을 대신하는 것이 매우 마음에 들었다. 뉴욕시는 요즘처럼 물가가 비싸진 않았고 학비도 그럭저럭 괜찮은 편이었으나 그럼에도 첫 학기부터 파트타임으로 일했고 공부가 끝나는 1990년대 말까지 줄곧 번역 등 두서너 가지의 일을 병행해야 했다.

약 20개 과목을 들어야 하는 코스워크course work를 3년여에 걸쳐 마치고 박사과정 예비시험 두 과목을 선택해야 했을 때 한 과목은 별 고민 없이 정치경제학을 골랐고, 다른 한 과목은 앨리스 앰스덴 교수가 가르치던 경제발전론으로 정했다. 앰스덴 교수는 한국 경제에 대한 저서를 1989년엔가 출판해서 당시 한국에서 상당한 명성을 떨치고 있었다. 그래서 이분을 지도교수로 삼으면 학위 취득 후에 일자리를 잡기 쉽지 않을까 하는 전략적인 판단에 따른 것이었다.

예비시험 과정 중에 앰스덴 교수와 상당히 친해졌고 무슨 토픽으로 논문을 쓸지도 종종 이야기하면서 이 책을 읽어봐라 저 논문을 참고해봐라 등 조언도 받던 중 어느 날 갑자기 이분이 MIT로 옮겨간다는 소식을 들었다. 그녀의 사무실에 찾아가니 "괜찮다, 내가 보스턴으로 가더라도 네가 원고를 보내주면 얼마든지 코멘트를 해주마. 그리고 가끔가다가 네가 보스턴을 방문해 나를 만나는 식으로 논문 지도를 하면 될 것이다"라고 말해줬다. 그러나 그로부터 몇 달인가 지난 후에 내가 논문 한 챕터 분량의 글을 읽어달라고 우편으로 보냈는데 답장을 보내오지 않아 실망 끝에 새로운 지도교수를 찾아야 했다. 당시 40대 초반의 젊은 신임 교수였던 윌리엄 밀버그에게 지도를 받기 시작했다.

그 과정에서 논문 토픽 역시 약간 수정되어 한국 경제의 급속한 발전에 가장 중요하게 기여한 요인으로 학습효과를 지목했고, 이를 입증하는 데이터로 반도체산업에서 얼마나 빠르게 수율yield이 상승했는가를 보여주는 식으로 논리를 전개하기로 마음을 먹었다.

학위 논문을 준비하면서 읽은 것 가운데 내게 가장 중요한 영향을 미쳤던 책은 알프레드 챈들러Alfred Chandler가 쓴《규모와 범위: 산업자본주의의 역학Scale and Scope: The Dynamics of Industrial Capitalism》이었다. 그때까지 맑스주의라는 프레임워크에만 갇혀 있다가 완전히 다른 접근법을 만나 새로운 세상이 열린 느낌이었다. 어쩌면 이것이 내 생각을 크게 뒤바꿔놓은 첫 계기가 아니었나 싶다. 물론 이는 한 번으로 그치지 않고 두 번째, 세 번째 계기도 나중에 주어졌다.

한국으로 돌아와
직장인 생활

1999년 귀국해 리서치 회사에 취직해 연구원 비슷한 직책을 갖게 되었다. 일이 그렇다 보니 매일같이 인터넷을 검색하며 읽을거리를 찾는 것이 일상이었다.

그러던 중 로버트 캐플란Robert Kaplan이라는 여행작가를 인터넷에서 만났는데 남들이 안 가는 가장 위험하고 낙후된 지역을 다니며 그곳의 역사와 현재 정세를 설명하는 방식이 매혹적이고 글솜씨도 범상치 않아서 그의 책을 모두 사보았다. 또 미국의 종합 월간지인 '애틀랜틱먼슬리'를 온라인으로 구독해 그가 기고한 에세이를 읽었다.

하지만 오래지 않아서 로버트 캐플란이 미국을 로마와 동일시하고 전 세계에 파견되어 있는 미군을 로마제국 병사들처럼 자국 패권 유지를 위한 필요불가결한 요소라고 노래 부르는 것에 싫증이 나고 말았다. 그는 몇 년 지나지 않아 작가로서 이름을 알리고 CIA나 미국 군사학교 등지로 불려 다니며 강의하다가 워싱턴의 정책 싱크탱크에 풀타임 일자리를 얻을 정도로 '우익 인사'로서 자리를 굳혔다.

그러면 그런 자의 글을 좋아하던 나는 뭐가 되는가? 나도 우경화가 된 건가? 그건 아니고 어쩌면 그때부터(또는 챈들러 책에 빠진 후부터) 나는 좌우 구도에 얽매이지 않고 입장을 불문하고 그럴듯한 소리면 그 자체로 받아들이는 태도를 갖게 된 것 같다.

2005년에 경제연구소의 영어간행물 편집부서에서 일하게 되었다. 내가 맡은 일 자체는 마음에 들고 적성에도 맞는 것 같았지만 전에 근무하던 50명 내외의 중소기업과는 달리 몇백 명에 달하는 큰 조직이라 임원도 많고 그들로부터 듣는 제각기 다른 잔소리가 이만저만이 아니었다.

나이가 많아지니 전직이 점점 힘들어지는 상황에서 어떻게 할까 고민을 하던 중 국제교류재단에서 개발도상국에 파견하는 10명의 한국학 객원교수를 뽑는다는 공고를 봤다. 나는 튀르키예와 튀니지 두 나라를 선택해 지원했고 운 좋게도 튀니지 국립대학에서 한국경제발전론을 강의할 기회를 얻었다. 결국 경제연구소를 2년 만에 퇴직하고 혈혈단신으로 북아프리카 튀니지로 떠났다.

한국학 객원교수로
새로운 인생

어떻게 보면 튀니지에서 보낸 5년은 내게 있어 최고의 시간이었다. 무엇보다도 중요한 것은 대학 당국으로부터 별다른 간섭을 받지 않았고 내 강의를 마치면 자유시간이었기 때문이었다. 더구나 강의해야 할 과목이 학기마다 조금씩 달랐지만 두 과목을 넘지 않았기에 강의 준비에 큰 부담이 없었다. 또 튀니지의 대학들은 여름방학이 매우 길어서 거의 4개월을 놀아 이래저래 1년에 절반은 학교에 가지 않아도 될 정도로 널널했다.

그러니 자연스럽게 책을 읽거나 글을 쓸 시간이 많이 주어졌고 방학 때면 이집트나 모로코 등 주변 국가들뿐만 아니라 유럽에도 여러 차례 방문했다.

튀니지 거주 3년째인가 되던 해에 지금의 아내인 헤디아를 만났다. 처음엔 이곳에 거주하는 한국인 부부로부터 아랍어 과외 선생으로 소개를 받았는데 반년 정도 같이 공부하다 보니 성격도 좋고 대화도 통하는 느낌이어서 점차 로맨틱한 관계로 발전했다. 1년 정도 연애를 하다가 2010년 말에 결혼식을 올렸다.

하객들로 붐비는 결혼식장에서 단 1시간 만에 식을 끝내는 한국과는 달리 튀니지식 결혼식은 사흘에 걸쳐 밤새워 진행되는데 좀 심하다 싶을 정도였기에 상당히 피곤했다.

객원교수 계약이 5년 만에 끝나고 2012년에 한국에 돌아왔다.

물론 나이 쉰이 넘어서 새로운 직장을 찾는다는 게 쉽지 않다는 것을 이미 알고 있었지만 그래도 어떻게 되겠지 하는 막연한 생각으로 돌아온 것이었다.

그러나 걱정했던 대로 풀타임 일자리는 없었고 이전 직장 인맥 등을 통해 한영 번역 일을 정기적으로 하는 걸로 만족해야 했다. 다섯 군데 회사를 대상으로 번역과 보고서 집필 일을 했는데 소득은 어느 정도 유지되었으나 하루아침에 재택 프리랜서로 머물러야 하는 것에 몹시 자존심이 상했다.

그러나 지금 와서 되돌아보면 프리랜서 일만큼(물론 객원교수 직책도 그에 못지않게 좋았지만) 내 적성이 맞는 직업이 없지 않나 싶다. 나는 대학원 시절부터 늦게 자고 늦게 일어나는 습관이 들어서 늦게까지 일을 하든지 글을 읽다가 잠이 들어 다음 날 아침 11시 또는 그 이후에 일어나곤 했다. 그러다가 직장 생활을 7년 넘게 하면서 아침에 일찍 일어나야 했으니 한밤중에 혼자 내 일을 하는 시간을 몹시 그리워했던 것 같다.

지금까지 프리랜서 생활을 13년째 줄곧 하는데 몇 년에 한 번씩 무슨 이유로든 고객이 떨어져 나가고 새로운 고객을 찾지 못하면 몇 달간 소득이 급격하게 떨어져 곤란해지는 일을 제외하고는 일 자체는 편하고 스트레스가 없어 더할 나위 없이 좋은 일자리라고 생각한다. 더구나 2013년 태어난 딸아이(지금 초등학교 6학년생)와 항상 시간을 같이 보내고 대화하면서 뭔가 지적인 훈련을 시켜줄 수 있다는 것이 프리랜서로서 무엇보다도 중요한 이점이라고 느껴진다. 나이가 예순이 넘은 이제 어디 가서 내 직위를 뽐낼 일도 없고 명함이 없어서 불편한 일은 전혀 없다.

변화한 세상 속에서 행복한 일상 만들기

이제 내년이면 기초연금을 받을 나이가 되었는데 그러면 내 인생은 더 이상의 발전이나 변화가 없이 그저 보잘것없는 노인으로 쪼그라드는 것인가? 누군가의 눈에는 벌써 하찮은 노인처럼 보일지 모르겠으나 지금 내 마음은 아직도 배울 것이 많고 내가 젊은 시절에 추구하던 이상을 현실로 만드는 데 조금이나마 기여하고자 하는 열망이 간절하다.

내 삶의 사고방식을 바꿔준 중요한 두 차례의 계기를 위에서 언급했는데 이제 세 번째 계기를 말해야 할 때인 것 같다. 러시아-우크라이나 전쟁이 시작된 2022년 초부터 나는 전쟁 관련 뉴스를 주의 깊게 추적해왔고 소위 주류 언론이라고 불리는 영미의 대표 매체 '뉴욕타임스', '파이낸셜타임스', '이코노미스트' 등을 보면서 이들이 얼마나 엉터리 뉴스를 생산해 세상 사람을 현혹시키는지를 깨달았다. 그래서 대신에 러시아의 영자 매체인 '러시아투데이RT'를 보며 보다 객관적인 전쟁 뉴스를 접했다. 그러는 과정에서 미국과 서유럽 중심의 세계는 끝나고 러시아가 주도하고 소위 브릭스 국가들이 동등한 자

격으로 참여하는 다극화 사회가 머지않아 도래할 것이라는 믿음을
갖게 되었다.

그렇다면 나는 한때 학생운동을 하던 좌파에서 몇 권의 책을
읽으면서 우경화가 되었다가 최근 러우전을 맞닥뜨리고는 다시 좌파
로 돌아선 것인가? 내 느낌으로는 그건 아닌 것 같다.

왜 아닌지에 대해 이런 예를 들어 설명을 해보기로 하자. 유튜
브에 '통일시대TV'라는 채널이 있는데 여기에 김진향, 김태형이라는
출연자가 나와 한반도를 둘러싼 국제 정세 얘기를 하곤 한다. 이 채
널의 비디오를 몇 개 보면서 이들의 주장과 내 입장이 어떻게 다른가
를 생각해봤다. 이들은 미국의 존재를 탄생해서는 안 될 악의 화신
정도로 간주하고 미국이 무슨 짓을 하든 다 부정적으로 보는 데 반
해 나는 어떤 악마적 존재라고 해도 자신의 잘못을 스스로 깨닫고
행동방식을 변화시키면 얼마든지 개과천선이 가능하다고 본다는 점
에서 중요한 차이점이 있다.

그런 면에서 트럼프와 트럼프 행정부의 행태를 조심스럽게 주시
해봐야 한다. 국내 언론을 포함해 보통 사람은 그의 좌충우돌 망나
니 같은 행동에만 초점을 맞추고 있지만 사실 그의 모든 행동은 자
국을 급격한 몰락에서 구해내고 보다 '우아하고' 점차적인 쇠퇴를 유
도하려는 데 목적을 두고 있다. 그의 노력이 성공할지 여부를 떠나서
이는 전 세계 사람에게 고통을 주는 전쟁을 줄이는 한편, 지난 80년
에 걸친 미국 패권시대에 종지부를 찍고 대신 한국을 포함한 중상위
권 국가들에 의해 주도되는 새로운 질서를 만들어내려는 치열하고

도 계산된 시도라고 봐야 한다.

　내가 스무 살의 나이에 학생운동에 가담하게 된 가장 큰 이유는 어떻게 보면 나 혼자 잘사는 데 머물지 않고 내 주변의 사람도 다 행복하게 살 수 있는 사회를 만들고 싶었기 때문이 아닐까 싶다. 그러한 동기는 40여 년이 지난 지금도 변함이 없다. 물론 그 당시에는 맑스주의 또는 사회주의가 그 대답일 수 있었겠지만 그건 수단에 불과하지 않을까 싶다. 시대가 바뀌면 사회를 변화시키는 수단 또한 변화하는 법이다. 지금 내가 원하는 바는 변화한 세상 속에서 어떻게 하면 나와 남들이 다 행복할 일상을 만들까를 여럿이 같이 궁리하는 것이다.

　이에 더해서 내가 남은 삶에서 하고 싶은 일은, 극히 개인적인 얘기지만 열한 살짜리 딸이 나중에 커서 공부하고 싶어 하는 역사학이나 고고학을 전공하고 그 분야에서 인정을 받을 수 있도록 내가 아는 지식을 모두 전달해주고 필요하다면 내가 공부를 더 해서 가르쳐주고 싶다는 것이다. 또 이번 일본 여행에서도 그랬듯이 자신이 원하는 전시회나 유적지를 부지런히 데리고 다니며 동기부여를 해주고 싶다.

'천 번의 점심'까지 가보자

김남호

경영학과

"오늘 점심은?" "좋아, 12시." "그리로 갈게."

　　매주 화요일마다 주고받는 문자다. 오늘은 내가 가는 날이다. 다음번에는 경철이가 문자를 보내올 것이다. 몇 가지 루틴이 생겼다. 화요일 점심때, 밥값은 경철이가, 커피값은 내가, 이번은 내 쪽에서 다음번은 저쪽에서 번갈아 만난다.

　　경철이와 나는 2008년부터 지금까지 이렇게 매주 만나 점심을 먹는다. 1년에 대략 50회 정도, 어찌해서 한번 거르면 보충수업을 하듯이 다른 때에 더 만난다. 올해로 17년째이니 대략 800끼니 이상을 함께했다. 앞으로 만약 5년 더 70세까지 일한다면 200끼니를 더할 테고, 그러다 보면 천 번은 훨씬 넘겠구나.

　　이젠 습관이 되어버렸지만, 이렇게까지 온 데에는 별로 특별한 이유가 없다. 그저 만나서 밥 먹고, 일상적인 회사 얘기, 자식 걱정, 부모 걱정, 그리고 세상물정에 대해서 되는 대로 이야기한다. 남자들의 수다를 벗어나지 않는다. 그런데도 우리 대화는 끊이지 않고 있다.

성대 80 운동권
우리를 가깝게 만든 인연의 시작

사실 학창 시절에 우리는 서로 잘 알지 못했는데 성대라는, 80이라는, 운동권이라는 틀이 가깝게 만든 것 같다. 또 하나 있다면 둘 다 잘난 척하지 않는 것? 남사스럽고 쪽팔린 이야기, 잘못한 것도 스스럼없이 이야기하는데, 내 약점을 먼저 까 보인다. 그러다 보면 가끔 곤경에 처했을 때 의외의 조언을 얻는다. 대개 문제는 자기한테 있는 경우가 많으니까 그냥 서로를 비추는 거울 노릇이면 된다. 터놓고 말하다 보면 스스로 답을 찾으니까, 수다를 떨었는데 해법을 얻는다. 설령 답을 얻지 못하더라도 답답한 속은 풀었으니 그걸로 되었다. 그래서 우리 중 누가 먼저 말하면 서로 경청하는 편이다. 그저 들어주면 된다. 뭘 제시할 필요도, 의견 일치를 볼 필요도 없다.

우리가 처음 만나던 때가 생각난다. 그동안 이름이야 들었으나 보고 얘기를 나눈 건 이때가 처음이다. 내가 합정동으로 2007년경 사무실을 옮기고 난 후이니 2008년일 것이다. 그는 모 출판사에서 부사장을 맡고 있었다. 내가 하는 사업 관련해서 일을 좀 얻어보려는 기대감으로 만났는데, 몇 번 만나보니 내 업과는 별로 관련이 없었다. 그러다 얼마 후 경철이는 출판사를 정리하고 온라인교육 사업을 시작했다. 그러던 중 병행하던 자기 사업을 접고 어떤 의료전문지 대표로 전문경영인이 되었다. 이 무렵 병덕이도 다니던 회사를 그만두고 교육 사업을 새로 시작했다. 쉰을 앞둔 우리 셋에게는 새 일에 대한 기대와 불안이 공존하던 시기였다. 셋이 모여 이런저런 이야기 속에서 서로의 과거를 더 알게 되었다.

경철이와 나는 몇 가지 점에서 인생 내력이 비슷했다. 우리는 한때 사업에 실패하고 처절하게 내몰린 경험이 있다. 어려움을 겪고 간신히 회생한 것이다. 경철이가 먼저이고, 내가 후배이다. 무한고통을 묵묵히 견디며, 회생의 기회를 잡는 것이 그리 쉬운 일이 아니었다. 우리는 '망한' 이야기에 무척 민감하다. 동병상련인가, 어쩌면 이런 게 우리 둘의 동류의식을 자극한 것 같다.

집안의 사업 내력도 비슷했다. 경철이네는 경기도 고양에서, 우리 집은 전남 보성에서 시멘트벽돌 사업을 했다. 1980년대에는 신도시 개발과 새마을운동이 왕성하던 시기라 시멘트벽돌 수요가 상당했고, 덕분에 경철이도 나도 대학을 다니게 되었다. 우리 집은 내가 태어나던 해에 집 마당에서 시작했는데, 내가 운이 좋은 건지 사업이 점차 나아졌다. 경철이의 경우 대학을 다닐 때는 집안 사업이 매우 잘되어서 사업 규모도 컸다고 한다. 그런데 그가 군대에 간 지 1년도 안 되어 아버지가 이른 나이에 갑자기 돌아가셨다. 어머니는 이 사업을 감당하기 어려웠고, 경철이도 마찬가지였다. 시멘트벽돌에 얽힌 가족 이야기, 사업 이야기도 동질감을 느끼는 하나의 요소를 차지했다.

학생 때 경험도 비슷하다. 경철이는 과 단위에서 스터디하던 3학년 초, 아직도 실체를 잘 모르는 세력(?)에 의해 학도호국단 장악을 위한 총학생장 후보로 간택되었다고 한다. 그때까지 자신이 정보 기관에 노출되지 않은 것 때문으로 생각하고 있다. 그는 경상대 허동혁, 사회대 김세현, 유학대 황운성 학생장들과 함께하면서, 총학생장에 입후보하고 선거운동에 나섰다. 당시는 간접선거제였고, 3명이 입후보했는데 투표 결과 과반이 안 되었다. 2차 결선투표를 낙관하고 있었는데, 막바지에 예상치 못한 암수에 말려들어 아쉽게 패배하고 말았다.

이후 그는 학도호국단 내부에 폭력사태가 발생하자 학내 민주화 투쟁에 나섰다. 금잔디광장에 모인 학생들에게 메가폰을 잡고 학교 측과의 협상 과정을 설명하는데, 갑자기 전두환 타도 구호가 터져 나왔고 그것이 전경과 백골단에게 빌미가 되어 집회는 강제해산 당했다. 그러자 경철이는 그동안 만류하던 아버지와 교수, 대학 직원들에 의해 사실상 가택연금 상황에 처하게 되었다. 경철이네는 할아버지와 아버지가 영관급 군 장교 출신으로 대를 이은 군인 가족이었다. 경철이는 결국 대학을 마치고 군대에 입대했다고 한다.

나도 경영학과에서 스터디하는 학회 조직의 일원이었다. 3학년 말에 경상대에서 시위 주동과 현장 이전을 위한 논의가 있었고, 나는 걱정은 많았지만 그래도 가담하기로 결심했다. 박동규, 허동혁, 고지환, 민혜숙과 함께 1983년 9·26시위로 제적당하고, 1년 6월의 실형을 선고받았다. 1984년 1월 14일에 의정부교도소로 이감되었고, 3월 2일에 형집행정지로 출감하기까지 약 여섯 달을 복역했다. 의정부교도소에서 최동을 만났는데, 사실상 그게 그와 나눈 첫인사였다.

비슷한 경험이 더 있다. 경철이는 사업을 했는데, 사업이 어려운 선배에게 자금을 빌려주고 받은 수표가 부도처리되어 결국 본인 사업도 접게 되었다. 그러니 얼마나 억울했을까 싶다. 나도 신용불량자가 된 시기가 있었다. 설명하기 어렵지만 억울한 부분이 많았다. IMF 환란을 겪으며 무일푼 노숙자도 되고, 거처가 없어 시골집에 내려가 있기도 했다. 천만다행으로 은인을 만나 2002년부터 다시 사업을 시작했다. 다시는 망해 먹지 않으려고 애썼다. 주어진 상황을 받아들이고, 해석하고 살아날 길을 발견하려고 노력했다. 경철이도 의료전문지의 대표로 취임했으나 나와 마찬가지로 어려운 회사를 회생시켜야 하는 부담이 있었다. 또다시 새롭게 시작하고 생존해야 하는 두려움을 터놓고 이야기하다 보니 어느새 우리는 친구가 되었다. 학교 때는 서로 알지 못했는데, 묘하다.

이렇게 경철이와 친해졌다. 처음에는 불규칙적으로 만나다가 어느 순간 화요일 점심으로 점차 정착되어 갔다. 병덕이는 부엉이 체질이라 활동 시간대가 다르고 또 아이들 수업도 있고 하니 자주 보기 어려웠다. 그래서 둘이 밥 먹다 여기까지 왔으니 이제 '천 번의 점심'까지 가보자.

합정동 세 남자와
어영부영 합정동 출판인모임

경철이, 병덕이, 나 우리 셋은 꽤 자주 만났다. 병덕이와는 오래된 친구이다. 한때 합정동 세 남자였다. 나는 3인행三人行이란 말을 좋아하는데 "세 사람이 함께 가면 그중 스승이 있다"라는 글이 떠올라서다. 아무튼 우리 셋이 친해져서 한 일들이 있다.

2011년 연말인가? 서강석이 다음 민동회장을 맡기로 했다고 들었다. 80동기회에서도 내게 회장을 맡으라는 말이 있었다. 그동안 이런저런 이유로 미루어 왔는데 이미 다 회장, 총무를 역임한 터라 더 미루기도 어려웠다. 꾀를 내서 병덕이가 총무를 해주면 한다고 했고, 병덕이는 기꺼이 수락했다. 물론 경철이가 뒤에서 작전을 짠 덕이지만. 그런데 워낙 병덕이가 주도면밀하게 일을 하는 바람에 그야말로 나는 얼굴마담이면 되었다. 선임자가 만들어놓은 좋은 전통과 규칙이 있어 그대로 따라 하면 되었다. 역시 병덕이를 픽한 건 우리의 혜안이었다.

그 무렵에 김찬 선배가 내게 중요한 제안을 했다. 당시 선배와 한 건물에서 사무실을 쓰고 있어서 자주 만났다. 한마디로 말하면 '성민동 장학금을 지속적으로 모으는 사업을 해보자'라고 했다. 동기인 강석이가 민동회장을 맡았으니, 힘을 실어주면 좋지 않겠느냐고도 했다. 강석이를 돕는 일이라니 한번 해보자고 생각했다. 연말 모임 때 강석이한테 미리 귀띔했더니 좋아했다.

어쨌든 이 일을 하자면, 우선 동기들 셋이 먼저 얘기를 해야 했다. 병덕이, 경철이, 나 셋이 만났다. 취지를 설명하고, 추진하기로 합의를 했다. 그리고 모임을 만들기 위해 섭외할 인물들을 떠올리고 추천했다. 비교적 서로 잘 아는 후배인 정광호(국문82), 최만영(산업공학83), 홍경기(불문83), 최종국(독문85) 동문들이 물망에 떠올랐다. 내가 조직을 맡기로 했으니 한 사람 한 사람 개별적으로 접촉해서 동의를 얻었다. 여기에 이현배(사학78), 김찬 선배를 모셨다. 모두 한자리에 모여 '어영부영' 모임을 결성했다. 논의 끝에 이름도 원칙도 정했다.

왜 어영부영인가? 이 이름은 이현배 형이 제안했다. '어영부영하지 마라' 하면 어물어물하며 세월을 보내지 말라는 뜻인데 우리는 반대로 '어영부영하자'라고 했다. "어영부영하자, 기부금을 공로로 내세우지 않는다." "어영부영하자, 집행부를 간섭하지 않는다."

대강 이런 뜻을 품은 어영부영이다. 돈이 앞서는 것에 대한 경계를 했다.

모금 방식도 어영부영이다. 모금액은 자발성을 전제로 정했다. 각자 알아서 기부금을 낸다. 돈 걷는 총무만 개별적인 금액을 알고 전체에게는 총액만 보고했다. 사무국이 연말 기부금 처리를 개별적으로 해준다. 우리끼리 개별 액수 비교는 하지 않았다. 또 어영부영 만나면 각자 사는 얘기를 나눈다, 스터디같이 공부는 하지 않는다는 조항도 있다. '우리는 돈을 모아야 하니까…?' 우스갯소리로 공부하면 탈퇴한다고 했다.

이렇게 어영부영은 결성되고, 운영되었다. 소위 '합정동 출판인

모임'으로 불리기도 했다. 내가 초반 8년쯤 총무를 했고, 후반부는 병덕이가 4년 총무를 맡아 약 12년 정도 활동했다. 모든 것을 세 사람이 항상 같이했다. 모금액이 적을 때는 500만 원, 보통 1,000만 원 등으로 기부해 대략 1억 원 정도를 성금으로 낸 것 같다. 물론 사무국에서는 알겠지만 자세한 액수는 정확히 기억하지 못한다.

이런 모임 취지에 공감해 동문 몇몇 분이 중간중간 참여하기도 했지만, 아쉽게도 지속되지는 못했다. 또 어영부영 같은 팀을 만들어보자며 강남 쪽에서도 시도가 있었으나 어영부영처럼 되지는 못한 것 같다.

지금 생각해도 참으로 묘하다. 무엇 때문에 이 사람들은 10년 넘게 묵묵히 기부금을 모으고 그걸 전달하려고 했을까? 어느덧 우리도 나이가 들어 하나둘 환갑을 넘기고 은퇴자가 생겼다. 또 각자에게 현실적으로 더 도움이 필요한 다른 기부 단체도 생겼다. 그러는 사이 민동에 대한 이해에도 조금씩 차이가 생겼다. … 그래서 2022년 자발적으로 해산하게 되었다.

어영부영 장학금 얘기가 나온 김에 또 하나 기억할 일이 있다. 병덕이의 제안이었다. 그동안 성민동에서 우리 동기들 자녀들이 받은 장학금 총액이 약 1,000만 원 정도였다. 우리 동기 자녀들 누가 받았더라도 그동안 받은 장학금을 모금해서 성민동에 다시 돌려주자고 했다. 그러면 후배 자녀들에게도 계속 돌아가지 않겠냐는 취지였다. 우리 자식들은 모두의 자식 아닌가. 장학금 수령 여부와 상관없이 십시일반 모금해 그해 1,000만 원을 따로 모아서 성민동에 전달했다. 아마도 이런 사례는 우리 동기회가 처음일 것이다.

머지않아 병덕이가 나와 경철이의 '천 번의 점심'에 합류할 것이다. 다시 '3인행'을 기대해본다. 이제는 슬기로운 노년 생활, 이런 걸 얘기해야 하나… 아직 젊은데.

뒤돌아보니 우린 한때 운동권임을 자부하기도 했고, 책임 있게 싸움을 감당하기도 했고, 어느 시절에는 적극적인 활동가가 되어보려고 노력했다. 살다 보니 우여곡절 끝에 어느새 이 나이에 이르렀다. 끝까지 '깨어 있는 시민'으로 살아가면 좋겠다.

산으로 엮인
특별한 친구들

김태성

무역학과

내 이리 될 줄 알았다. 집요하고 치밀한 두 친구(병래, 희용) 손바닥을 벗어나지 못했다. 문집에 한 꼭지 쓰라는 요청을 계속 피하던 차에 희용이가 제안했다. 모여서 성민동 결성 과정과 민동80 산악모임을 기억해보면 어떻게든 글이 한 편 나오지 않겠냐는 것이었다. 미안한 마음과 면피하자는 생각으로 좌담에 나갔고 홀가분하게 돌아왔다.

그런데 다음 날 희용이가 내게 빙의해 쓴 '80 등산모임' 글을 보내왔다. 나보고 수정하든 전부 뜯어고치든 다음 주까지 원고를 보내란다. 코가 꿰였다.

내가 문집 참여를 피한 이유는 딱히 쓸 얘기가 없고 할 얘기가 많아 보이는 친구들(박 씨, 한 씨…)은 지난 얘기가 부끄럽다고 안 쓰는 상황인데다 나 또한 오랜 난치병을 두 가지나 앓고 있어서였다.

민동80 친구들과 매월 산에 다닌 지 20여 년이 지났다. 꾸준히 참여하는 핵심 인원은 9명이고 가끔 참여하는 객원 멤버는 다수이다. 번개모임식으로 이뤄지던 산행이 80산악회로 정례화된 건 2006년 10월 3일이었다. 오영수, 박동규, 한상철, 원유미와 유미의 둘째 딸을 연신내역에서 만나 북한산 향로봉에 올랐다. 혈기왕성한 40대였는데도 등산을 꾸준히 다니지 않다 보니 모두 힘들어했다.

등산 초보인 한상철과 원유미가 더 힘들어했는데 둘은 대처 방법이 달랐다. 한상철은 고지식해서 그런지 폐가 될까, 힘들어도 쉬자는 얘기를 먼저 하지 않았다. 원유미도 일행에 누가 되는 일은 하지 않고 정 힘들면 한상철에게 말을 건다. "상철아, 너 힘들지 않니?"

그날 뒤풀이에 상화, 송희가 합류했고 나는 산행 정례화를 제안했다. 다들 동의해 각자 주변 친구에게 동참을 권하기로 했다. 당시만 해도 토요일에 근무하는 친구가 많아 매달 셋째 일요일로 날짜를 잡았다. 나는 영세 자영업자의 길로 들어선 때라 다른 친구에게 산행 대장을 부탁하니 박동규가 선뜻 흔쾌히 맡겠다고 해 만장일치로 초대 대장이 되었다. 대장의 적극적인 증원 활동과 평소 산행을 함께했던 희용, 정형 등이 합류하면서 민동80산악회의 기틀이 잡혔다.

산악회 이전에 있었던 산행 기억 세 가지를 먼저 소개하고 80산악회 활동과 친구들 얘기를 이어가야겠다.

80산악회 이전
기억에 남는 산행

1990년 성민동 초창기, 민동80 산행을 추진한 적이 있다. 6명인가 7명인가? 인봉, 정학, 희용, 정형, 태성, 현근에 누가 더 있었는지는 기억이 가물가물. 1호선 전철 망월사역에 내려 원도봉 계곡을 따라 도봉산에 올랐다. 정상까지는 가지 못하고 중턱에 자리를 잡고 버너에 불을 피워 밥을 지어 먹었다. 아마 산에서 밥을 해 먹을 수 있던 마지막 시절이었으리라.

율전캠 친구들은 꼼꼼하게 먹을 것을 준비해왔는데 명륜동 친구들은 대부분 맨몸으로 왔던 걸로 기억난다. 하지만 대화 총량의 70퍼센트 이상은 희용이를 축으로 한 맨몸 친구들이고 나머지 30퍼센트는 인봉이 몫이고 정학이는 과묵했다. 이과 출신 친구들의 생활력에 감탄하며 자주 함께 산행하고 싶었으나 도봉산 산행을 마지막으로 지금까지 산행 공지에 아무 반응이 없다. 그때 신뢰를 못 준 걸 내내 아쉬워하고 있다.

지리산 산행을 다섯 차례 다녀왔는데 그중 두 번은 헌필이와 동행했다. 한 번은 구례 화엄사에서 노고단을 거쳐 종주를 했는데 이튿째 되는 날, 장터목 산장 근처에서 헌필, 현근, 나 셋이 야영 중 태풍을 만났다. 텐트는 쓰러지고 담요는 폭우에 젖고 물에 빠진 생쥐가 되어 겨우 산장으로 대피했다.

두 번째는 헌필이가 부산에서 직장 생활을 할 때, 중산리에서 둘이 만나 천왕봉을 오르고 칠선계곡으로 내려오는 코스였다. 두 번 모두 꽤 힘든 산행이었지만 헌필이는 어찌 그리 잘 자고 잘 먹고 잘 걷는지 내 기준으로 대단한 친구였다. 이후로 내가 놀리느라 깐죽대며 했던 말이 지금도 마음에 걸려 있다. "너는 귀에 스위치가 있니? 끄면 자고 켜면 일어나고 단순해 참 좋겠다."

1994년 행선지는 정선, 삼척을 거쳐 두타산에 이르는 여정이었다. 희용, 동규, 정형과 함께했다. 조수석에 앉은 동규는 당시 히트곡 〈칵테일 사랑〉을 반복해서 흥얼거렸고, 정형이는 아우라지에서 '야미(야매)'로 주차비 뼁 뜯는 동네 노인과 실랑이했고, 희용이는 기대했던 점심 메뉴 '콧등치기'에 크게 실망한 눈치였다.

삼척 해변 성대 해양생활관 옆에서 족구 시합하던 중에 김일성 사망 소식을 들었다. 동규가 공중전화 부스에 갔다 오더니 놀란 표정으로 전해주었다. 그날 앞으로 일어날 일을 근심하며 밤늦도록 술을 먹느라 두타산은 무릉계곡까지밖에 못 갔다. 나는 지금도 연상 작용이 일어난다.

〈칵테일 사랑〉, '콧등치기', '두타산', '김일성 사망'.

80산악회 정례화와
초기 활동

처음에는 북한산, 불암산, 수락산, 관악산, 청계산, 남산 등 서울 시내와 근교 등산이 주였고 가끔 지방 원정을 떠나기도 했다. 2008년에는 동규, 병래, 상철, 현근 등과 내장산을 다녀왔다. 정읍에서 약국을 운영하는 박경희가 우리를 맞았다. 그때 경희가 잔뜩 준비해온 음식은 참 맛있었다. 특히 육사시미는 최고였다.

2008년 송년회에서 박동규가 80동기 회장으로 추대되자 산행 대장을 맡고 있어서 곤란하다고 사양했다. 그러자 오영수가 교통정리에 나섰다. 본인이 2대 산행 대장을 맡을 테니 동규가 80동기 회장을 맡으라고. 단 조건을 붙였다. "향후에 80동기 회장은 맡지 않겠다."

오영수 2대 대장의 지도력으로 산악회는 더 활성화되어 서울 근교 정기산행과 계절별 지방 원정을 다녔다. 2009년 11월에는 속리산, 2010년 1월에는 태백산, 2012년에는 월출산과 두륜산을 올랐다.

2013년 11월에는 희용이가 산행 대장으로 추대되었다. 5년 만의 산행 대장 교체이고 10년 장기 재임의 시작이었다. 이임식과 취임식을 겸해 이듬해 1월 무등산 원정을 다녀왔다. 광주에서 '5·18 어머니집' 신축 공사에 참여하고 있던 정종덕의 숙소에서 묵었다.

나와 희용, 정형, 동규, 상철, 영수, 노길 모녀가 승용차 두 대에 나눠 타고 내려갔다. 박경희도 소고기와 전기 프라이팬 등을 바리바리 싸 들고 합류했다. 그 뒤로도 2016년 부안 변산과 2018년 덕유산을 1박 2일로 다녀왔지만 난 함께하지 못했다.

2014년
트루 드 몽블랑 산행

2014년, KBS TV 여행 프로그램 '걸어서 세계 속으로'를 보는데 거기에 '트루 드 몽블랑Tour du Mont Blanc', 즉 프랑스, 이탈리아, 스위스 3개국 국경을 넘나들며 알프스의 최고봉인 몽블랑을 도는 트레킹 코스가 소개되었다.

친구들과 함께 가고 싶어 원정대 모집에 나섰다. 고교 동창들과 중국 황산을 간 경험이 있는데, 풍광은 물론 저녁에 호텔방에 모여서 귀가 걱정 없이 담소를 나눈 기억이 좋아서 대학 친구들과도 그 즐거움을 나누며 추억을 만들고 싶었다.

산행 후 뒤풀이 시간에 늘 희용과 동규는 하고픈 얘기가 남았고, 술은 모자랐고, 우리는 더 듣고 싶으나 집에도 가야 했다. 이런 걱정 없이 유쾌한 시간을 함께 나누고 싶었다.

"그 코스에는 현지 가이드를 의무적으로 써야 하는데, 금발 미녀가 나온대." 이 말을 곁들이며 "인생 뭐 있니? 다리 힘 있을 때 가보자"라고 제안하니 친구들의 반응이 뜨거웠다. 다만 한상철은 금발에 관심 없고 몇 년 후 어찌 될지 모른다며 빠진다니, 아쉬운 마음이 컸다.

해외여행 계원 7명(나, 희용, 동규, 현근, 정형, 영수, 갑표)이 매월 돈을 모았다. 여행 적금을 들면 목돈이 잘 마련될 뿐만 아니라 마음가짐도 달라지게 한다. 또 혹여 아내가 남편 혼자 간다고 투덜대면 "내가 못

가면 그동안 부은 돈을 떼인다"라고 핑계를 댈 수도 있겠다 싶었다.

2017년 6월 1일부터 총 10박 12일 스위스 여행을 떠났다. 6박 7일은 패키지여행으로 다니고 4박 6일은 융프라우 산악마을인 그린 덴발트 로지에서 묵으며 동신항운 패스를 이용해 자유롭게 다니는 일정이었다. 여행사 예약과 융프라우 트레킹 계획은 대부분 희용이가 맡았다. 갑표는 유한대학 강의 일정 때문에 패키지여행에만 동행하고 루체른역에서 아쉬운 이별을 했다.

우리는 튀니지에서 날아온 정상호를 같은 역에서 만나 남은 여행을 이어갔다. 정상호는 튀니지 국립대에서 교수로 있었다. 상호는 외국 물정에 밝고 영어도 능통하니 든든할 것 같고 얼굴 본 지도 오래되어 이참에 합류를 권유하니 흔쾌히 동참했다. 상호와 일정을 조율하고 모든 소통은 영수가 맡아 수고했다. 처음 가본 스위스의 낯선 루체른 기차역에서 오랜 친구를 접선하듯 만날 때 색다른 반가움을 느꼈다.

리기산, 마터호른, 융프라우, 레만호수, 인터라켄 등등 어디든 그림엽서 같은 풍경과 매일 늦게까지 각자 고른 양주와 소주를 곁들여 나눈 즐거운 뒤풀이 시간. 모든 것이 만족스럽고 유쾌한 스위스 여행이었다.

2018년의 일본 여행과
2025년 키르기스스탄 원정

두 번째 해외여행은 긴 일정을 힘들어하는 친구들이 있는 듯해 일본 동북(도호쿠) 지방으로 정했다. 후쿠시마 원전 사고 피해 지역이 아닌 아오모리와 아키타현 일대를 돌기로 했다. 구체적인 계획과 예약은 모두 영수가 맡고 아키타 여행 경험이 있는 희용이가 거들었다.

2018년 10월 12일부터 5박 6일간 일본 단풍 여행을 했다. 승용차 두 대를 빌려 자유롭게 돌아다녔다. 현근과 상호가 빠진 대신 상철과 병래가 가세해 모두 8명이었다. 스위스 패키지여행 때 인원이 홀수여서 이번에는 짝수로 맞추려고 애썼다. 3인이 한 방에 묵으면 누군가는 보조 침대를 써야 하고 욕실 사용에도 문제가 있다는 걸 뼈저리게 경험했기 때문이다.

당시 사다리 타기로 보조 침대 주인공을 가렸는데 번번이 내가 걸렸다. 마지막 밤에는 부처님 은덕을 빌리고자 갑표에게 대신 뽑기를 부탁했으나 결과는 그때도 꽝이었다. 인정머리 없는 녀석들, 분해서 잠을 잘 수 없었다.

일본은 자동차 운전대가 오른쪽이라 운전을 맡은 전담 선수 4명은 창밖 풍경을 제대로 못 보고 고생이 많았다. 일본, 영국과 몇몇 나라는 왜 운전대가 오른쪽인지 만물 해설사 희용이가 몇 가지 설을 장황하게 얘기했는데 제대로 갈무리를 못 했다. 영수, 갑표, 병래가 운전기사 노릇을 했다는 사실은 분명히 기억난다. 우연인지 각자 의

도한 건지 알 수 없지만 묘한 상황이 생겼다. 1호 차는 절간처럼 침묵이, 2호 차는 꼬리에 꼬리를 무는 수다가 끊이지 않았다. 여기서 굳이 1, 2호 차에 누가 누가 탔는지는 말 안 해도 우리 모두 그림이 그려질 것이다.

세 번째 해외여행은 몽골과 바이칼호수를 다녀오기로 했다. 몽골은 병래가, 바이칼호수는 희용이가 제안했다. 이번에는 여학우들의 동참으로 계원이 대폭 증원되어 모두 13명이나 되었다. 코로나19가 창궐한 데다가 우크라이나-러시아 전쟁까지 겹쳐 일정이 미뤄지고 몽골로 축소되었다가 막판에 키르기스스탄으로 최종 확정되었다. 2025년 7월 6박 7일로 13명이 다녀왔다. 나와 영수, 정형은 함께하지 못했다.

2026년
네 번째 해외여행

네 번째 해외여행은 2026년 6월에 이탈리아 북부 돌로미티 트레킹을 다녀올 예정이다. 기존 멤버인 나, 희용, 동규, 정형, 갑표, 병래, 현근에 김남호, 양경철, 이근덕이 합류해 짝수 10명이 예약을 마쳤다. 원년 멤버 오영수와 두 번째 여행부터 합류한 한상철이 다른 일정과 집안일로 같이 못 가서 몹시 아쉽다.

그사이 환갑 여행도 다녀왔다. 11인승 승합차를 빌려 홍성·예산·보령, 공주·부여를 각각 1박 2일로 여행했다. 늘 그렇듯이 바람은 내가 잡았지만, 구체적인 일정 계획은 희용 대장이 짰다. 모처럼 9명 완전체로서 산행과 문화 탐방을 겸한 여행이었다.

2023년 8월 이희용 대장이 하야를 선언했다. 표면적인 이유는 10년간 할 만큼 했으니 다른 친구가 해야 한다는 건데 속사정은 두 가지로 추측된다. 하나는 산행 공지를 화려하게 올려도 반응이 뜨뜻미지근하고, 나름 재미있게 설명해도 회원들의 리액션이 예전만 못해 힘이 빠졌을 것이다. 다른 하나는 이희용 대장이 참여하는 산행모임이 5~6개이고 대부분 모임의 리더이며 해설가이니 얼마나 정신없었을까.

어쨌든 나는 빚을 갚는 심정으로 극한 직업인 산행 대장을 떠안게 되었다.

산악회 운영 방법을 바꿨다. 송년회 때 이듬해 월별 순번을 정해 해당 월 산행 코스와 뒤풀이 장소까지 주관하는 분담 체제이다. 1년에 최소 한 번은 지방 원정을 떠나기로 해 2024년 9월 민병래 주관으로 강화에서 김포, 파주, 연천, 철원까지 6·25전쟁의 상처가 남은 휴전선 답사를 했다.

병래는 혼자 다 설명하지 않고 답사지마다 관련된 주제를 나눠서 준비해서 발표하게 했다. '한국전의 민간인 학살', '장준하의 삶', '포로 교환 협상', '4·3과 여순항쟁', '미군의 전쟁 범죄' 등이 우리가 어설프게 발표한 주제들이다.

다음에는 민병래 주관으로 휴전선의 나머지 구간인 강원도 화천, 양구, 인제, 고성을 다녀오려고 한다.

80산악회가
지금까지 이어지는 몇 가지 힘

첫째, 산악회 팀은 공수 밸런스가 좋다. 구성원 모두 각자의 역할을 십분 하며 서로의 보완재가 된다. 골 결정력 높은 공격, 무던하며 안정된 수비, 지루하거나 오버하는 상황을 빠르게 전환시키는 미드필더 등. 이러한 구성원 각각의 팔색조 이미지를 짧은 문장으로 표현하자면 얼추 이렇다.

> A형: 아는 게 많아, 하고픈 얘기가 많은 유쾌한 에너자이저.
>
> B형: 부드럽고 친절함 속에 단단한 심지가 있는 황도.
>
> C형: 모든 대화에 깊이와 유연함이 있는 유머러스한 주당.
>
> D형: 무심하고 무뚝뚝하나 실은 마음 여린 츤데레.
>
> E형: 분명한 입장과 답을 갖고 있는 부지런한 박사.
>
> F형: 김구라 화법에 솔직하고 호기심 많은 럭비공.
>
> G형: 반가사유상을 닮아가는 깊고 잔잔한 호수.
>
> H형: 매사에 진지하며 신실한 동행자.

둘째, 역대 대장들의 노고와 지도력이다. 유홍준 교수가 했던 표현을 빌려 공적을 얘기하면 1대 박동규 대장이 있어 80산악회가 있다. 2대 오영수 대장이 나설 때 80산악회는 비약했다. 3대 이희용 대장이 80산악회이다.

셋째, 모나거나 속 좁은 회원이 없다. 모두 소신과 개성은 뚜렷하나 똥고집과 주사는 없다. 그래서 얼굴 붉히거나 삐져서 잠수 타는 경우도 없다.

향후 산악회와 친구들의 자연스러운 변화를 예상한다. 이제는 체력이 떨어져 예전처럼 빡센 코스를 오르지 못하는 친구도 생기고, 뒤풀이 때 술을 사양하는 친구도 늘었으니, 체력에 맞는 코스를 찾아다니고 주량에 맞춰 뒤풀이도 간단하게 하려고 한다. 물론 여전히 몇몇 친구는 쌩쌩하고 술도 많이 마신다. 이희용은 아흔 살에 공룡능선에 올라 '세상에 이런 일이' TV 프로그램에 나올 기세다.

등산을 언제까지 다닐 수 있을지 모르지만 할 수 있을 때까지 계속하려고 한다. 머지않아 친구 대부분이 현업에서 은퇴하면 평일에 둘레길 걷고 밥 같이 먹는 모임도 만들고, 문화생활(영화·연극·콘서트·전시회···)도 정기적으로 하고 맛집 순례 등등을 하며 함께 노년을 지내고 싶다. 산행은 물론이고 어떤 모임에서든 자주 얼굴 보고 추억을 나눴으면 좋겠다. 이제 새로운 친구를 사귀기도 부담스러우니 오랜 친구들을 만나는 민동80 소모임에서 노년의 소소한 행복을 함께 찾아보자.

* 나의 난치병 두 가지는 바로 결정 장애와 귀차니즘.

탕수육 한 접시로 이룬
사랑

김현근

무역학과

1985년 가을이었을 게다, 아내와의 첫 데이트가. 남산에 있는 중국 요릿집 다리원으로 데리고 갔다. 이날을 위해 거금 만 원을 준비해둔 터였다. 민청련(민주화운동청년연합) 성대지부 모임을 끝내고 술 한잔하자는 회원들을 막 돌려세운 뒤 나는 은주에게 말했다. "탕수육 먹으러 가지 않을래?"

말해놓고 보니 나도 당황스럽다. 내 말은 왜 이리 짧은가? 나름 연습을 했다. 그 집 요리가 한국에서 드문 사천식이고 주방장이 화교라 전통 비법을 쓴다며 설득 작전을 물샐틈없이 펴기로 했는데, 앞뒤를 뭉텅이로 자르고 한마디 툭 뱉었으니. 도대체 나의 말재주는 왜 이렇담. 나의 갑작스러운 제안에 은주의 눈망울이 생각에 잠기는 듯하더니 묻는다.

"그 집 맛있어?"

은주의 질문에 이제는 준비한 대사를 꺼내려는데 마음이 급한 나머지 더듬거렸다. 얼굴이 붉어진 나를 보고 은주의 옅은 미소가 얼굴에 퍼진다. 가지런하고 하얀 치아가 보인다. 그녀의 어깨 뒤에 가을바람이 살랑이고 나부끼는 머리칼 뒤로는 남산의 고운 단풍이 아지랑이 핀 듯 어지럽다.

탕수육 데이트는 성공했다. 그 후 40년을 함께 살았다. 방위사업청 공무원으로 퇴직한 아내를 요즘은 운전기사 삼아 나의 일터로 데리고 다닌다. 나는 대략 일주일 단위로 서른두 군데의 건물과 아파트를 돌아다니며 전기설비가 제대로 돌아가는지, 전기시설 주변의 보안상 문제는 없는지를 살핀다. 절연장갑이나 보안경은 필수고, 누설전류계에 저압용, 고압용 검전기 등을 챙겨서 움직여야 한다. 장비 가방 무게가 제법 나간다. 하루 종일 짊어지고 여러 곳을 다니기에는 고질병을 앓는 허리가 받쳐주지 않는다. 차가 꼭 필요한데 우울증 탓으로 운전이 힘들다. 그러니 아내에게 사정할 수밖에.

퇴직하면 제2의 인생이 시작된다고 하는데, 아내는 운전하랴 내 심신을 보살피랴 자기 인생을 즐길 틈이 없다. 첫 데이트 날 탕수육을 '대'자로 시켰다고 해도 요즘 돈으로 4만~5만 원이니 40여 년 전, 나는 정말 수지맞는 투자를 한 셈이다. 아내의 셈법은 나와 다를 게다. 물어보지 않았으나 이제 와 어쩌겠는가, 심성 고운 아내가 무르지는 않을 터이니.

아내를 만난
민청련 성대지부 활동

아내를 만난 건 민청련 성대지부 모임에서다. 당시는 그 소모임을 계라고 불렀고, 계주는 헌필이었다. 계원은 곽노길, 김정형, 김태성, 곽용석 등 모두 성대 80이었으니 성대지부 모임으로 불러도 틀리지는 않을 테다. 1985년 당시 대학원에 다니던 나는 헌필이의 부름을 받고 계원이 되었다. 첫 모임에서 아내를 만났고 옆자리에 앉게 되었다. 치자꽃인가 유자꽃 같기도 한 머리향이 좋았다. 다음 모임을 기다렸고 모임마다 나는 우연인 듯 아닌 듯 은주의 옆자리에 앉았다.

나는 헌필이 덕에 아내를 만났다고 생각하나 아내는 달리 해석한다. 당시 헌필이가 노길이에게 마음을 두고 있었기에 "공부모임을 할 터이니 노길이를 꼭 데리고 나와달라"고 부탁을 했단다. 그러니 우리를 끼겨, 민청련 성대모임을 꾸리는 한편 헌필이가 연정을 키웠으니 우리가 조연 노릇을 해준 셈이란다. 어쨌거나 성민동80의 동기 커플 다섯 쌍 중 헌필이와 노길이, 나와 은주 두 쌍의 부부 탄생은 성대와 민청련의 음덕 덕분이다. 1980년부터 대성로에서 흘린 땀과 함성에 1985년, 1986년 고양되는 정세를 따라 솟구친 투쟁의 기운까지 업고 맺어진 사랑이니 이래저래 단단할 수밖에 없다.

경찰총경 아버지의 훈육
나만의 작은 쾌거

나는 대구에서 고등학교를 마치고 재수 끝에 1980년 성대 무역학과에 들어왔다. 신입생 환영회가 끝나자마자 79학번 김종민이 다가왔다. 내용 있는 공부를 한번 해보자고. 나는 '좋다, 해보자'라고 받아들였다. 《전환시대의 논리》가 첫 교재였다. 천동설이 지동설로 바뀌는 충격이었다. '병영집체훈련 입소'를 둘러싼 뜨거운 토론, 이어진 법정대도서관에서 벌어진 철야농성이 나를 흔들어 깨웠다. 나는 갑자기 광막한 들판에 선 느낌이었다.

아버지는 총경을 끝으로 경찰에서 퇴임했다. 당신은 완벽하고 엄격했다. 순경 공채로 들어간 후 승진시험마다 합격해 서른두 살 젊은 나이에 총경직에 올랐다. 경무관 승진을 못 하자 40대 중반에 계급정년에 걸려 옷을 벗었다. 당신 몸에는 박정희를 향한 충성심, 반공주의가 뼛속 깊이 배어 있었다. 대학 입시에 1년 실패해 재수를 하고도 후기대인 성대에 들어간 아들이 영 못마땅했는데, 데모에 기웃거리는 분위기를 감지하곤 압박이 커졌다. 나는 아버지의 그늘을 벗어날 수 없었다.

"전두환이 광주에서 한 일은 잘못된 거잖아요. 박정희가 독재를 한 건 사실 아닌가요?"

정말 당연한 얘기를 아주 조심스럽게 아버지 앞에서 늘어놓는 정도였다. 다행히 아버지는 대구에 계시고 나는 서울로 유학 온지라

날마다 부딪힐 염려는 없었다. 나는 한발 한발 학생운동 안으로 발을 디뎠다.

휴교령이 풀리고 1980년 2학기를 맞아 다시 사회과학 공부를 이어갔다. 무역학과 자원이 적은 탓에 학회모임은 금세 깨졌다. 나는 2학년이 되자 언더서클인 경제철학연구회와 경상대 학회모임에서 활동했다. 마땅한 모임 장소가 없으니 진아춘 같은 중국집을 주로 돌았다. 어쩌면 2학년 내내 중국집을 순례한 덕에 첫 데이트 음식도 짜장면에 탕수육으로 했는지도 모르겠다.

1981년 들어 함께 활동하던 그룹 안팎에서 소소한 사건이 일어났다. 경상대 학회 멤버인 정상호가 졸업정원제를 반대하는 유인물을 돌리다 동대문경찰서로 잡혀갔다. 경제학과 오영수가 1981년 5·12 시위 참가를 이유로 구류를 살더니 강제징집을 당했다. 또 경제철학회의 종덕이와 승희가 율전캠으로 활동반경을 옮기면서 뿌리가 얕은 두 모임이 휘청거렸다.

1982년 3학년이 되었을 때, 내 옆에는 조직 활동을 같이할 친구가 없었다. 동규, 동혁이가 바람처럼 왔다가 가곤 했다. 정진이나 남호도 마찬가지였다. 나는 무역학과 81학번 후배의 세미나가 끝나면 뒤풀이에 가서 술값을 보태고, 여기저기서 귀동냥으로 시위 오더를 받았다. 1982년 일본 교과서 왜곡 반대시위 투쟁도 그렇게 나갔다. 성대 학생운동은 분명 고양되고 같은 학번 친구들은 조직 사업에 바쁜데 나는 경계인, 주변인에 머무르고 있었다.

나는 3학년 겨울방학 때 진지하게 진로를 고민했다. 시위 주동을 하고 대학 생활을 정리할 것인가? 전공을 살려 취직할까? 아니면 대학원 진학을 할 것인가? 나는 대학원 진학을 결심했다. 시위 주동을 하기에는 내가 준비하고 갖춘 게 너무 없었다. 학내 중심으로 여겨진 79학번 선배들이 대학원에 진학한 모습도 내게 '핑계'를 만들어 주었다. 지도급 위치에 있던 사람이 자기 미래만 생각하는데, 변방에 있던 내가 더 어쩌란 말이야? 나는 아버지에게 내 뜻을 밝혔다. 당신은 환한 얼굴로 나의 결정을 반겼다. 그날 이후 아버지와 대학 입학 때부터 형성된 대치가 스르르 풀렸다.

1983년 3월 22일부터 80학번 친구들은 자기 몸을 던져갔다. 함께 활동하지 않았으나 오며 가며 낯이 익은 봉우, 상철, 갑표, 근덕 같은 친구들이 주동을 하는 날이면 도서관에서 나와 구호를 외치고, 힘껏 노래 부르며 다소나마 힘을 보탰다. 하지만 내 마음은 항상 비탈이었다. 무역학과 후배들의 시선도 불편했다.

이제 40여 년이 지났으니 말할 수 있으려나. 1983년 2학기가 막 시작되었을 무렵이다. 종승이가 찾아와 1983년의 마지막 싸움을 11월에 하려는데 주동팀 방을 얻어야 한다며 돈을 보태달라고 했다. 그때 나는 안기부에서 성대를 담당하던 이근호를 떠올렸다. 4학년 초인가, 그가 뜬금없이 연락해서 코리아나호텔에서 만난 적이 있다. 그는 복불고기를 주문했다. 나는 공깃밥을 몇 개나 추가해 맛있게 먹었다. 다음 만남은 충무로에 있는 아스토리아호텔의 레스토랑이었다. 거기서 스테이크를 처음 썰어 먹었다.

지금도 이근호가 나를 어떻게 파악했는지, 왜 불러냈는지 궁금하다. 어쩌면 아버지가 총경이었음을 알아내고 나를 협조자로 삼기 쉬울 거라 생각했는지도 모르겠다. 나는 만날 때마다 시답잖은 말만 늘어놓았다. 종승이 요청을 듣고 나는 이근호에게 연락했다.

"대학원에 들어가 공부에 몰두할랍니다. 이제 한 학기 남았는데 기왕이면 나도 장학금이라는 걸 받아보고 졸업하고 싶어요."

전화를 끊고 별 기대를 하지 않았다. 2학기 등록도 끝난데다 내가 특별히 챙겨야 할 만한 위상에 있는 것도 아니었으니. 그런데 이틀 후에 연락이 왔다. 장학과에 얘기를 해놓았으니 가서 받아 가란다. 반신반의하며 들렀는데 그 자리에서 45만 원이 내 손에 쥐어졌다.

나는 종승이에게 그 장학금을 통째로 전해주었다. 아마 1983년 11월 9일 종승이와 운성, 태연, 종무 팀은 나름 따뜻한 준비 과정을 보냈으리라. 의열단이 친일 지주를 응징하며 농민에게 수탈한 돈을 독립자금으로 거둬간 일에 비할 수는 없지만 성대 학생운동 야사에서는 나의 의거를 쾌거라고 기록할지도 모르겠다.

성민동 결성에 참여해 첫 삽을 뜨다

1987년 6월 항쟁 후, 1987년 대선을 준비하느라 바쁜 가운데서도 의미 있는 흐름이 만들어졌다. 민청련에서 활동하거나 감옥에서 출소한 78학번 선배 20여 명이 8월에 옥류정에서 모였다. 승리를 자축하고 다가올 대선을 맞아 폭넓게 의견을 나누는 자리였다. 여기서 "78학번의 모임과 더불어 학번별 민주동문을 아우르는 큰 모임을 만들어보자"라는 제안이 나왔다. 마침 연세대에서 '민주동문회' 결성 소식이 들려오던 참이었다. 9, 10월 들어 논의는 급진전해 12월 20일 민주동문회 총회준비위가 결성되고 1988년 2월 14일 마침내 천승세 시인을 초대 회장으로 모시고 창립대회를 열었다.

나도 기꺼이 결성 과정에 참여했다. 당시 80학번 친구들은 현장에 가 있는 경우가 많아, 민청련 회원이나 직장 생활을 막 시작한 나와 헌필, 세현, 태성이가 모였다. 80학번 총회를 할 수 없는 처지라, 내가 연락을 책임지는 성격의 80학번 대표를 맡았다. 헌필이가 오더성 부추김을 했다. 지금도 명륜캠 호암관을 가득 채운 400명 앞에서 "전체 성균인의 공동체적 삶을 실현하는 데 게을렀다. 지나온 시간을 반성하며 이제 우리는 비로소 하나로 뭉치려고 한다"라고 말하던 천 회장의 모습이 생생하다.

창립 이후 나는 80학번 대표로서 김현국 선배가 책임을 맡은 홍보 파트에 들어가 〈성대민주동문〉 발간에 참여했다. 동문회보 발간이 글을 쓰는 일인데 나는 사실 말도 짧은 편이지만 글은 더 짧았다.

경제학과 대학원에 다닐 때 과를 불문하고 임휘철, 정우택 등 다양한 석사과정 전공자가 모였다. 학생운동의 뜻을 이어 대학원에서 진보적인 학문의 기풍을 세워보자는 뜻에서였다. 어느 날인가 세계 경제에 대한 세미나를 열었는데 임휘철 선배의 발제를 듣고 크게 좌절했다. 깊이 있는 분석, 똑 부러지는 설명, 일목요연한 발제 노트까지. 그날 나는 학문의 길을 접었다. 이렇게 뛰어난 사람과 겨루면서 내가 연구 분야에서 뿌리내릴 자신이 없었다. 결국 논문 작성마저 포기하고 대학원을 수료로만 마치고 말았다. 어쩌면 글쓰기에 자신이 없던 점도 논문을 포기한 이유였는지도 모르겠다.

2호째 회보를 낼 때 김현국 선배가 나도 한 꼭지를 쓰라고 했다. 글을 받아 본 편집진의 평가가 혹독했다. 결국 원고는 퇴짜를 맞았다. 실은 내 문장이 아주 짧다. 초등학생처럼 "오늘 학교에 갔다. 수업시간에 졸렸다. 선생님에게 혼나고 집에 왔다"라는 스타일이다. 대학원에서 석사논문이라도 썼으면 문장이 좋아졌을 텐데 하는 후회와 함께 열패감이 들었다.

그렇게 울고 웃으며 나는 2~3년 동안 초대 대표를 맡았고 태성이에게 자리를 넘겼다. 이후 희용이, 세현이에게 이어지며 오늘날 오경희 회장 체제에 이르렀으니 성민동80은 어쨌거나 1988년부터 40여 년을 이어온 셈이다. 내가 첫 삽을 뜬 것에 자부심을 가진다.

전기기사로서 인생 4막
이제 마음만은 편하다

내 인생을 무대로 치면 5막쯤 된다. 대학 입시를 거듭 실패하는 아픔을 맛봤으니 소년 시절부터 대학 입학 직전까지를 1막으로 쳐줄 만하다. 그 후 학생운동에 참여했다 대학원에 들어가 학문하는 품새를 잡고 성민동 결성에 힘을 보탠 1989년까지가 2막이다.

3막은 오랜 세월에 비해 허망하게 문을 닫았다. 흥국생명에 들어가 판매기획 업무를 담당했다. 아내도 그때는 국방부에서 호봉이 계속 올라서 집안 살림이 풍족했다. 그런데 흥국생명에서 10년 차에 접어들 무렵, 느닷없이 의정부영업소로 발령이 났다. 주부판매원 5명을 데리고 현장 영업을 시작했다. 판매 할당량을 못 채우면 월급으로 메꿔야 하는 구조였다. 6개월을 버티다 사표를 던졌다. 그리고 인연이 닿아 소프트렌즈를 만드는 회사에서 전략기획을 맡기로 하고 입사했다. 중소기업 환경이 낯설었다. 기획만이 아니라 총무 업무에 영업까지 해야 하는 다방면의 능력을 요구했다. 주어진 업무만 하는 대기업과 확실히 달랐다. 반년 만에 사표를 던졌다.

그 후 신생회사인 국제생명에 들어갔으나 부실회사였다. 금융감독원의 제재를 받고 회사는 문을 닫았다. 마흔 고개를 바라볼 무렵의 일인데 그때까지를 3막으로 볼 수 있을 게다.

4막은 전기기사로서 살아온 25년에 이르는 시간이다. 국제생명이 파산한 후 막막했을 때, 동서가 권한 길이다. 1년여 공부해서 기사시험에 합격하고 고수를 1~2년 따라다녔다. 전기선 피복을 벗기고 절연테이프를 감고 배선하는 등 실무를 익혔다.

그리고 취업한 곳이 아파트의 관리사무소였다. 박봉이어도 다닐 만했다. e편한세상, 래미안, LG자이… 뜨르르한 이름을 내건 여러 아파트단지를 돌았다. 전기과장이면서 냉온수 등 설비일도 같이 맡았다. 보통 500세대 많으면 2,000세대가 되는 단지이기에 하루라도 사건과 사고가 거르는 날이 없다. 온수가 안 나와요, 전기가 다운되었네요. 조금만 대처가 늦어도 입주민의 목소리가 올라간다.

"내가 주는 돈으로 당신 월급이 나가는데 왜 행동이 이리 굼떠요." 어쩌겠는가. 웃음기 머금은 목소리로 대답한다. "지금 101동에서 일 처리 중인데 곧 갈게요."

예전 같으면 주먹이 올라갈 텐데, 인내를 많이 배운 시간이었다. 10여 년 전부터는 전기안전대행 업무만으로 일을 바꿨다. 아파트 단지에서 안전검사 업무를 위탁받아 처리하고 있다. 주민과 직접 접촉할 일이 없으니 마음은 편하다.

인생 5막은
아내와 함께하고프다

이제 60대 중반이 넘었으니, 일을 정리할 때가 다가오고 있다. 공무원에서 퇴직한 아내를 운전기사로 데리고 다니는 호사를 끝내면 4막이 닫히고 다음 무대가 열린다.

인생 5막은 아내와 멋진 여행을 하고 싶다. 딸과 아들도 이미 가정을 꾸렸으니 걸릴 게 없다. 30일 일정으로 남미로 가 '체 게바라의 길'을 걸어볼까? 주책이라고 손가락질받지는 않으리라. 아니면 아프리카의 튀니지에서 리비아를 거쳐 사하라사막까지 낙타를 타볼까? 생각하면 신난다. 고등학교 때 멀리뛰기를 하다 다친 허리가 더 나빠지지 않기를 바랄 뿐이다. 어렸을 때 방울이라 불린 아내는 지금도 통통 튄다. 동작은 다소 굼떠졌으나 조약돌처럼 단단한 맛이 살아 있다. 내 건강만 챙기면 어디든 못 가랴.

가끔, 아니 늘 생각한다. 내가 장가는 잘 들었다고. 잔머리를 못 굴리는 나지만, 아내의 마음을 사로잡는 일에는 온갖 꾀를 냈다. 민청련 모임 때마다 눈치 보지 않고 아내 옆에 앉은 일은 훌륭했다. 정형이 집에선가 1박 2일 MT가 끝나고 그날 아침 노길이와 아내가 청평사를 가겠다고 나섰다. 나는 기회라고 생각하며 두 여인의 팔짱 사이로 손을 들이밀었다. 모임이 늦게 끝난 날은 요즘 밤거리가 위험하다고 신림동까지 바래다주었다. 신박한 수는 사회과학을 깊게 공부하려면 일본어가 필요하니 가르쳐주겠다며, 침침한 조명의 경양식집으로 불러낸 일이다. 지금은 가물가물하다. 첫 키스를 신림동 골목에서 했는지, 일본어 발음을 교정해준다면서 '겨울나그네'란 경양식집 구석진 자리에서 했는지.

어쨌거나 탕수육 한 그릇으로 시작한 우리 사랑은 5막을 열어야 한다. 대성로를 거닐 때 바라본 명륜당의 은행나무가 많이 떠오른다. 우리 5막도 은행나무마냥 여름에는 짙은 초록이기를 바란다. 가을에는 밝은 노랑이면 좋겠다. 헤아릴 수 없이 많은 은행잎의 풍성함을 아주 조금은 가져왔으면 한다. 또 그 길을 같이 걸으며 웃고 울었던 친구들이 우리의 5막에서도 오래도록 함께하기를 바란다. 헌필이와 노길이가 우리 사랑의 오작교 노릇을 해주고 우리 또한 헌필이와 노길이의 오작교 노릇을 해준 것처럼.

302

오랜 인연에 대한
소소한 이야기

손정진
산업심리학과

오래된다는 것은 평범한 일상에도 특별한 의미를 불어넣는 마법과 같은 힘이 있다.

그건 인간의 모든 기억이 오늘을 기준으로 재편집되기 때문이 아닐까? 길고 긴 시간의 레이어를 재미있고 멋지고 특별한 사건으로 다시 엮으면, 35밀리미터 영화처럼 반짝이고 아름다운 '추억'이 된다.

내 경우도 마찬가지다. 1980년 대학 입학 동기끼리 얘기를 나눠보면 얼마나 멋진 사연과 찬란한 스토리가 있으랴. 나는 고민 끝에 시대극이나 다큐멘터리 말고 45년 전, 특별한 봄에 꽃 피듯 만나고 바람처럼 다가온 인연을 소소하게 정리하려 한다. 어떤 인연은 이름을 밝히지 않기로 했다. 소중했거나 마음이 무거워서 선뜻 부르기 어려웠다. 어떤 이름은 그냥 내 기억에만 놓아두고 싶다. 그리고 몇몇 기억은 너무도 선명하지만, 이번에는 이야기하지 않기로 했다.

꽃피듯 최루탄이 터지던 1980년의 봄

입학 직후 학교의 봄은 드라마틱한 사건이 연이어 펼쳐지는 영화 같았다.

우리의 첫 등교는 난폭하고 비루한 겨울이 지난 다음이었다. 그 겨울에 박정희의 사망 이후 기회를 노리던 영악한 장군이 전방 부대까지 끌고 내려와 쿠데타를 일으켰다. 권력을 쥔 소위 '신군부'와 이에 맞선 양 김과 재야, 학생들이 격하게 충돌하는 심란한 봄이었다. 3월과 4월은 온통 시위 구호와 유인물이 학교를 뒤덮었다. 꽃 피듯 최루탄이 터졌다. 문무대 입소거부와 연이은 영천의 충성대(육군 3사관학교) 대체 입소로 한바탕 홍역을 치렀다.

그 봄에 가장 먼저 만난 친구는 같은 산업심리학과 황학림이다. 세상 여리고 촉촉한 눈을 하고서는 시답잖은 농담을 곧잘 하는 친구였다. 어느 날 이 친구가 너구리처럼 처진 눈으로 웃으며, 학교 금잔디광장에서 정오쯤에 보자고 했다. 그런데 만나자마자 마침 시위가 시작되었다. 나중에 안 사실은 3학년 선배의 지시를 받은 학림이가 나를 '동원'한 것이다. 앞으로 그런 눈을 너무 믿지 말아야겠다고 다짐했다. 여튼 나의 첫 시위는 그렇게 시작되었다.

당시 나는 난리 속에서도 '미팅'에 열심히 나갔다. 언젠가 중앙대 앞 미팅에서 이 친구와 나란히 앉게 되었다. "출신 고등학교가 어디에요?" 여학생이 묻자 무척이나 명랑하게 친구가 대답했다. "서라벌고등학교요." "어, 나도 그 학교를 졸업했는데…." 학림이 눈을 슬쩍 살펴보니 진짜 같았다.

이과인 나는 문과인 그와 고교 3년 내내 얼굴 볼 일이 없었다. 둘은 손을 맞잡고 여학생을 제쳐둔 채, 다른 동창의 안부를 더듬으며 새삼 우리 인연을 기꺼워했다. 우리는 둘도 없는 친구가 되었다.

곧이어 학생운동을 하는 같은 과 친구들을 더 만났다. 수상하게 깊은 눈을 가진 조승문은 농담을 할 때도 스파이 같은 긴장감을 주었다. 우직한 의리의 대구 사나이 허동혁은 항상 웃었는데, 시절이 맘에 안 드는지 늘 고개를 약간씩 좌우로 저으며 다녔다. 다들 조금씩 이상하고, 다들 은밀한 초보 혁명가였다. 우리 넷은 대학 생활 내내 만나고 이야기하고 술 먹고 같이 자는 형제로 지냈다.

찬란한 5월 햇빛 속에 폭도로 죽어간 도시

그런데 갑자기 세상이 뒤집히는 격변이 일어났다. 가본 적도 없는 남녘의 광주라는 도시에서 시민들이 무장하고 공수부대와 대치했다. 신문과 방송에서는 연일 무장 폭도가 불을 지르고 폭동을 일으켰다고 했다. 다른 모든 도시가 눈치만 보며 숨죽이고 있었다. 결국 그들은 찬란한 5월의 햇빛 속에 그렇게 폭도로 죽었다.

군인들의 미친 칼바람이 지나간 뒤, 긴 휴교가 이어졌다. 가을이 되어 돌아온 학교는 살짝 건드리기만 해도 '팽' 하고 끊어질 듯한 실 같았다. 심상찮은 긴장이 젖은 담요처럼 주위를 뒤덮고 있었다. 어디서 큰 소리라도 나면 무슨 일이 생겼나 하고 두리번거리곤 했다.

우리의 생각과 감정은 그해 5월의 시간과 광주라는 공간에서 한 발짝도 움직이지 못했다. 외롭게 죽어가던 광주를 위해 무엇 하나 거들지 못했다는 자각은 굴레가 되어 우리를 묶어버렸다. 동지의 다짐과 술자리의 구호는 늘 우렁찼다. 그러나 마음 한구석에는 제적과 구속에 대한 두려움이 웅크리고 있었다.

그래도 나를 숨 쉬게 했던 애틋함과 웃음

그때 긴 생머리에 아름답고 흰 얼굴을 가진 여학생이 있었다.

그 아이를 처음 본 것은 시위 대열 속에 섞여 있을 때였다. 뭔가 부자연스러운 장면이었다. 긴박한 현장에 있으면 안 될 것 같은 아이였다. 걱정스러웠다. 그 후 교내 벤치에 앉아 뭔가를 읽고 있는 그 아이를 다시 보았다. 잘 어울린다고 생각했다. 옆에 앉아 이쁜 얼굴을 살짝 가린 머리를 넘겨주고 싶었다. 내 기억 속에는 그 장면만 매서운 바람 속에 핀, 흰 벚꽃 같은 모습으로 남아 있다. 어느 선배에게 조심스럽게 물어보았다. 학생운동을 하는 동기였고, 남자친구가 있다는 이야기를 들었다. 심장 부근이 살짝 아릿했다. 그 뒤로는 그 아이를 스쳐 지나가는 일이 있더라도, 가능하면 길게 안 보려 노력했다. 그냥 그랬다.

무척 웃긴 친구들이 있었다.

3학년에 올라가면서 새로운 팀에서 만난 친구들인데, 개그맨을 능가하는 웃음보따리였다. 일주일에 한 번 하는 회합은 TV 코미디 프로그램 같았다. 정치적으로는 옳지 못했는지 모르겠으나, 나는 그 시간이 기다려졌다. 무척 당혹스러워하던 경제과 79학번 박형중 선배는 곧 엄숙주의를 포기했다. 특히 검은 피부의 두 친구, 성대신문 이희용과 문과대 대표 곽용석이 항상 근원이었다. 사회대 정종승은 그 개그에 어설픈 추임새를 넣고 거위 같은 소리를 내며 웃곤 했다.

그 검은 친구 둘은 검정 옷을 입으면 '살색' 옷이라고 하고, 곧 '재 성대 아프리카 유학생회'를 만든다고 공언했다. 그때 우리 팀은 '선전·선동(프로파간다)'을 담당하던 친구들이 모인 터라 줄여서 '간다부'라 불렀는데, 둘은 자신들의 고국인 '우간다'에서 따온 이름이라고 엄숙하게 선언했다. 그때 같은 팀은 아니었지만, 경제과의 (역시 검고 웃기는) 박동규라는 친구까지 더해 자신들을 '고품격 블랙 유머 트리오'라고 자칭했다.

결국 그 녀석들은 졸업 후 40년이 넘도록 모두를 계속 웃기고 있다.

그렇게 불쑥 다가온
투쟁의 날

전쟁 같은 세월 속에 많은 선배와 동기들이 학교를 떠났다. 시위 주동자가 되고 포로처럼 구속되어 우리 곁을 떠나갔다.

우리 동기는 1983년, 4학년이 되면서 교내 시위 전체를 책임지는 역할을 맡게 되었다. 나는 그 전해 겨울 선배를 만나 9월에 나가는 팀을 맡기로 약속했다. 그러나 3월 첫 시위 때 나는 얼굴이 크게 찢어지는 부상을 당했다. 시위 대열 앞줄에 있다가, 경찰이 들어서 던진 '반네루(20킬로그램 전후의 콘크리트 양생 패널)'에 오른쪽 눈 위를 맞은 것이다.

충격으로 쓰러졌지만, 나는 이상하리만치 아무 감각이 없었다. 얼굴이 온통 피투성이였다. 순간 '더 극적으로 나서야지'라는 생각이 들었다. 학생과 경찰 모두가 놀라 물러섰다. 피범벅이 된 내가 돌연 무대의 주인공이 되었다.

나중에 서울대병원에서 응급 수술을 했다. 학교가 공상 처리해 수술비를 내주면서 공식적으로 과격 학생이 되었다.

당시에는 문제 학생을 미리 검속해 군대에 보내버리는 강제징집이 한창 기승을 떨치고 있었다. 나는 초고도 근시라서 군 면제 대상이지만, 2대 독자도 마구잡이로 끌고 가던 시절이었다. 9월까지 피해 다니기는 어렵다고 생각하고, 다음번 시위 예정인 5월 팀에 들어가기로 했다.

혁명가적 풍모와 탈인형 같은 귀여움의
서정적 공존

그때 처음 만난 친구가 바로 국문과 최동이다. 5월 팀에서 한참 준비 중이던 그 친구를 삼선교 성신여대 앞 다방에서 만났다. 먼저 와 있던 동이 앞에 조심스럽게 가 앉았다. 짙은 눈썹에 어울리는 깊은 눈, 동굴처럼 울리는 저음을 가진 친구였다. 꽤 엄중한 대화를 마치고 일어서다가, 나는 흠칫 놀랐다. 당당하게 앉은 모습과 무척 대조되게, 인형극 주인공처럼 귀여운 다리 비율을 가지고 있었기 때문이었다.

이 귀여운 친구는 시위 과정이나 구치소 투쟁에서 늘 용감한 투사였다. 석방 이후 자주 보지는 못했으나, 노동운동에 투신한다는 이야기를 들었다. 또 잡혀갔다가 다시 나왔다는 소식도 들었다. 가장 마음 아픈 마지막 소식은 그의 분신 투신이었다. 한달음에 달려간 빈소에서는 수많은 선후배, 동기가 울고 있었다. 영정 속의 동이 모습은 처음 본 날과 같았다. 여전히 붓질한 듯 짙은 눈썹과 사색에 잠긴 듯한 깊은 눈매였다. 매년 추모식에서 나는 늘 그 첫날의 모습으로 그 아이를 다시 만난다.

1983년 5월,
장미, 약속 그리고 굴뚝

성대 운동권은 교내 상주 경찰 돌파를 위해, 시위팀을 예년의 서너 배인 9~10명으로 꾸렸다. 1983년 첫 시위인 3월 22일 10명을 시작으로, 5월 23일에는 여학생 6명이 나섰다. 연이어 우리 팀 9명이 또 나섰다. 3~4년간에 걸쳐 나올 만한 숫자의 주동자가 1학기에 쏟아지는 초유의 사태가 벌어지고 있었다.

1983년 5월 25일, 내가 반정부 시위를 주동하고 잡혀간 날이다. 전날 학교 앞 후배 자취방에서 잔 나는 몇몇 후배와 함께 시간에 맞춰 나갔다. 그날따라 스튜디오 조명처럼 눈부시게 비추는 햇빛 속에 붉은 장미 수십 송이가 담장 한가득 피어 있었다. 그중 가장 크고 아름다운 한 송이를 뚝, 꺾어 눈시울 붉히던 그녀에게 내밀었다. 그때는 내가 해줄 수 있는 게 그것밖에 없었다.

낭만이 마구 피어나던 태양 아래, 학교 도서관 앞에는 나랑 만나기로 약속한 81학번 전성호가 초조하게 기다리고 있었다. 붐비는 학생 속에서 나를 못 찾은 성호는 교수회관 굴뚝에 먼저 올라가려 했고 시도하자마자 그 밑에서 잠복하던 형사에게 바로 체포되어 버렸다. 결국 나는 혼자 굴뚝에 올랐다. 승용차 안에서 대기하던 형사가 화들짝 놀라 뛰쳐나왔다. 오늘 굴뚝에 오를 학생은 이미 잡았다며 느긋하게 쉬다가 허를 찔린 것이다.

"학생, 학생! 안 돼, 안 돼. 내려와!" 형사가 다급하게 소리쳤다.

사다리 밑 부분을 2미터 가까이 잘라버리고, 철조망까지 둘러쳐놓은 굴뚝을 어떻게 단숨에 올라갔는지 모르겠다. 꼭대기에 올라가니 막막했다. 전성호가 다 들고 있던 바람에 정작 나는 마이크나 플래카드, 유인물 한 장이 없었다. 그냥 두 손을 휘저으며 목이 터져라 구호를 외쳤다. "광주 진상 규명하라! 학살 원흉 처단하라! 군사독재 철폐하라! 전두환을 타도하자!"

그녀는 수선관 7층 창에서 나를 응원하기로 약속했다. 나는 그녀를 손으로 가리키며 들리지 않을 구호를 외쳤다. 그때 학교 담장 넘어 비탈길에 구경 나온 와룡동 주민의 탄식 소리가 들렸다.

"어이구, 경찰이 저 높은 데까지 올라가서 학생들 붙잡는 거 지시하나 보네."

다시 열린 학교, 무사히 돌아온 친구들

1983년 12월 21일 학원자율화 조치로 구속 학생 석방과 복교 조치가 발표되었다. 강릉교도소에 있던 나는 이듬해 2월에 가석방이 되어 서울로 돌아왔다. 그때 석방된 동기 80여 명이 제적생 모임을 시작했다. 그 이전에는 엄격한 보안 때문에 서로 만나지 않거나 몰랐던 많은 친구를 만났다. "네가 바로 그 아이였구나!"

석방된 동기들끼리 의정부 근처 어딘가로 MT를 갔다. 저녁 무렵에 서로 노래도 부르고 감방 생활의 에피소드를 나누며 즐거워했다. 나는 11월 무렵 이감을 앞두고 범털(경제사범) 방으로 합방했는데, 전원이 사기 전과 9범인 '제비' 고수에게 실전 사교춤을 전수받았다. 교도소에서 매일 점심 후 모두가 1시간씩 스텝을 밟았다. 지르박, 블루스, 탱고, 왈츠, 도돔바 등이 과목이었다. 교도관을 상대로 단체수업도 했다는 고수는 나를 보고 "학생은 키, 춤솜씨, 학벌 삼박자를 고루 갖추어 대성할 재목"이라고 했다. 그리고 출소 후 꼭 안양 모 카바레로 자기를 찾아오라고 당부했다.

마침 MT에 같이 온 교육학과 김위선이 자기도 감방에서 춤을 배웠다고 해 함께 '정통 카바레 지르박'을 시전하며 순진한 친구들을 놀라게 했다.

내 마음 한켠에
살짝 적어둔 이름

그런데 동기모임에도 잘 나오지 않았던, 마음이 많이 아픈 오랜 친구가 있다. 막역한 사이는 아니다. 하지만 오래되고 특별한 친구다. 사실 이 친구의 얘기를 별도로 할 만큼 특별한 스토리가 있는 건 아니다. 그래도 맘 한켠에 조용히 적어둔 이름이다. '이충섭.'

친구는 우리 중 가장 용감했다. 1981년 학내 시위 주동으로 일찍이 구속되었다. 동기들과 정도 쌓기 전에 힘든 길을 혼자 나섰다.

그런데 석방된 이후 아프기 시작했다. 충섭이 눈을 보면 개미 한 마리도 어쩌지 못할 아이라는 걸 알게 된다. 친구가 어떤 곳에서 어떤 고초를 겪었는지 사실 난 잘 모른다. 아주 한참 후에야 가끔 동기들 모임에서 만났다.

나는 좀 과장된 톤으로 반갑게 인사를 하곤 했다. 그러나 친구는 높낮이가 거의 없는 조그만 목소리로 "반갑다, 어떻게 지내니"라고 한결같은 대답을 했다. 그 친구와 나눈 대화는 그게 거의 전부다. 그만 보면 늘 마음이 먹먹해진다. 뭔가 놓친 것 같고, 해야 할 일을 안 한 것 같다. 그리고 화가 난다. 친구의 운명과 시간의 속절없음에 대해서 말이다. 집안의 가장 큰 자랑거리였다는 친구 누님의 말을 생각하면 참 속상하고 슬펐다.

며칠 전 연남동 철길 공원을 지나가다 거짓말처럼 충섭이를 딱, 마주쳤다. 나도 선약이 있어서 인사만 하고 헤어졌는데, 의외로 일이 금방 끝나 얼른 차를 몰고 친구를 찾았다. 전화했더니 이미 김포행 지하철을 탔다고 한다. 그래서 추석 연휴가 끝나고 철길 공원 근처 멋진 카페에서 보기로 했다. 평소처럼 별 대화는 안 해도, 그냥 좋은 풍경 보며 차 한잔하자. 내 친구, 충섭아!

그리고
꼭 남겨야 할 이야기

꼭 남기고 싶은 이야기가 있다. 이 이야기는 해야 하나 많이 망설였지만, 이 인연을 빼고서는 내 20대를 기억할 수가 없으므로 조심스럽고 짧게 얘기를 남긴다.

내게는 깊은 사랑과 가족보다 더한 보살핌을 준 소중한 인연이 있었다. 그녀다.

3학년이 되고 새로운 팀에 들어갔다. 주로 선전 부문에서 활동하던 6명의 친구가 모인 팀인데 그 친구는 어느 단과대를 대표하고 있었다. 내게는 혁명에 대해 같이 공부하고 토론했던 첫 번째 여성이었다. 책에서 보던 로자 룩셈부르크도 이런 여성이었겠지,라는 생각을 하곤 했다. 결국 그녀를 흠모하고 좋아하게 되었다. 마치 청교도 같았던 내 학생운동 시기에 깊은 인연을 맺은 유일한 여성이다. 내가 구속된 이후 1년 가까운 기간은 물론, 그 뒤로도 긴 시간 정말 아낌없이 나를 보살펴주었다. 그러나 나는 그 사랑과 헌신에 보답하지 못했고, 결국 소중했던 인연을 잃었다. 그 뒤로 나는 인연의 부질없음과 나의 못남을 자책하며 엉엉 운 날이 많았다.

매일 샛별 보듯 보고 싶은
귀한 내 친구

이제, 서범석으로 내 소소한 이야기를 맺고 싶다.

나는 이 친구를 보면 스피노자가 생각난다. 유대인이던 스피노자는 근대 철학의 시초로 불리는 철학자로, 스스로 파문을 자처해 숲속에서 한평생을 혼자 살았다. 그는 근대 과학의 발전에 깊게 감명받아, 근대적 이성으로 철학의 사유를 엄격하게 다시 직조한 인물이다. 요즘으로 치면 IT 프로그래머에 비교될 수 있는 '첨단 렌즈 깎기 장인'으로 살았다. 범석이도 내게는 그렇게 보였다. 늘 세상에 대한 시니컬한 태도와 과학적 사고가 이상하리만치 잘 어울린다고 생각했다. 강원도 인제의 깊은 산골에 목조 집을 근사하게 짓고 사는 것도 말이다.

그런 귀한 친구가 많이 아프단다. 속상하기 그지없다. 범석아, 얼른 툴툴 털고 일어서기를 바란다. 별 쏟아지는 인제 밤하늘을 너와 친구들과 같이 맘껏 올려다보고 싶다.

3개의 이름을 지니셨던
나의 아버지

조승문
산업심리학과

나의 아버지는 1945년 이후 해방 공간에서 어릴 적 이름 조병규에서 조대훈으로 개명하셨다. 본적은 황해도 신계군 다미면 중산리로 당신의 부모님과 7남매 가족은 일제강점기와 6·25전쟁으로 죽거나 뿔뿔이 흩어져 평생을 혈혈단신으로 살아오셨다.

1918년 12월생으로 일제강점기 시대 도쿄에 있는 릿쿄 대학에서 수학하셨고 이후 학병징집을 피해 오사카에 있는 오다니중공업에 취업해 항일 독립 투쟁을 하던 중 1944년 검거되어 오사카형무소에서 수형 생활을 하셨다.

해방과 동시에 형무소에서 풀려나 조국으로 돌아와 대학에서 교직 생활을 하면서 사회주의자의 길을 걸었는데, 6·25전쟁 후 국가보안법 혐의로 체포되어 대구형무소에서 또다시 수형 생활을 하셨다. 이후 부산에서 사시다가 1960년대 이후에는 한 많은 미아리에 정착했고, 마지막으로 수유리에서 생을 마감하셨다.

1924년생인 어머니는 해방 공간에서 국민학교 교사를 하시다가 아버지를 만나 평생 이루 말할 수 없는 고초를 겪으면서 우리 5남매를 키웠는데 아버지와 관련해서 그 어떤 내색을 한 번도 하지 않으셨다.

어릴 적부터 우리 집에는 가끔, 그러나 거의 정기적으로 낯선 사람들이 찾아왔다. 그들은 아버지와 툇마루에 앉아 이야기를 나누거나, 동네를 한 바퀴 돌고 가곤 했다. 어머니의 전언에 의하면 1970년대 중반까지는 중앙정보부에 며칠씩 끌려갔다 오고 이후에도 성북경찰서 정보과에서 한 번씩 나왔다고 한다.

그래서인지 아버지 신상에는 뚜렷이 알 수 없으나 뭔가 표현할 수 없는 금기와 긴장감 같은 게 있었는데, 1980년 내가 대학에 들어가 서울의 봄과 광주민주항쟁 시기에 분노하고 저항해 데모하고 다닐 때까지도 그게 뭔지 구체적으로 알지 못했다.

당신은 이승만, 박정희, 전두환, 노태우 시대 40년 동안 정권의 사찰과 감시 속에서 파란만장한 삶을 사시다가 조금 민주화가 이루어지던 김영삼 시대인 1993년, 76세의 일기로 급서하셨다.

아버지는 처한 사회적 환경으로 인해 대놓고 드러내지는 못 하셨지만, 늘 사회민주화와 변혁, 통일에 대한 강한 염원을 간직하고 사셨는데 남북이 본격적으로 교류한 김대중 시대 이후를 보시지 못한 것은 참으로 한스럽고 안타까운 일이었다.

아버지 일생의 풀 스토리를 기록해놓았으면 좋으련만 당신 이야기가 가족에게 피해가 될 수 있다고 생각하셨는지 아니면 몸에 밴 보안 의식(?) 때문이었는지 띄엄띄엄 조각난 기억들만 뿌려놓고 가셨다. 나를 비롯한 우리 형제들도 아직은 건강하신 아버지라 여기고 차일피일 미루다가 심근경색으로 급서하시는 바람에 기록할 기회를 놓치고 말았다.

아버지가 살아온 삶, 내가 살아갈 삶!

젊은 시절 항일 독립운동과 새로운 조국 건설, 조국 통일을 위해 온몸을 바친 아버지가 살아온 삶과 대학에 들어가 정의와 용기를 외치며 민주화 투쟁에 몰두했던 내 삶이 어디선가 교차하리라는 건 대학 입학 때까지는 상상도 하지 못한 시나리오였다.

대학 2학년이 될 무렵 언더서클 활동을 권유받아 본격적으로 조직 활동을 하고 다양한 서책들을 접하고 나서야 '아~ 이게 아버지의 삶이고 길이었구나' 하고 비로소 깨달았다.

아버지가 살았던 시대와 내가 사는 현실의 운동은 사상이나 이념, 전략과 방식이 근본적으로 달랐다. 그러나 아버지는 식민지 조국의 독립 투쟁으로 나는 군부독재에 대한 민주화 투쟁으로 젊은 시절을 보낸 것은 그 시대 상황에서 당연한 선택의 길이었을 것이다.

아버지와 어머니를 생각하면 사실 이 길을 걸으면 안 되지만 로맨틱하고 나이브했던 나는 누구와 상의할 겨를도 없이 깊어지는 고민을 안고 하루하루 학생운동의 길로 빠져들었다.

대학에 입학하고 아는 사람 하나 없어 빈둥거리던 어느 날, 멀리서 "총장 물러가라!"라는 외침이 들려왔다. 호기심에 소리를 따라가 보니 금잔디광장에 200명쯤이 모여 '재단 비리 규탄', '학원민주화 쟁취' 같은 구호를 외쳤다.

나는 계단에 앉아 그 장면을 그저 지켜보았다. 처음 마주하는 풍경이었지만, 묘하게도 낯설지 않았다. 어딘가 모를 동류의식이 느껴졌고, 가슴 한켠이 조금은 설렜다.

얼마 뒤, 같은 과 친구가 서클에 들어가자고 했다. 이름은 언어문화연구회. 듣자마자 '왠지 밋밋하다' 싶었으나 책을 읽고 세미나를 한다길래 별생각 없이 따라나섰다. 하지만 적만 두고 활동은 열심히 하지 못했다.

그런데 이상하게도 교정 곳곳에서 벌어지는 집회와 시위에 자꾸만 이끌려 갔다. 비리 재단 퇴진, 문무대 반대, 군부독재 타도 같은 구호가 어느새 내 가슴 깊이 새겨졌다. 하루의 시작은 대자보를 읽는 것으로, 하루의 끝은 막걸리로 마무리되는 나날이 이어졌다. 특히, 서울의 봄에서 5·18까지 언문회(나중에 원래 이름이 민족문제연구회임을 알게 되었다)의 동기들과 선배들은 시위 현장에서 늘 나를 챙겨주었다.

79학번 선배들과 80학번 동기들은 대성집, 시골집 같은 허름한 술집에 모여 막걸리를 나누어 마시곤 했다. 그 막걸리 한 잔을 마시면 단순한 취기가 아니라 어떤 연대감과 자유의 기운이 돌았다.

1980년 5·18 이후 전국적으로 계엄이 확대되고 휴교령이 내려졌다. 활동은 끊기고, 서클 활동도 점점 느슨해졌다.

그해 9월, 휴교령이 해제될 무렵 나는 조금 멀어져 있었다.

11월 전국에 수배령이 내려진 강홍구 선배가 학교에 나타나 데모를 주도하면서 학내 분위기가 단숨에 달아올랐다. 그날 시위에 나섰던 나도 결국 경찰에 붙잡혔고 동대문경찰서에서 흠씬 얻어맞고 풀려나왔다. 단순 가담이었지만, 이상하게도 그날 이후 가슴속에 별 하나를 단 듯한 기분이 들었다.

'이제는 진짜로 해야겠다.' 그날의 통증이 내 결심을 굳혀주었다.

당시 민연회에는 윤일권, 이건수, 김정형, 강영헌, 황용훈, 이정학, 진세욱 등 쟁쟁한 동기들이 있었다. 모두 열심히 했는데 나는 세미나 참석도, 방학 중 MT도 빠지기 일쑤였다. 그러나 집회나 시위에는 학과 친구들인 학림이, 정진이, 동혁이와 함께 열심히 참여하는 편이었다.

1학년 겨울방학이 거의 끝나고 졸업식을 앞둔 어느 날이었다. 우연히 만난 김용기 선배가 "차 한잔하자"라고 하더니, 나를 어느 다방으로 데려갔다. 그는 "조직이 어쩌고, 조직과 개인의 모순이 어쩌고" 하며 말을 이어갔다. 그러고는 "이제는 보안이 중요하니 학교 근처에서는 만나지 말고, 돈암동 성신여대 근처에서 보자"라고 했다. 또 "이번 졸업식에 유인물 살포 계획이 있으니, 네가 가드를 서라"는 구체적인 지시도 내렸다.

2학년이 되면서 본격적인 조직 활동을 시작했다.

어느 날 김용기 선배가 불러서 갔더니 안민재, 홍갑표, 이건수 등을 소개하며 이제 노동운동을 위해 현장직행팀을 짰으니 잘 지내라 해서 그런가 보다 하고 3학년 여름방학까지 공장 활동도 하고 곧 노동현장으로 들어갈 준비를 했다.

이후 이정현(78), 민병두(78), 강홍구(78) 선배 등이 나타나 학내로 회군한다면서 3학년 2학기 내내 80학번 전체를 이리 붙였다 저리 붙였다 하면서 학내 조직을 체계적인 단일조직으로 만들었다.

4학년이 되었을 때 학내 단일조직은 이정현 선배의 지도로 안민재가 투쟁 센터를 맡고 강홍구 선배 지도로 나와 민병래, 기애란이 조직 파트를 맡았다.

성대 학생운동은 선배들의 지도와 안민재의 빼어난 투쟁 전술, 80학번 동기들의 헌신적 투쟁, 학내 조직의 강력한 대중동원력으로 시위할 때마다 큰 성과를 이루어냈다. 주요 대학(성대, 서울대, 연대, 고대) 연합지도부가 활약하면서 대학 간 연대 투쟁으로 확대되어 1983년 말 학원자율화라는 의미 있는 성과를 거두었고 구속되었던 모든 선후배 동기도 풀려나왔다.

원래 안민재, 나, 민병래, 기애란은 81학번 지도부가 형성되면 한 명만 남아 학내 조직을 지도하고 가두시위로 정리하려고 했으나 학원자율화로 의미가 없어져 노동현장에 투신하기로 하고 각자 뿔뿔이 흩어졌다.

워낙 조직 중심으로 활동했던지라 학생운동 부분처럼 노동운동 부분도 선배들의 지도로 단일한 체계로 활동하겠거니 기대했으나 나중에 보니 노선이나 뜻이 맞는 그룹별로 활동하는 것 같았다.

거의 모든 선후배 동기가 노동현장으로 들어가고 나도 방위를 다녀와서 김세현과 강제징집으로 군대를 다녀온 서강석, 백일석 등 열정적이고 훌륭한 친구들을 만나 반월공단에서 현장 취업을 준비했다.

1985년 어느 날 밤늦게 집에 들렀는데 최경환 선배(79)한테 전화가 왔다. "현수가 달렸어. 급히 보자"해서 나갔더니 현수가 학내 조직을 관리했는데 깃발 사건으로 달렸고 학내 조직과 연락이 안 되니 급히 조치를 취해야 한다는 것이었다.

어찌저찌해서 학내 조직하고 연결이 되자 당시 대학 간 연대조직과 학내 조직의 연결 포인트가 없으니 나보고 그 역할을 하라고 했다. 그래서 다시 학생운동에 관여하게 되었다.

1986년 초 생활론, 품성론을 앞세운 〈강철서신〉이 떴고 그 파괴력은 엄청났다. 학교 간 연대모임에 나가면 나날이 NL 주사파로 각 대학의 주도권이 넘어갔고 마지막으로 연대와 고대까지 넘어가면서 비주사파는 성대와 서울대 MT 그룹, 기타 PD 그룹만 남았다.

나는 1986년 중반 대학 간 연대조직과 학내 조직 연결 역할을 81학번들에게 넘기고 노동운동으로의 진출을 모색하던 중 미국으로 이민을 갔다가 돌아온 안민재의 소개로 석탑노동연구원의 장명국 원장을 만나게 되었다.

장명국 원장은 노동운동의 탁월한 리더였다.

나는 안민재, 이종무, 하근철, 남경우(서강대78), 김재갑(서울대), 박성희(서울대) 등과 여러 그룹을 규합해 성수동, 안양, 부천, 성남 등 수도권 노동운동 거점 구축에 나섰고 남봉우와 함께 성남 지역에 정착했다.

1980년대의 엄혹한 상황에 대한 분노와 사명감 때문이었는지, 그냥 올바른 길을 가고 있다는 관성적 태도였는지는 몰라도 나는 많은 우여곡절을 겪으면서 결국 학생운동을 거쳐 노동운동에 이르는 삶을 살았다.

운동을 하면서 가장 중요한 기준선은 아버지 시대의 실패를 반복하지 않는다는 것이었다. 사회적, 시대적 상황이 다르지만 세대를 이어 실패를 반복한다면 얼마나 후회가 되었을까?

데모하러 다니는 막내아들을 보며 아버지는 한 번도 반대하지 않으셨다. 그러나 고학년이 되었을 때 하루는 다 알고 계시다는 듯이 "네가 그 험난한 일을 감당할 수 있을까"라고 말씀하셨다. 그때도 적극적으로 반대하거나 말리지는 않으셨다.

성남에서 노동운동을 할 당시 일터자료연구실 사건으로 안기부에 끌려갔다. 아버지와 식구들은 바로 쫓아와 내 아들 내놓으라고 싸웠다. 그때 안기부 직원이 "아버님, 옛날처럼 세게 다루지 않으니 걱정하지 마세요" 하더라고 식구 중 한 명이 나중에 전해주었다. 아마 안기부라는 말에 옛날 생각이 나 막내아들한테 큰 문제가 생길까봐 쫓아오셨을 터였다.

1987년 민주화 대투쟁 이후 사회 분위기가 어느 정도 민주화되면서 아버지에 대한 사찰은 거의 사라졌고 아버지와 뉴스나 정치에 관해 대화하는 일이 많아졌다. 또 내가 운영하던 사회과학 서점 풀무질에도 자주 오셔서 문도 고쳐주고 여기저기 망치질도 해주시고 여러 책도 보시곤 했다. 특히, '한겨레신문' 창간에는 직접 주주로 참여하고 늘 탐독하면서 너무 기뻐하셨다.

1980년대 말 비전향장기수 석방이 한창일 때 장기수 어르신 3~4명이 아버지를 통해 한번 보자고 연락을 해왔다. 그때 같이 왔던 아버지 만화방(80학번 동기들 여럿이 오곤 했던) 옆옆집에서 문구점을 하던 어르신은 빨치산 활동을 하다가 18세에 잡혀서 수십 년 수형 생활을 했다고 한다. 그런데 서로 언제 어찌 연결되었는지는 모르겠다.

어르신들이 당시 상황을 몹시 궁금해하셔서 여러 시간 얘기했는데 충분했는지는 알 길이 없지만 아버지를 포함해 모든 분이 조국 통일에 강렬한 염원을 갖고 계셨다.

그때쯤 아버지와 여행이라도 하면서 더 많은 이야기를 나누었다면 어땠을까! 어쨌든 아버지는 많은 회한을 남긴 채 1993년 그렇게 가셨다. 조금 더 사셔서 김대중과 김정일의 정상회담도 보고, 남북 간 교류와 협력의 시대를 함께하셨으면 좋았을 텐데.

나의 아버지,
히로타

몇 해 전 2018년, 아버지 탄생 100주년을 맞이해 큰딸인 누님 조정행 감독이 고 조대훈 선생 100돌 생신 기념 다큐멘터리 〈나의 아버지, 히로타〉를 제작해 상영했다(유튜브로 볼 수 있다).

젊은 날 나를 적극적으로 지지해주고 필요한 모든 것을 후원했던 큰누님 조정행 감독은 어려서부터 영화광이더니 일산의 장성중학교를 교장으로 퇴임한 후 60대 중반에 영화감독으로 데뷔했다. 데뷔작은 〈방석〉이었고 이번 다큐멘터리 〈나의 아버지, 히로타〉가 두 번째 작품이다.

1950년생인 큰누님은 6·25전쟁 중에 태어났는데 아버지가 9·28 이후 사라져 가까운 분의 도움으로 어머니와 합천 해인사에 의탁해서 살았다 한다. 커서는 사범대학을 나와 고등학교 교사가 되어 어려운 집안에 정신적·경제적 중심 역할을 했다. 무엇보다 첫째라 그런지 아버지를 끔찍이 생각했다.

아버지에 대한 조각뿐인 기억과 단 하나의 기록도 남기지 못한 상황에서 아버지를 기억하고자 하는 조정행 감독의 노력에 힘입어 일제시대 독립운동의 삶, 해방 후 사회주의 활동, 6·25전쟁 당시 활동, 그 후 국가보안법 위반으로 인한 수형 생활 등 많은 조각이 맞춰졌으나 아직 창씨개명 이름, 릿쿄 대학 시절, 일본에서 독립운동의 내용 등 채워지지 않은 퍼즐들이 많이 남았다.

끊긴 철로가 이어지듯 아버지의 역사, 인생 스토리가 이어졌으면 하는 바람이 크다.

다큐멘터리 제작 당시 나는 현실 정치 활동으로 바쁘다는 핑계로 깊게 관여하지 못했다. 그럼에도 혼자서 아버지의 삶을 일본까지 오가며 추적해주신 누님께 경의를 표한다.

촬영을 도와주신 김정욱 감독님과 예기치 않게 큰 도움을 준 일본 구마모토가쿠엔 대학교수인 신명직 형, 성공회대 교수 친구 장영석에게 감사의 마음을 전한다.

아버지와 내가 젊을 적 바랐던 세상은 어디쯤 왔을까? 절반쯤이라도 왔을까? 그때 나누지 못한 이야기를 나눌 수 있었으면… 가끔… 아버지가 그립다.

사실 은밀한 개인사인데다 아버지와 당신의 삶에 대해 깊게 얘기한 적이 없는 철없는 막내아들이 기억을 소환해 글을 작성한다는 게 쉽지 않았다. 80학번의 문집을 발행한다는 민병래 작가의 거듭된 성화(?)와 이래저래 자주 보지 못하는 친구들 생각에 글을 썼다.

내 인생의 8할은
성균관대 선후배, 동기

김인봉
화학공학과

80학번 동기에게 비친 나는 조금은 특별한 존재이지 않을까 싶다. 1980년 우리 동기들을 끈끈하게 묶은 '병영집체훈련' 반대 투쟁 그 한가운데에서 느닷없이 계엄포고령 위반 1호로 구속되었으니 말이다.

나는 크게 특출난 활동을 한 것이 아니라 고향 대구에 내려가는 김에 우리 학우가 벌이는 투쟁을 알리고 싶어 유인물을 전달한 게 나라를 떠들썩하게 했으니 참으로 부끄럽고도 민망한 기억이다. 그럼에도 제대로 말하지 못한 채 살아왔다. 돌아보면 그것이 비록 하찮고 우연처럼 일어난 사건일 수도 있으나 나에게는 필연이었다고 생각한다. 그 일이 아니었더라면 별반 특별할 것 하나 없었을 인생 행로였을 테니까.

그럼에도 이 문집을 빌려 나를 설명해본다. 일종의 변명이랄까? 거칠고 날 선 말들을 쏟아내던 당시 나로 인해 상처받았을 벗들에게 내가 그때 왜 그랬는지 이해를 바라면서 용서를 구한다.

세상은 나에게 온통 깜깜함이었다

나는 남들보다 조금 환경이 불우했다. 그럼에도 생각은 많았던 듯하다. 초등학교 2~3학년 무렵 원효대사가 당나라로 유학 갈 때 해골에 담긴 물을 마시고 깨달음을 얻었다는 이야기를 보고 나는 변소에서 도시락을 먹어보리라 생각하고 실천에 옮겼다. 밥 먹는 게 소중한 시절이라 물론 다 먹었지만, 다시는 해보고 싶지 않은 경험이었다.

그런데 그렇게 생각 많고 엉뚱한 나를 돌봐줄 사람이 주위에 없었다. 소심한 아버지가 멀쩡히 다니던 회사를 그만두고 어머니가 이른바 무자격 미용사로 벌어놓은 돈을 가내 수공업을 한답시고 탕진했다. 드센 어머니는 아버지를 들볶았고 그 등쌀에 아버지는 딴살림을 차려 나가버렸다. 어머니는 나를 아버지와 계모에게 떠넘겼다.

갑자기 낯선 곳에 던져진 나는 '내가 왜 태어났나?'라는 의문에서 '사람이란 무엇인가?', '어떻게 살아야 하나?', '죽음만이 나의 선택인가?' 같은 문제와 씨름해갔다.

초등학교 때 교양독서운동을 했기에 고전을 읽었고, 우연히 굴러다니는 《가정대백과》에서 사서삼경을 접했다. 그러면서 '군자'라는 말을 알았고 사람은 군자가 되기 위해 노력해야 함을 알았다. 모든 일에서 "이게 군자의 길인가?"를 묻는 것이 내 삶의 잣대가 되었다.

일찍부터 이리저리 떠넘겨졌다가 혼자 살기도 했다. 그러니 당연히 학교도 다녔다가 말았다가 할 수밖에 없었다. 그렇게 누구 한 사람 관심 두는 이 없이 자랐던 터라 사회성 같은 것이 매우 부족했다. 그래서 처음 잡혀갔을 때 형사는 나를 이렇게 표현했다. '결손가정에서 불우하게 자라 사회에 불만을 품고….'

말 그대로 내가 원해서 태어난 것도 아닌데 왜 나는 이렇게 살아야 하나? 늘 혼자 생각하고 혼자 결정하는 외톨이였던 셈이다. 어린 시절 학교에 다니며 도화지 한 장을 사지 못해 짝이 그림 그리는 것을 도와주어야 했고, 육성회비를 내지 못해 한 달이나 복도에서 손들고 있어야 했다. 육성회비를 차일피일 미룬다고 담임은 생활기록부에 '거짓말을 잘함'이라고 적었다. 오죽하면 중학생이 되었는데도 인문계가 뭐고 실업계, 공고가 뭔지 몰랐을까? 이런저런 형편에 못 다닐 뻔하던 학교에 다닌 것만도 대견한 일인데 어느 날 나는 대구공고 기계과에 들어가 있었다. 용접 전담생(기능올림픽 훈련생)이 되면 학교에서 먹고 잘 수 있다길래 열심히 용접했다. 그렇게 세상은 나에게 온통 깜깜함이었다.

그런데 우리 학교 담장 너머 경북대학교에서 데모가 일어났다. 잇따라 김영삼 총재 제명사건이 벌어졌다. 우연히 시위를 따라다니면서 독한 최루탄을 마셨고, 잡혀가는 대학생을 보았다. 당시 뜬소문에는 중앙정보부에 잡혀가면 반 죽는다는데 무섭지도 않은가? 그런 생각이 들다가도 '아! 나도 대학생처럼 정의를 위해 살고 싶다. 이 불평등하고 불의한 세상에 한 번 깩소리라도 하고 죽어야지! 대학교에 가서 나도 한 번 외쳐봐야지!' 하는 결심을 했다. 결국 운동부 선수처럼 속칭 '빠따' 한 번 오지게 맞고는 전담생을 그만두었다. '피를 팔아서라도 대학을 보내주마!'라는 어머니의 말, '공장 가서 돈 벌어오라'는 아버지의 말이 어지럽게 뒤섞이던 고3, 5월이었다.

서울 가서
데모 한 번 하고 죽어야지

내 형편에 대학을 졸업한다는 꿈은 언감생심이었다. 그저 '서울 가서 데모 한 번은 하고 죽어야지' 하는 것 외에 다른 것은 안 보였다. 그것만 보고 가는 청맹과니였다. 예비고사 원서를 쓸 때 지망대학 지역을 서울과 강원, 제주로 적어 냈으나 오로지 서울에 가겠다는 결심뿐이었다. 데모 명문 고대를 지망했으나 똑 떨어지고, 돌아서는 길에 공대로 유명한 한양대 말고 데모로 유명한 데를 골라 성대에 지원했다.

기대했던 것처럼 입학하자마자 학교가 들썩였다. 군사훈련을 반대하는 용감한 데모가 벌어진 거였다. 고등학생 때 나는 힘들게 교련훈련을 해도 36개월 만기 전역을 해야 하는데 대학생은 한 학기에 몇 시간만 훈련해도 6개월이나 군대를 줄여주는 불평등한 세상에 엄

청나게 분노했다. 그 생각이 떠올라 더 열심히 참여했고 너무 열심히
참여하는 바람에 삐끗한 것 같기도 했다.

투쟁의 와중에 벗들을 만나고 다른 사람과 토론하는 것을 알
았다. 생전 처음 경험하는 대학생 문화와 대학생 친구들의 넉넉한 생
활에 '빈대' 붙어 나름 악명도 떨쳤다. 돼지갈비를 사준 선배도 기억
난다. 난생처음 먹어본 돼지갈비에 감탄하면서 친구와 선후배의 도
움으로 허위허위 서울살이를 살아냈다. 그때 넉넉한 웃음과 함께 담
배 한 개비를 건네던 최동과 이헌필을 기억한다.

계엄포고령 위반 1호와
벗들의 석방 투쟁

앞서 말한 사건으로 어쩌다 계엄포고령 위반 1호가 되어 경찰서, 보
안대, 군 검찰을 거치던 와중에 벗들의 석방 투쟁 덕분에 부총장님
이 오셔서 기소유예를 받았다. 그렇지만 50사단 군 검찰단에서 바로
영천 육군3사관학교 훈련장으로 가야 했다. 훈련받고 서울로 돌아와
서는 5월의 봄을 보내다 전두환의 쿠데타 날이 밝았을 때 교문 앞에
서 곤봉에 터지는 벗들을 뒤로하고 대구로 도망쳤다. 하지만 하루를
못 넘기고 동대문경찰서로 잡혀 왔다.

잡힐 때 맞은 것은 아무것도 아니었다. 갈비뼈가 부러지고 머리
가 터졌다는 이야기에 두려워 떨었는데 광주에서 심상치 않은 일이

일어났다는 풍문과 함께 경찰의 태도가 조금은 부드러워졌다.

영장 없이 체포 구금된 선배들과 동대문경찰서에서 40일을 지내면서 참으로 세상을 많이 배운 것 같다. 사회과학적 인식이라는 것을 비로소 시작하게 되었다. 돌아가신 김수길 선배에게서 "아무리 유신교육을 해도 너 같은 생각을 하는 애가 생기지 않느냐. 세뇌교육이 이루어져도 올바른 생각은 막을 수 없다!"라는 말씀을 들었고 《전환시대의 논리》 등을 이곳에서 배웠다.

훈방되고 외톨이 속성은 어디 안 가서 휴교령 기간 내내 선배들을 만나기는 했으나 유령처럼 떠돌기만 했다. 이제는 맨날 경찰이 감시하는 대학 생활은 그만둬야 하지 않나? 캄캄했다. 그렇지만 그 와중에도 자연스럽게 사회과학적 인식은 깊어졌고, 전두환 일당의 광주학살 만행 사실을 알고는 분노가 폭력에 대한 두려움을 넘어 내 영혼을 지배했다. 아마 내 청춘은 이때 끝났는지 모르겠다.

내가 1학년 때 잡혀가는 바람에 벗들과 체계적으로 학습을 못 해보고 조직적인 투쟁도 못 했다. 그래서 얼른 감옥 갔다 와서 기층민중운동을 해야지 생각했다. 감옥에 가지 않으면 세상과 타협해 달콤한 기득권자가 되어 살아갈 것 같았다. 그때 78학번 선배가 "양희은이 출연하는 학교 방송제 때에 D를 치는데 함께하겠느냐"라고 해, 하겠다고 답했는데 시위는 불발되었다. 줄담배만 줄창 피워대던 초조한 시간이 지나고 어떻게 알았는지 며칠 뒤 동대문경찰서 김의풍에게 붙들려가 경찰서 지하에서 몽둥이로 맞았다. 폭력 뒤에 프락치가 되라는 제안이 있었음을 선배에게 고백하고 고향 대구로 튀었다.

고민 끝에 제대로 못 한 학생운동을 다시 해보고 싶어서 공부하는데 동기 윤○○이 같이 구로공단 경동산업에 들어가자고 제안했다. 구로동으로 올라가 면접 보러 가려던 날 아침 선라이트(플라스틱)로 된 지붕을 뚫고 들어온 경찰에 연행되었다. 이게 1981년 신군부 정권이 학생운동 조직을 반국가단체로 몰아 처벌한 공안사건인 학림사건이었다. 나는 재수생이고 친구 집에 놀러온 거라고 해서 파출소에서 빠져나왔으나 윤○○은 학림 조직도에 있어서 못 나왔다.

그날로 도망쳐 78학번 윤부철 선배가 일하던 민중문화사에서 밥을 얻어먹고 지냈다. 얼마 후 우리 함께 정리하는 게 어떻겠냐는 윤부철 선배의 제안에 한 번도 가보지 않은 율전캠퍼스(자연과학캠퍼스)에 가서 1981년 10월 6일 광중이와 함께 학내 시위를 주도하고 감옥으로 걸어 들어갔다.

이 시위가 다음 날 있을 명륜동의 10·7의 시선을 돌리기 위한 것임은 몰랐지만 데모는 무조건 해야 하고 감옥에 갔다 와야 내가 흔들리지 않지 싶어서 주저 없이 응했다. 그때 그 시위는 율전 동기들이 잘 몰랐고 율전 조직과의 연계도 부족했다. 순전히 개인사적이었다.

유인물도 썼는데 살인마 전두환에 대한 분노만 터뜨리면 되는 줄 알았다. 라이터 기름 세 통을 사 옥상에서 내 몸에 뿌리고 1시간을 버텼다. 음치라 투쟁가도 못 불러 제대로 선동을 못 했다.

그렇게 감옥에 들어갔고 동대문경찰서에 있을 때도 그랬지만 감옥에서도 가난한 내게 누가 찾아오지 않을 줄 알았는데 함동구 선배가 많이 챙겨주었다.

감옥 가기 전, 명륜동과 율전을 나누어서 생각하지 않았는데 시위하고 감옥 갔다 온 뒤부터는 주로 율전 동기들과 조직적 움직임을 같이하게 되었다. '인식과 전망'이라는 팸플릿을 공유하며 동기들과 '혁명'을 이야기했다. 삶도 함께했다. 종덕이를 포함해 다른 율전 동기와 안양에서 자취하면서 현장에 들어가 같이 벌고 함께 썼다. 이때가 '화양연화' 시절이었다. '함께' 산다는 것을 실천적으로 가장 많이, 가장 길게 고민하던 시절로 같이 논의하면서 삶의 원칙을 세워갔다. 월급을 얼마 받건 공동으로 쓰자든지, 어떻게 활동하자, 연애는 어떻게 결혼은 어떻게에 이르기까지 참으로 많은 대화를 한 듯하다. 특히 엄주범, 진세욱, 권호와 함께 놀기도 열심히 놀았다. 치열한 '사상투쟁'의 격류와 '사회주의의 몰락'에 휩쓸려가면서도 우리는 의문을 품는 것을 잊지 않았고 많은 이야기를 나누었다.

배움만이 보배 아닌
성균관대학

이렇게 성대를 통해 만난 인연이 내 삶을 세웠다. '배움만이 보배 아닌 성균관대학'이라는 교가가 정말 마음에 들어 가슴속 자부심으로 간직하고 있는 학교와 1980년대 엄혹한 시기에 두려움 없이 투쟁에 나섰던 동기들을 언제나 자랑스럽게 생각하면서 그 자긍심을 잊지 않고 살아가려고 애쓰고 있다.

진흙 속에서 피어나는
연꽃처럼

안성대

전자공학과

지금도 나는 개 짖는 소리를 무척 싫어한다. 마당의 개가 유독 심하게 짖는 날은 바로 빚쟁이들이 찾아온 날이기 때문이다. 낯선 사람이 왔어도 개가 조용히 있는 날은 개장수가 온 날뿐이다.

국민학교 시절 빚쟁이들은 보통 직접 찾아와서 돈을 받을 때까지 방에 드러누웠다. 그런데 희한하게도 우리 집에 찾아온 빚쟁이들은 오히려 반찬거리 같은 것을 사주고는 빈손으로 이내 돌아가곤 했다.

국민학교 시절 기성회비를 제때 못 내던 것은 중학교에 올라가면서 더욱 심해졌다. 도시락 반찬을 못 싸가는 날도 생기고 아예 도시락 자체를 못 싸가는 날도 종종 있었다. 내성적이고 은근히 자존심이 강했던 나는 점심시간이 되면 친구들이 알아채기 전에 운동장 옆 수돗가로 나가 옛날 영화의 주인공이 흔히 펼치는 한 장면을 연출하곤 했다.

중3 때 담임선생님은 나에게 날 선 말을 서슴없이 수시로 던졌다. "등록금을 안 내고 졸업해버리면 내가 사비로 물어내야 하니 너 같은 놈들은 일찌감치 잘라야 한다." "너희 집 형편에 실업계나 갈 것이지 무슨 인문계를 가나!" 그런 차가운 충고를 뒤로하고 나는 인문계를 고집했고 뺑뺑이로 들어간 곳은 당시 종로 5가에 있어서 공동학군에 속했던 불교종립학교인 동국대사범대부속고등학교였다.

고등학교에 올라가서도 여전히 가정형편은 나아지지 않았으나 선생님들은 등록금이 늦어져도 조용히 교무실로 불러서 이렇게 말씀해주시곤 했다. "성대야, 등록금이 많이 늦어졌는데 이건 부모님께서 처리하셔야 할 문제이니 너는 신경 쓰지 말고 공부나 더욱 열심히 하고 어쨌든 부모님께 말씀은 드리거라." 그 따뜻한 마음과 일주일에 1시간씩 배우는 불교 교리가 자칫 방황할 수 있는 나에게 많은 심리적 안정감을 주었다.

잠 못 드는 사람에게 밤은 길고, 피곤한 나그네에게 길은 멀 듯이 진리를 모르는 어리석은 사람에게 생사의 밤길은 길고 멀어라. 무엇을 웃고 무엇을 기뻐하랴. 세상은 쉼 없이 타고 있는데 그대들 어둠 속에 덮여 있구나. 어찌하여 등불을 찾지 않느냐?

여전히 생생히 기억나는 《법구경》의 일부이다.

불행인지 다행인지 할 수 있는 것이 그나마 공부밖에 없는 여건 속에서 수많은 우여곡절 끝에 드디어 성대의 안성대가 되었다!

인연은
또 다른 인연을 낳고

대학에 입학하자마자 제일 먼저 한 일은 불교학생회인 성불회 가입이었다. 다양한 과 출신의 선배들이 있었는데 주로 친목을 도모하는 수준이라 시국과 관련된 토론은 자제하는 분위기여서 급박하게 돌아가는 학내외 상황과는 동떨어져 있었다. 학기 초에 벌어진 자연과학대 율전 이전 반대시위와 문무대 입소 반대시위 참여 여부는 각자의 결정에 맡겨두었다. 당시 정치·사회와 관련해 아무런 비판 의식이 없던 나로서는 시위하는 것이 이해가 되지 않았다. 그렇지만 입소 반대로 철야농성을 하는 다른 학생들을 보면서 뭔가 이유가 있으니까 그럴 테니 한번 알아나 보자는 생각으로 여러 선배에게 의견을 구해보았다. 하지만 이렇다 할 성과 없이 1차는 건너뛰고 2차 때 입소하게 되었다.

이것이 나중에 내 인생을 바꾸는 전환점이 될 줄이야.

전두환 일당에 의한 5·17쿠데타로 휴교령이 내려지고 다시 등교할 때까지 주로 중학교 동창과 만났다. 2학기에 들어서면서 79학번 허○○ 형이 조계사에서 모임을 갖던 전국대학생불교연합회에 가보라고 권유해서 나갔다. 그곳에서 만난 여러 학교 출신의 사람들과 동대문 묘각사에서 하는 노동자 대상 야학에 참여하면서 불교 공부와 더불어 비로소 사회과학 공부를 병행하게 되었다. 처음에는 검정고시를 준비하는 야학으로 시작했으나 점차 성격을 노동야학으로 변화시키면서 노동법 강의를 맡았다. 말이 노동법 강의이지 나도 처음 접하는 법인지라 한자어로 된 것을 좀 더 이해하기 쉬운 우리말로 바꿔서 해석해주는 데 불과했다. 하지만 1981년 겨울의 어느 날, 야학과 연루된 선배들이 운영하던 사무실이 경찰에 털리고 선배들이 잡혀들어가면서 더 이상 절에서 야학을 계속할 수 없는 상황이 되었다. 이것이 내가 본격적으로 학내 활동에 전념할 수 있는 계기가 되었다.

그때 지금도 잊을 수 없는 큰 도움을 받기도 했다. 나는 부모님과 큰형이 거의 동시에 사기를 당해 거리로 나앉게 되면서 1982년 3학년 1학기 등록을 포기할 수밖에 없었다. 그런데 그 소식을 들은 선후배들이 팔을 걷어붙였다. 조직이 와해되다시피 했음에도 묘각사 후배들을 중심으로 용돈과 세뱃돈을 모아 내 등록금을 내주려는 움직임이 일어나자 동료와 선배들도 나서주었다. 특히 79학번 허○○ 형은 기념주화까지 팔았다. 그렇게 내 등록금이 모두 마련되어서 학내 활동을 이어갈 수 있었다.

학외에서 활동하던 내가 처음으로 학내와 연결된 것은 1981년 가을 무렵 누가 나를 만나고 싶어 한다는 전갈을 받으면서였다. 누가 무엇 때문에 나를 찾을까 궁금해하면서 명륜당에서 만난 사람들이 바로 79학번 서○○ 형과 허○○ 형이었다. 둘은 주변을 살피며 조심스럽게 다가와 사회과학 공부는 하고 있는지, 학내에서 같이 활동할 생각은 없는지를 물었다. 그러면서 자연과학캠퍼스에서도 운동 기반을 마련해 나갈 필요성이 있음을 강조했다. 학내 활동의 필요성을 점차 느꼈을 뿐 아니라 야학에서는 불교 공부와 사회과학 공부를 병행했기에 오로지 사회과학 공부만 하는 사람들보다 공부량이 적을 수밖에 없어서 항상 사회과학 공부에 대한 갈증을 느꼈던 터였다. 그래서 스터디에 합류하기로 마음먹었고 마침내 동기인 엄○○과 조○○을 만났다. 이후 여러 차례 만나고 나서 도대체 어떻게 나를 찾아온 것인지 물으니 문무대 입소를 2차와 3차로 간 사람들을 한 명씩 차례대로 만나 의사 타진을 해보았다는 답변을 들었다.

큰 키와 멋진 체격으로 금방 눈에 띄는 엄○○은 주로 바바리코트를 폼 나게 걸치고 다녔는데 토론 주제도 열심히 준비해왔지만 이 외에도 자기가 공부한 것을 특유의 큰 목소리로 열심히 설명하는 것을 즐겨 했다. 그는 누구보다도 원칙적이면서도 나름 객관적인 입장을 견지해 비록 동기였지만 배울 점이 많았다.

조○○은 자칫 심각할 수도 있는 분위기를 항상 밝게 만드는 분위기 메이커였다. 나름 다양한 연애 경험을 스스럼없이 얘기해서 연애 경험이 거의 없는 동료, 선배들을 기죽이곤 했지만 토론할 때는 확실한 자기 관점을 갖고 논쟁을 벌이곤 했다.

1982년 봄, 개강하자마자 학생운동 탄압의 일환으로 학생과에서는 갑자기 명륜, 율전캠퍼스 중 한 곳에서만 서클룸을 쓸 수 있도록 하겠다는 1서클 1룸 정책을 들고나왔다. 당시만 하더라도 서클 활동이 주로 명륜캠에서 이루어졌지만 캠퍼스 분리가 돌이킬 수 없는 사실이 되어가는 상황에서 우리로서는 율전캠에서도 운동 조직이 자체 재생산되도록 해야 했고 그래서 여러 언더조직의 활동공간인 서클룸이 더더욱 절실한 상황이었다. 이에 명륜동 쪽과 물밑 합의

하에 나는 인간교육연구회로 들어가 율전에서 서클룸을 따내기 위한 오픈 활동을 하는 역할을 맡았다. 당시 대부분의 서클은 여차하면 명륜캠에 가서 활동하면 된다는 생각들을 가졌기에 서클룸을 따로 배정받기 위한 노력을 거의 기울이지 않았다. 하지만 서클룸은 중요했다. 그런데 서클룸을 배정받기 위해서는 율전 쪽 서클 대표의 신청이 있어야 해 나름 어느 정도 의식이 있을 만한 서클 대표를 일일이 찾아다니며 서클룸 확보를 위해 나서줄 것을 끈질기게 설득했다. 그러면서 학생과 직원들과 싸운 결과 마침내 1서클 1룸 정책이 취소되면서 모든 그룹이 서클룸 확보를 통해 안정적인 재생산구조를 갖추었다. 하지만 이 일로 학생과의 주목을 받았고 곧이어 급격한 존재 변화를 겪게 되었다.

1982년 10월 5일, 햇볕 따스한 화창한 날에 79학번 조원민, 홍순주, 80학번 황용훈의 시위가 학생회관 앞에서 시작되었다. 1981년 10월에 78학번 윤부철, 79학번 김형기, 80학번 김인봉, 80학번 김광중이 율전에서 처음 한 후, 두 번째로 이루어진 시위였다. 나름 율전에서도 재생산구조가 갖춰져감을 보여주는 한층 규모가 커진 시위여서 내심 뿌듯했다.

하지만 시위 다음 날 저녁, 나는 성불회 서클룸에서 사복형사 2명에게 연행되어 조사를 받고 즉심에서 구류 15일을 받았다. 그러고 나오니 자진 휴학을 하지 않으면 퇴학시키겠다는 강요를 받아 일단은 휴학하겠다고 하고는 바로 시위 준비에 들어갔다. 나와 80학번 유인선, 81학번 최성중이 한 팀이 되었는데, 계획에 없던 시위인지라 남는 사람들의 피해를 최소화하기 위해 간단히 끝내기로 했다.

나는 학생회관 2층 도서관에서 《성문기초영문법》책을 펼치고 주변 사람을 살피고 있는 사복전경들을 지나쳐 옥상 벽을 넘어 튀어나온 삼각형 모양의 창틀 위로 뛰어내렸다. 다행히 내 몸무게를 지탱해주었고, 보기보다 높았으나 맞은편 건물에서 놀란 눈으로 뛰어나오는 후배의 두 눈망울이 생생하게 보였다. 이 시위는 결국 주동자 3명만 구속되는 것으로 끝났고, 나는 항소심에서 1년 6월을 받고 1년 1개월여를 산 후 1983년 12월 23일에 특별사면으로 풀려났다.

노동으로 끝난
노동운동

출소 후 바로 노동현장으로 들어가려던 계획은 뜻밖의 복학 투쟁이라는 변수를 만나 지체되었다. 복투를 마무리 짓자 나와 김○○, 정○○, 엄○○, 진○○, 한○○ 총 6명은 처음에는 부천 지역을 물색하다가 이내 안양, 명학 지구로 활동 방향을 바꿔 방 2개를 얻어서 3명씩 나누어 생활을 시작했다.

나는 흔히 마찌꼬바라고 불리는, 소화기를 만드는 아주 작은 공장에 취직했다. 잔업을 포함해 오전 9시부터 오후 10시까지 하루 종일 망치질만 해서 손목이 항상 시큰거렸다. 일당 4,000원에 잔업 포함 월급을 15만 원 정도 받았는데 월급이 종종 밀리더니 결국 문을 닫았다. 그래도 처음으로 현장 경험을 하게 해준 뜻깊은 곳이었다.

두 번째로 다닌 곳은 근처에 있던 전자제품 케이스를 만드는 곳이었다. 용접, 프레스, 샤링(철판 절단)을 번갈아가면서 해야 해서 여러 기계 사용법을 배울 수 있었다. 점차 공장 사람들을 사귀어 갔지만 규모가 너무 작은 탓에 활동에는 한계가 있었다. 그러던 중에 명학역 주변에서 나름 큰 회사인 만도기계에서 모처럼 신입사원을 모집한다는 이야기를 듣고 형의 이력서를 대신 내고 현장 작업 테스트까지 봤는데 아쉽게도 탈락하고 말았다.

시간이 지나면서 기술이 쌓이니 공장 내에서 대인관계도 더 넓어졌다. 공장에서는 기술이 없으면 말발이 전혀 서지 않았고 기술자가 되어야 지인 추천을 받아 회사를 옮기기도 쉬웠다. 그렇게 해서 새로 옮긴 공장에는 20여 명의 직원이 있었다. 여러 제품을 소량 생산했는데 프레스를 주로 다루면서 판금을 했다. 소량 생산이다 보니 제품마다 금형을 따로 만들 수가 없어서 각자가 알아서 기존에 있던 금형을 변형시켜 필요한 물건을 만들어냈다. 사실 나는 고지식한 면이 있고 융통성이 좀 부족했는데 판금 일을 하면서부터는 일뿐 아니라 사고에서도 융통성을 발휘하는 것을 배우게 되었다. 결국 나에게 소중한 경험이 되었다.

이 공장에 다니면서 1986년 6월 15일 82학번 후배인 이성희와 드디어 결혼도 했다. 하지만 공장 사람들에게는 알릴 수가 없었다. 신혼 시기였지만 처도 현장 준비를 하느라 잦은 세미나와 합숙 등으로 얼굴 보기가 쉽지 않았다. 그러던 1986년 10월 4일, 포도원 유한

양행 앞에서 벌어진 시위에 공장 친구를 데리고 갔다가 퇴로가 막히는 바람에 또다시 구속의 길로 들어섰다. 캄캄한 어둠 속에서 산길을 헤쳐가다가 포위한 전경에게 잡혀서 산 아래로 끌려 내려와 대기하고 있던 닭장차에 오르는 순간 이미 잡혀 와 있던 처와 눈이 마주쳤다. 순간 정신이 멍해졌다. 그래도 당신은 별 탈 없이 빠져나갔기를 바랐는데…. 이 일로 나는 징역 6월을 받았지만 처는 집행유예 기간 중이라 징역 10월을 받았다. 그렇게 우리의 신혼 시절은 지나갔다.

1987년 4월 출소하니 상황이 많이 달라져 있었다. 동기들은 뿔뿔이 흩어져 연락이 잘되지 않았고 어떻게 현장 활동을 해나갈 것인가에 대한 방향성을 오로지 나 혼자 결정해야 했다. 생계를 위해서 일단 취직부터 해야 했다. 다행히 전에 다니던 공장 형의 소개로 기아 자동차 하청 공장에 들어갔다. 같은 프레스 기계라도 전자 부품을 만드는 기계와 자동차 부품을 만드는 기계는 크기부터 엄청난 차이가 났다. 자동차 문짝을 만드는 기계는 웬만한 방 하나 크기이기에 2인 1조로 작업해야 했다. 시간이 흘러 다른 학교 출신의 활동가들도 들어오기 시작했다. 견습공도 있고 숙련공도 있었다. 나는 사실 이 사람들을 다 알아챘는데 이들은 내 존재를 전혀 파악하지 못하고 있다가 공장 현안과 관련된 모임에서 알고는 무척 당황해했다. 공장 규모가 아주 큰 것은 아니고 활동가 중에 확실한 기술을 가진 사람이 없어서 현장 사람들과의 관계에서 중심이 되지 못하는 상황이어서 노조 결성으로까지 나아가기가 쉽지 않았다. 그런 상황에서 이와 비슷한 고민을 하는 사람들이 지역노조를 결성하려는 움직임이 나오게 되었다. 희망을 갖고 파업하는 공장이 생겼을 때 공장 사람들과 함께 지원 농성을 가기도 했지만 확실한 구심체가 없어서인지 지역노조 결성은 점차 흐지부지되었다. 반면에 규모가 큰 회사들에서는 노동조합 결성이 활발해졌는데 큰 회사에 취직하기가 곤란한 처지라 계속 고민이 되었다.

그러다 1989년 10월, 첫째 아이가 태어났다. 항상 빠듯한 생활이었지만 노동현장에 계속 몸담으려고 노력했으나 결국 또 다른 노력 부족으로 내 삶을 노동운동으로 승화시키지 못한 채 현장 활동을 마감하게 되었다.

현상과 본질, 우연과 필연 그리고…

지금은 학원에서 수학을 가르치고 있다. 고맙게도 아이들이 여전히 내 수업을 반겨준다. 아이들과 학부모 모두 내 나이를 모르는데 립서비스이겠지만 이따금씩 50세 전후로 추정해주기도 한다. 내 수업 명칭은 '본질수학'이다. 우리가 푸는 수많은 문제는 겉모습만 다른 '현상'이고 그 속에 숨은 '본질'을 파악해야 문제에 아주 쉽게 접근할 수 있다. 수학 문제도 이 접근방식을 가지고 푸는 것을 추구하기에 붙인 명칭이다.

이 용어야말로 학생운동 공부를 하면서 배운 것이다. 나는 학생운동에 몸담음으로써 많은 것을 얻었다. 그중에서도 다른 무엇과도 비교할 수 없는 것이 바로 변함없는 믿음직한 반려자를 얻은 것이다. 전혀 모르는 사이임에도 빵바라지를 자처하고, 경제적으로 남달리 어려운 형편임을 잘 알면서도 주저 없이 동반자가 되어 지금까지도 나보다 나를 더 챙겨주는 소중한 사람이다. 누구나 그럴 수 있겠지만 우리 두 사람은 중간에 사소한 어느 하나라도 다른 상황이 벌어졌으면 정말이지 도저히 만날 수 없는 인연이었다. 그런데 결국 이렇게 만나서 긴 동행을 이어왔고 앞으로도 계속 이어갈 것이다.

우리의 삶은 마치 수많은 우연이 모여 하나의 필연이 되고, 이 필연이 다시 하나의 우연이 되어 다른 수많은 필연을 내포한 우연과 엮여서 또 다른 필연으로 나아가는 과정의 연속이었던 것 같다.

우리 부부뿐 아니라 주변의 다른 모든 사람과의 관계 또한 이러할진데 부디 모두가 좋은 인연들로 엮여나가길 바란다.

치열했던 기억을 뒤로하고
인생 2막의 출발점에 서서

원유미
의상학과

나는 평범한 가정에서 태어나 자랐다. 직장 생활을 할 때, 내가 학창 시절에 시위를 주도해서 감옥에 갔다 왔다고 하면, 주변에서 모두 깜짝 놀랐다.

1983년 시위 주동으로 서울구치소에 갇혔을 때는 국가안전기획부(지금의 국가정보원) 직원 둘이 나를 연구하러 오기도 했다. 중산층의 화목한 가정에서 자란 학생이 왜 시위를 주도했는지 궁금했다고 했다.

나는 나약하고 여린 편이어서, 이모들은 내가 어릴 때 매일 울기만 했다고 기억한다. 시간이 흘러 그 어린 아이는 자라서 1980년 성대 의상학과에 입학했다. 대학 입시의 굴레에서 벗어난 나는 그야말로 자유로운 생활을 마음껏 누릴 작정이었다.

두 발로 서기
그러나 너무 '나이브한' 신입생

대학 생활을 시작한 첫날, 문과대 앞을 지나는데 도산연구회 신입회원 모집 책상이 눈에 띄었다. 나는 우리 사회의 이면에 호기심이 많았다. 가끔 우리 집에 들렀던 외삼촌들의 대화를 들으며 생겼던 호기심이었다. 대학에서 그 갈증을 풀고 싶었다. 그래서 대학에 합격한 후, 1년 먼저 성대에 입학한 오빠에게 "성대에서 제일 센 이념서클(동아리)이 어디야?"라고 물어보았다. 오빠가 "동양사상연구회와 도산연구회"라고 얘기해주었는데, 그 도산연구회를 맞닥뜨리게 되어 나는 주저 없이 도산연구회 책상 앞으로 갔다.

그때 79학번 강순희 선배와 최경환 선배가 오가는 신입생에게 가입을 권유하고 있었다. 그런데 나는 안 보이는 걸까? 손사래를 치는 신입생들에게는 적극 권유하면서 정작 책상 앞에 서 있는 내게는 눈길조차 주지 않았다. 옷차림 때문이었을까? 그때 나는 아버지가 대학 입학 기념으로 명동에 있는 의상실에서 맞춰주신 원피스를 입고 있었다.

참다못해 내가 먼저 말을 걸었다. "서클에 가입하려고 하는데요…" 두 선배는 그제야 설마 하는 표정으로 나를 쳐다보았다. "도산연구회에 가입하려고요?" "네."

강 선배가 미심쩍어하며 회원 가입서를 내게 펼쳐 보였다.

나는 평생 '범생이' 꼬리표를 달고 다니는 사람이다. 회원 가입서도 모든 칸을 채워야 한다고 생각했다. 가입 목적란부터 써나갔다.

'가입 목적-우리 사회의 이면을 파악하기 위해.' 진실로 그 욕구가 강했다. 그제야 두 선배는 '어라?' 하는 눈치였다. 그렇게 대학 입학식 다음 날 흥사단 아카데미 도산연구회에 가입했다.

서클의 첫 스터디 날, 기대에 차 참석했고 뒤풀이에서는 나름 비장의 무기라고 준비한 〈작은 연못〉을 불렀다. 그런데 앞에 앉은 선배가 "왜 그렇게 '나이브'하냐"라고 핀잔을 주었다. 억울하다는 생각이 들었으나 받아들일 수밖에 없었다. 마음을 단단히 단속해야 하는 시대라고 했다. 그때는 그 말을 제대로 이해하지 못했지만, 곧 그 말의 의미를 알 수 있는 상황이 다가왔다.

대학에 입학한 지 불과 두 달 보름 만에 학교가 문을 닫았다. 1980년 5·17쿠데타로 비상계엄이 전국으로 확대되며 대학은 휴교에 들어갔다. 굳게 닫힌 교문 사이로 보이던 무장한 군인과 장갑차의 모습이 아직도 생생하다. 텅 빈 학교에 총을 든 군인과 장갑차만 있는 풍경이라니….

그때 광주에서는 민주화를 요구하는 시민의 항쟁이 일어났다. 전두환 내란 세력은 공수부대를 동원해서 시민을 무차별 진압했다. 진압 과정에서 벌어졌던 살상의 장면이 입에서 입으로 전해졌고 '어두운 죽음의 시대'를 맞이했다.

그해 6월인지 7월인지, 휴교령 때문에 만나지 못한 서클 멤버 10여 명이 모였다. 근황이나 나누자는 자리였다. 북한산 아래 공터에 둘러앉아 이야기를 시작하려는데 수십 명의 경찰이 나타났다. 수상

한 사람들이 모여 있다는 등산객의 신고에 출동한 것이었다. 우리는 전원 경찰서로 연행되어 1박 2일 동안 조사를 받았다. 대학에 입학한 지 반년도 안 되었을 때였다. 그렇게 경찰들과의 악연이 시작되었다.

휴교령이 해제되고 학교에 오갈 수 있게 되자, 서클 스터디가 활발해졌다. 전두환 쿠데타와 광주항쟁의 실상 등 '우리 사회의 이면을 파악'할 수 있었다. 속성으로 일본어를 배워《아시아 아프리카 연구 입문》,《자본주의 경제의 구조와 발전》등 일본어로 된 자본주의 연구 입문서도 읽었다. 그렇게 대학에서 1년을 보냈다. '나이브한' 대학 신입생이 감당하기에는 벅찬 나날이었다. 2학년에 올라가며 나는 서클 활동을 포기했다.

'대학의 낭만'을 즐기며 맘껏 놀아보자는 심산이었다. 처음으로 미팅하고, 괜찮은 술집에서 술을 마시고, 친구들과 함께 고고장에도 갔다. 그렇게 한 학기가 지나갔다. 서클 활동을 하지 않으면 맘껏 즐길 수 있고 행복할 줄 알았다. 그런데 그게 아니었다. 근사한 레스토랑에 가고 나이트클럽에 가며 즐겼으나, 내가 있을 곳이 아니라는 생각이 들었다. 가슴은 구멍이 뚫린 듯 공허했고, 의미 없는 삶이라는 생각이 들었다.

나는 2학년 2학기에 서클 활동과 단과대 활동을 다시 시작하며 운동권 학생이 되었다. 이후 다시는 '가지 않은 길'에 대한 미련이 생기지 않았다. 나를 가두고 있던 알을 깨고 나온 새처럼 한 길을 향해 날아갔다.

학생운동가, 노동운동가로
치열했던 젊은 날

돌아보면, 나의 20대는 폭풍 같은 시기였다. 우리 사회의 민주화와 노동 인권 신장을 위해 온 힘을 다한 시기였다. 1980년 입학 직후 경험한 계엄 상황은 엄청난 충격이었다. 광주에서 신군부가 시민들을 잔혹하게 살상했다는 소식에 우리는 가만히 보고 있을 수 없었다.

1983년 5월 23일, 우리는 전국 대학 최초로 여학생만으로 시위팀을 구성해서 시위를 이끌었다. 김희순, 고미경, 오경희, 조해정, 윤인숙 그리고 나.

희순이가 경상대 앞에서 유인물을 뿌리며 시위가 시작되었다. 미경이와 경희는 교수회관 옥상에서, 해정이는 대학원 뒤쪽에서, 그리고 인숙이가 법대 앞에서 시위를 주도하다 사복경찰에 양손, 양다리가 들려서 끌려갔다. 한 명 한 명 끌려갈 때마다 지켜보던 학생들이 흥분해서 시위가 매우 격렬해졌다.

나는 맨 마지막 주자였다. 고3 때까지 달리기 시합에서 항상 1등이었고 반 대표 릴레이 선수였기에, 나는 빠른 다리를 이용해 어떻게든 잡히지 않고 다음 날까지 시위를 주도하기로 했다. 나중에 알게 된 사실이지만, 5월 25일에도 대규모 인원이 시위를 준비하고 있었다 (5·25팀). 그렇게 일주일 내내 시위하며 광주항쟁을 성대하게 기념하자는 계획이었던 듯했다.

이윽고 내 차례가 되었다. 5월 23일 오후 늦게, 나는 세운상가 인근 아세아극장(현재 아세아 전자상가) 앞에서 미리 모여 있던 인파를 향해 유인물을 뿌리며 시위를 주도했다. 가두 투쟁이었다. 잡히지 않고 하루를 보낸 뒤 5월 24일 다시 학교로 갔다. 이미 내가 주동이라는 것이 알려졌으니 숨을 곳이 필요했다. 나는 허를 찌르자는 생각으로 평소 친분이 있던 교수인 선배의 연구실로 숨어들었다. 꽤 긴 시간을 거기서 대기했다.

선배는 담배를 연거푸 피우며 탄식했다. "꼭 이 길을 가야겠니?" 시위를 주도하다 잡혀가면 구속, 제적 등이 기다리고 있다는 것을 잘 아는 터여서, 선배는 안타까운 마음으로 말했다. 안전하게 숨을 곳이 필요해 어쩔 수 없었지만 내가 그 선배의 생명을 몇 년은 앞당기지 않았을까, 늘 마음 한편이 죄송스러웠다.

드디어 시간이 되었다. 나는 중앙도서관 3층으로 올라갔다. 도서관 안에 있던 300여 명의 학우 앞에서 '광주의 피 보상하라'는 제하의 유인물을 낭독하고 노래를 선창했다. 곧 사복경찰 수십 명이 들이닥쳤다. 그들은 나를 분풀이하듯 무자비하게 잡아끌고 갔다. 우리 시위팀이 이틀이나 시위를 주도한 것을 막지 못해 화가 났던 것이었다. 이 시위로 나는 구속되어 감옥에 갇혔고, 학교에서 제적되었다.

1986년 말 나는 노동운동을 하고자 인천으로 가 부평에 있는 태연물산에 취업했다. 전자 완구를 만드는 공장이었다. 대졸 학력으로는 공장 노동자로 취업할 수 없어서 부득이하게 타인의 주민등록증을 이용했다. 태연물산에는 노동자가 150명 정도 되었는데, 대부분 젊은 여성이었다. 하루 11시간씩 쉼 없이 돌아가는 컨베이어 벨트 앞에 앉아 노동을 했으나 월급은 최저생계비에도 못 미쳤다.

1987년 7월 27일, 태연물산 노동자 43명이 노동조합을 설립하고 인천시청에 설립신고서를 제출했다. 인천 지역의 여성사업장에서 설립한 최초의 노동조합이었다. 인천 시내의 조그만 음식점에 모여 노동조합법을 들고 한 글자 한 글자 소리 내어 함께 읽으며 노동조합을 결성했을 때, 우리는 부둥켜안고 기쁨의 눈물을 흘렸다.

그런데 노조 결성 사실이 알려지자, 회사 측은 노조 파괴를 시도했다. 노조 집회에 칼을 들고 와 위협하는 등 온갖 방해 공작을 일삼으며 한편으로는 어용노조 결성을 추진했다. 나는 분노한 조합원들과 함께 민주노조를 사수하겠다는 결의를 다지고, 3층 사무실을 점거해 '민주노조 만세'가 적힌 현수막을 내걸고 농성을 시작했다. 그러나 5분 만에 회사 측 구사대가 문을 부수고 들어왔다. 그들은 조합원들을 무차별 폭행하며 지하실로 끌고 갔다. 사장의 조카인 모 과장이 내 멱살을 잡았는데, 그 순간 '뚝' 하고 목걸이가 끊어지기도 했다. 우리는 온몸에 멍이 든 채 지하실에 감금되었다. 그리고 웃통을 벗어 던진 술에 취한 구사대에게 쇠파이프로 두들겨 맞았다. 밤새 한 발짝도 지하실에서 나갈 수 없어서 굴러다니는 깡통에 용변을 보아야 했다. 지금도 그 지옥 같았던 밤을 잊을 수 없다.

16시간 만에 감금에서 풀려난 우리는 회사 정문 앞에 앉아 농성과 파업에 들어갔다. 그때부터 회사 정문 앞에서 인천 지역 노동자들의 연대 투쟁이 시작되었다. 전치 3주나 되는 시퍼렇게 멍든 몸을 보여주며, 우리는 구사대의 민주노조 와해 공작과 폭력을 증언했다.

이 연대 투쟁은 문 닫힌 회사 앞에서 일주일 넘게 계속되었는데, 매일 수백 명의 지역 노동자가 함께해주었다. 그들 중 일부는 회사 구사대에게 폭행당하고 경찰에 연행되면서도 농성 마지막 순간까지 물러서지 않았다. 노동자의 연대가 눈물 나게 고마웠던 순간이었다. 함께했던 나의 동료 노동자들은 죽음을 각오하고 맞섰다.

우리의 투쟁은 그해 말까지 격렬하게 지속되었다. 9월 말, 나는 회사 측이 부른 경찰에 연행되었는데, 오히려 내가 감금 폭행과 재물 손괴를 한 것이 되어 '폭력행위등처벌에관한법률' 위반으로 또다시 구속되었다. 이 일로 '폭력범'이 된 것이었다.

경찰서에서 조사받는 과정도 쉽지 않았다. 위장취업 사실이 밝혀지면서 지하실의 유치장에서 지상 5층 사무실까지 끌려갔고, 반항한다고 따귀를 세게 맞아 왼쪽 귀 고막이 손상되었다. 그래서 교도소로 넘어간 후에는 수의를 입고 수갑을 찬 채 병원에 온 사람들의 따가운 시선을 받으며 부평안병원으로 통원 치료를 다녀야 했다. 나는 누범가중을 받아 집유로 나오지 못하고 만기 출소했다.

기층 민중운동에서
시민운동으로

1996년 10월 어느 날, 서울대 출신의 선배 한 분이 전화를 걸어왔다. 참여연대라는 시민단체가 있는데 나와보지 않겠냐고. '시민단체? 시

민단체가 뭐지?'

　내가 인천에서 민주노조 사수를 위한 투쟁으로 1987년 7·8·9월 노동자 대투쟁을 하고 있을 때, 우리 사회는 1987년 6월 항쟁을 통해 어느새 시민사회로 이행하고 있었고, 사회 개혁을 목표로 하는 시민운동이 태동했다. 1994년 창립한 참여연대도 그중 하나였다.

　선배는 나를 나오게 하려고 몇 가지 미끼를 던졌는데, 그중 하나가 월급을 준다는 것이었다. 사람들이 참여연대에 나가게 된 동기를 물어보면, 우스갯말로 이렇게 대답하곤 했다. "참여연대에서는 월급을 준다고 했다."

　그전에도 종로5가 기독교회관의 한국교회사회선교협의회에 근무하면서 혼자 쓰기에 넉넉한 월급을 받은 적이 있었다. 참여연대에서 일하게 된 동기가 월급 때문만은 아니지만, 월급을 준다는 말이 참신하게 다가왔던 것이 사실이었다. 당시는 활동하는 데 필요한 경비를 각자 알아서 부담하던 때였다. 나 역시 끼고 있던 금반지를 수시로 전당포에 맡기고 돈을 받아 활동하기도 했던 터였다.

　노동자, 농민, 빈민 등 기층 민중운동에 익숙했던 내게 시민운동은 무척 생소했다. 그럼에도 나를 믿어준 선배가 권유했고, 아이 둘을 출산하며 몇 년간 쉬던 중이라 다시 활동 전선으로 복귀한다는 생각에 참여연대에서 일하게 되었다.

　초창기 참여연대 사무실은 용산의 허름한 건물에 있었다. 쥐가 천장에서 떨어지기도 하는 낡은 건물이었다. 사무실에 갔더니 선배는 나를 가장 구석에 있는 사무처장실로 안내했다. 사무처장이라는 분과 인사를 했는데, 변호사라고 했다. 박원순 참여연대 사무처장과의 첫 만남이었다. 나는 속으로 '변호사? 얼굴마담이겠군'이라고 생각했다. 당시에 운동조직들은 변호사나 교수, 종교인과 같은 사회 명망가를 임원으로 내세워서 조직을 보호하고자 했기 때문이었다. 그런데 박원순 사무처장은 내 생각을 여지없이 깨버렸다.

나는 박원순 사무처장과 참여연대에 이어 희망제작소와 서울인생이모작지원센터에서도 함께했는데, 몇 가지 기억이 떠오른다.

참여연대에서 공보·홍보 간사로 일할 때 신문 스크랩이 업무의 하나였다. 사무처장실의 한쪽 벽면을 가득 채운 신문 스크랩 파일을 보고 신문 스크랩하는 법을 배웠다. 이후 10년 이상 개인적으로 신문 스크랩을 했다. 희망제작소 연구원으로 재직할 때 당시 박원순 상임이사가 교육을 진행하는 부서의 연구원을 모두 소집해서 교육 수료생 이름을 10명 대보라고 한 것이 기억난다. 교육시키는 것으로 끝이 아니라 지속적으로 지원을 해야 한다는 의미였다.

서울인생이모작지원센터에서 일할 때 박원순 시장에게 보고하러 간 적이 있었다. 그때 시장실에는 칠판이 있었는데, 소매를 걷어붙이고 칠판에 열심히 무언가를 쓰면서 열정적으로 아이디어를 쏟아내던 모습이 떠오른다.

내가 참여연대에서 간사로 일하기 시작한 그해 말, 모 시사주간지에서 '한국을 움직이는 3대 시민단체'로 경제정의실천시민연합(경실련), 환경운동연합과 함께 참여연대를 선정해서 표지에 실었다. 창립한 지 얼마 안 된 참여연대가 언론에서 3대 시민단체로 선정되었다는 것에 간사들 모두가 환호했던 기억이 난다. 나는 3년 넘게 참여연대에서 근무했다. 그 사이에 참여연대는 권력 감시 운동, 제도 개선 활동, 소액주주 운동, 낙천낙선 운동 등을 전개하며 명실공히 한국의 대표적인 시민운동 단체로 우뚝 섰다. 개인적으로 참여연대에 근무한 기간은 3년 몇 개월에 불과했지만, 박원순 사무처장을 비롯해 동료 간사들과 회원들로부터 많이 배우며 시민 활동가로 제 역할을 해냈던 매우 소중한 시간이었다. 평생 동지를 얻은 뜻깊은 곳이기도 하다. 그래서 우리는 참여연대를 '친정'이라 부른다.

더 넓어지고 깊어지며
나를 필요로 하는 곳으로

NGO를 전공하는 학자들은 우리 사회를 3섹터 모델(국가, 시장, 시민사회 모델)로 나눈다. 나는 학생운동과 노동운동에서 습득한 세계관을 바탕으로, 제3섹터인 참여연대와 희망제작소에서 시작해 제2섹터인 사회적기업 ㈜참신나는옷을 거쳐 제1섹터인 서울(시)인생이모작지원센터와 서울시교육청까지 우리 사회의 모든 영역을 종횡무진하며 쉼 없이 달려왔다. 대학에서 10년 동안 'NGO와 현대사회'라는 강의명으로 수업도 했다. 그 과정에서 나는 더 넓어지고 깊어졌다고 생각한다.

가끔 상상해본다. 만일 내가 학생운동을 하지 않았다면 나는 어떤 인생을 살았을까? 내 인생은 평탄했을 수 있었겠지만, 무료하고 의존적인 삶을 살지 않았을까.

얼마 전, 10년을 근무했던 서울시교육청에서 퇴직하며 페이스북에 올린 글로 앞으로의 나를 그려보면서 마무리 짓고자 한다.

교육청에 들어오기 전 서울인생이모작지원센터에 근무할 때, 퇴직자 대상 강의를 많이 했다. 강의를 시작하며 수강생에게 퇴직을 한마디로 표현하면 뭐라고 생각하느냐 묻곤 했는데 '불안'이라고 답한 사람보다 '희망'이라고 답한 사람이 훨씬 많아서 강의를 기분 좋게 시작할 수 있었던 기억이 난다.

경제적인 문제 등 불안한 마음이 왜 없겠는가. 그래도 나 역시 퇴직을 '희망'이라 말하고 싶다. 그동안 하지 못했던 것을 맘껏 할 수 있을 것이라는 '희망'에 들뜨게 된다. 지난 30여 년간 가족을 위해, 사회를 위해 열심히 일했으니 이제 퇴직 후 여생은 나를 위해 살고 싶다. 버킷리스트를 하나씩 지우면서 즐겁게 살고 싶다. 내 버킷리스트는 거창한 것이 아니고 소소한 행복을 위한 것들이니 많이 달성할수 있으리라.

다시 나인-투-식스는 하지 않게 될 것 같다. 그보다 나를 필요로 하는 곳에서 작은 도움을 주는 일을 하려고 한다. 그리고 지난 30년, 달리기만 했으니 일단은 좀 쉬고 싶다. 잠깐의 휴식을 넘어선, 비우고 재충전할 안식년이자 이행기인 시니어 갭이어Senior Gap Year를 갖고 싶다. 내게도 향후 인생을 위한 준비가 필요하다. 여행도 하고 교육도 받고 다양한 경험을 하며 인생을 돌아보고 다음 단계를 준비하고자 한다. 게으름의 늪에 빠지지 않는다면 다양한 가능성에 시험 삼아 도전도 해볼 것이다.

퇴직이라는 하나의 매듭을 짓고 멀리 내 앞에 놓여 있는 여생을 바라본다. 백세 시대, 끝이 보이지 않는 은퇴기를 휴가 기간으로 보낼지, 다시 한번 항해를 떠날지 선택의 시간이다.

어쩌다 인생, 초보 이장의 귀농 일기

김위선
교육학과

1980년의 봄, 나는 스무 살 대학 1학년으로 5월 15일 첫 축제를 맞이했다. 당시의 긴박한 상황도 모르고 하얀 투피스를 입고 긴 생머리를 흩날리며 학교에 도착했으나 바로 그날 도산연구회 선배들, 동기들과 함께 자연스럽게 서울역 광장으로 진출하게 되었다. 그곳은 민주화의 열망으로 가득 찬 공간이었다. 처음 마주한 그 뜨거운 공기는 마치 새로운 시대가 열릴 것만 같은 희망으로 꽉 차 있었다.

그러나 그 희망은 오래가지 않았다. 5월 17일, 계엄 확대 조치로 학교에 휴교령이 내려졌다. 우리는 서클 선배의 말대로 나폴레옹 제과 앞으로 모였고, 그때부터 서클 활동은 철저히 언더화했다.

학과 공부는 형식적인 일이 되었고, 서클 스터디가 진정한 배움의 장이었다. 그 속에서 나는 사회의 진실과 마주했고, 민중에 대한 연민과 대학생으로서의 책임감에 사로잡혀 나를 잊어버렸다. 내가 왜 대학에 왔는지 생각나지 않았다.

광주에서 학살당한 열사들의 고통은 내 가슴에 불꽃을 일으켰다. '전두환 학살 정권 타도하자!' 이 구호는 내 내면 깊은 곳에서부터 울려 퍼졌다.

광주의 비극은 나의 청춘을 규정짓는 결정적인 사건이었다. 이 잘못된 세상을 바로잡는 데, 비록 작은 힘일지라도 나의 몫을 보태야 한다는 결심은 흔들림이 없었다. 달걀이 바위를 치는 일이 될지라도, 그 길을 선택했다. 그래서 나는 청춘을 학생운동권에 던졌다.

어쩌다 역사의 현장에 서다
청춘의 울림, 연민의 시작

1980년, 도산연구회에서 시작된 나의 운동은 2학년이 되자 언더인 경제철학연구회로 바뀌어 이어졌다. 여기서 새로 만난 동료 정종승, 김현근, 이영호, 선배 박형중, 김종민, 도산에서부터 알았던 정종덕 선배, 함동명(한동구)과 함께 공부하고 고민했다. 부조리한 사회 구조의 변혁을 위해 나는 무엇을 할 수 있을까? 나 개인을 위한 소시민적·이기주의적 삶에서 민중을 위해 나는 어떤 역할을 해야 하나? 이것이 당시의 주요한 고민과 과제였다.

3학년이 되던 겨울에 2학년 여학생 후배들의 스터디를 이끌었다. 그때 기억은 잘 나지 않는다. 선배로서 과연 도움이 되었는지…. 학살 정권 전두환 타도와 약자인 민중 편에 서서 대변하는 것이 대학생의 사회적 역할이라 생각했기에 당시 성찰의 시간은 거의 없었다. 여하간 나는 내성적인 개인주의자에서 행동하는 지성인의 흉내를 내고 있었다.

3학년으로서 바쁘게 지내던 어느 날, 교육학과 수업에 외부 서클의 한 선배가 찾아왔다. 단정한 인상과 함께, 그가 전한 삶의 방향에 대한 진지한 이야기들이 마음에 깊이 와닿았다. 그의 말 속에서 나는 내 미래를 그려볼 수 있었고, 자연스럽게 새로운 길에 대한 설렘이 생겼다.

그렇게 나는 1982년 5월 10일, D팀에 합류하게 되었다. 그 선택은 이후 많은 변화를 불러왔다. 개인적인 판단에 따라 움직였던 만큼, 활동의 연속성에 어려움이 있었고 관계의 변화도 겪었다. 하지만 시간이 지나고 돌아보니, 그 모든 결정은 나의 성향과 가치관에서 비롯된 것이었다. 누구의 잘못이라기보다는, 당시의 나에게 가장 현실적인 길이라 여겨졌던 선택이었다.

당시 교내 시위를 끝으로 학생운동을 마무리하고 그 뒤로는 노동운동을 하는 게 일반적인 활동의 수순이었다. 그러한 학생운동 흐름 속에서 나는 보다 구조적인 방향과 지속 가능한 동반자를 찾고자 했고, 결과적으로 그 선택은 나의 삶의 밑그림을 그리는 데 중요한 전환점이 되었다.

그러나 현실은 이상을 허락하지 않았다. 8개월 동안의 수감 생활 이후, 나는 방황의 시간을 맞이했다. 복학을 시도했으나 곧 노동운동을 위해 집을 떠났고, 건강의 한계로 활동을 중단할 수밖에 없었다. 이후 지역운동을 통해 명맥을 이어갔지만, 점차 나는 운동권의 희미한 그림자 속에 머물게 되었다.

그 시절은 스무 살에서 스물다섯 사이로 전체 인생의 10분의 1에 불과한 시간이었지만, 지금 64세의 내가 돌아보건대 이후 수십 년의 삶을 결정지은 청춘의 이력이었다. 가끔 스스로에게 묻는다. 나는 왜 그토록 뜨겁게 운동에 뛰어들었을까?

꿈만 꾸던 온실 속의 화초 같던 내가, 이유 없이 학살당하고 인간으로서의 기본권조차 박탈당하던 민중을 외면할 수 없었기 때문이다. 지금의 언어로 표현하자면, 나는 인권 감수성에 예민했던 사람이었다. 그 감수성이 나를 움직였고, 내 청춘을 불태우게 했다.

"청춘은 불꽃이었다. 그 불꽃은 연민에서 시작되어, 정의를 향해 타올랐다."

어쩌다 이장
마을의 얼굴이 되다

2025년 올해, 경상남도 거창에는 시간당 220밀리미터의 폭우가 쏟아졌다. 옆의 산청군과 비교하면 명함도 못 내밀 정도이겠으나 그래도 적지 않은 수해를 입었다. 마을 주민들이 나에게 찾아와 피해 신고를 한다. 몇 번지 논두렁, 밭두렁 무너짐. 벼가 침수됨. 집 뒤 흙이 쏟아짐….

면의 현장 조직원인 이장으로서 나는 피해 상황을 열심히 모아 면에 신고한다. 그러나 개인 논두렁 밭두렁은 수해 복구 대상이 아니란다. 공용시설인 도로, 하천, 도랑과 관련해서만 수해 복구를 해준다고 하니 주민들은 이장이 힘을 써보란다. 그 전 이장은 어찌했는지 모르겠는데 포클레인(굴착기)을 불러와 복구를 해주었단다. 눈물이 난다. 장비를 움직일 줄 알기만 하면 내가 하고 싶다. 시골은 도시 같지 않게 구석구석 논과 밭, 도랑이 자연재해에 노출되어 있다. 비가 많이 온다 하면 일찍부터 걱정이 된다.

나는 이장이란 감투를 벗어던지고 싶다. 이장이 무슨 권력자인 줄 아나. 그저 면사무소와 마을 사이의 중간 전달자인데…. 나는 요즘 무지 스트레스가 많다. 이장에게 많은 것을 바라는 주민들의 민원을 해결 못 해서….

2024년 2월, 22년 동안의 생계지책이었던 교사의 일에서 정년 퇴직을 했다. 생계를 위해 계획에도 없고 희망하지도 않았으나 현실적인 조건의 양호함만 보고 교원 임용고시를 39세에 준비해 2년 차이던 만 40세에 합격했다. 그래도 양심과 타협할 필요가 없었던 데다 학생들에 대한 애정과 헌신으로 교직 생활은 나름 만족스러웠다. 나의 주관에 따라 학생 지도가 가능했기에 약자를 챙기고 공정한 교사로, 또한 선한 영향력을 끼치는 봉사 동아리인 통일 동아리 지도 교사로 나쁘지 않은 하루하루를 보내었다. 교직 생활 마지막 10년 동안은 진로 진학 상담교사를 맡았다. 학생들과 이야기해 진로 체험 기획 사업을 진행하면서, 나의 새로운 역량을 발전시켰으며 내가 좋아하는 일이 무엇인지를 분명히 알게 되기도 했다.

이후 계획하던 귀농을 했다. 태어나 잠깐 살았을 뿐인 고향으로의 귀농은 60여 년 살아왔던 도시 생활에 많은 변화를 주어야 함을 의미했다. 친구 한 명 없이 새로운 농촌 마을 생활에 도전하는 것은 나에게는 모험이었다.

10년간 강화군에서 생활하면서 텃밭 가꾸기 등을 해 군 단위 정서를 익히기도 했으나 본격적인 시골 마을 생활은 하지 않았기에 모든 것이 낯설었다. 먼저 낙향해 자리 잡고 있는 부모님을 찾아뵈느라 마을 분위기를 간접적으로 느꼈지만, 오랜 전통을 가진 집성촌은 공동체의 결속력이 강한 편이었다. 전 이장에 대한 다양한 이야기가 있었고, 그와 마주칠 때마다 의견 충돌이 생기기도 했다.

나는 공동체에 깊이 관여하기보다는 조용히 내 농지와 산을 가꾸며 살아가고 싶었다. 그런데 내 농지로 향하는 농로가 수해를 입었을 때, 복구 과정에서 당시 이장의 대응 방식에 당황스러웠다. 주민들과 충분한 소통 없이 결정이 내려지는 모습은 아쉬웠고, 대화보다는 일방적인 전달이 많아 안타까운 마음이 들었다. 나는 그저 조용히 내 삶을 지키며 지내고 싶었기에, 이장직에 관심이 없었고 마을의 오랜 전통 속에서 괜히 입에 오르내릴까 걱정도 되었다.

그러던 중 이장 선출 날, 누군가 나를 추천했고 추천받은 분이 모두 고사하면서 결국 나와 전 이장만 남게 되었다. 특별한 계획은 없었으나 마을을 위해 새로운 방향이 필요하다는 생각이 들어 "제가 맡겠습니다"라고 말했다. 뜻밖에도 마을분들이 따뜻한 박수로 응원해주었다.

결국 나는 2025년 거창군 남하면 월곡마을 이장이 되었다. 4대째 조상들이 살아오며 인심을 잃지 않은 덕을 보았다. 이래서 어쩌다 이장이 된 것이다.

"책임은 때로 무거운 짐이지만, 그 짐을 지고 걷는 사람이 마을을 만든다."

어쩌다 개, 고양이 엄마
마주친 생명을 품다

요즘 나의 하루는 '밥을 주는 일'로 시작되고, 그 일은 곧 나의 삶이 되었다. 부모님의 식사를 챙기고, 반려 중인 개 세 마리와 고양이 세 마리의 식사도 정성껏 준비한다. 때로는 아버지께서 기르시는 닭들에게 모이를 주고, 1미터 끈에 묶여 살아가는 동네 개에게 간식을 건네기도 한다.

나는 요리를 좋아한다. 취미가 요리이기에, 우리 아이들에게도 단순히 사료만 주지 않는다. 채소에 살찌지 않는 닭가슴살, 국물 맛을 내고 칼슘을 첨가하기 위한 오리 통분쇄육을 함께 끓여 화식으로 내어준다. 아프지 않고 오래도록 나와 함께 살아주기를 바라는 마음에서다.

이 아이들은 단순한 반려동물이 아니라 가족이다. 사람의 밥그릇과 아이들의 밥그릇을 함께 설거지하고, 실내에서 한 침대를 공유하며 살아간다. 삽살이인 첫째 '두부', 딸아이가 입양한 진도믹스 '설이', 그리고 골든리트리버 '사랑이'. 사랑이는 하늘로 먼저 떠난 아들(수민)의 생일에 안락사가 예정되어 있었지만, 거창 동물보호소에서 구조되어 우리 가족이 되었다. 지금 두부와 설이는 아홉 살, 사랑이는 여섯에서 일곱 살 사이로 추정된다.

고양이와의 인연은 더 오래되었다. 딸아이가 예고 없이 데려온 '나비'는 스무 살까지 살다가 노환으로 세상을 떠났고, 수민이를 수목장으로 묻은 우리 산의 은행나무 옆에 묻어주었다. 그전에 또 딸아이가 데려온 '애기'는 아홉 살에 내 품에서 마지막 숨을 거두었다. 그 뒤를 이어 딸아이를 쫓아온 '홍시'는 열 살이었는데, 내가 병원에 두 달간 입원한 사이 집을 나갔다. 엄마를 찾아 떠났던 걸까….

이렇게 개와 고양이와 인연을 맺은 지도 벌써 20년이 넘었다. 처음에는 딸아이 때문에 어쩔 수 없이 키웠는데, 시간이 흐르며 나는 이 아이들의 엄마가 되었다.

"아이들이 밥 먹는 것만 봐도 배가 부르다." 이런 옛말이 있다. 나는 이 아이들을 바라보며 그 말에 깊이 공감한다. 나 없이는 살아갈 수 없는, 나에게 의지하는 이 생명들을 돌보는 일이야말로 내 노후의 가장 큰 사명이다.

연로하신 부모님 역시 마찬가지다. 여태껏 도움을 받으며 살아왔지만, 이제는 내가 밥을 챙겨드리며 조금씩 보답하고 있는 듯하다. 사실, 아이들을 키울 때 그리 잘 돌보지 못했던 것 같다는 생각이 든다. 그래서 지금 이렇게 돌봄의 노동을 기꺼이 감당하고 있는지도 모르겠다.

"돌봄은 사랑의 가장 조용한 언어다. 밥을 주는 손끝에 생명이 머문다."

어쩌다 농업인
흙과 벗하다

시골은 도시보다 더 덥다. 초보 농부인 나는 새벽 6시에 밭에 나가지 못하고 7~8시 사이에야 찾아간다. 조금 일하다 보면 벌써 땀으로 온몸이 다 젖어버린다.

1년 차이던 작년에 잡초에 손들어버린 나는 올해 외국인 노동자들을 하루 불러 400평 되는 밭을 비닐로 멀칭하고 제초매트로 덮었다. 완벽하게 다 덮은 것은 아니어서 군데군데 비워둔 곳에는 역시나 잡초가 초강세로 올라와 있다. 그래도 비닐 멀칭된 고랑에 옥수수, 토란, 땅콩, 고구마, 콩, 수박, 양배추, 파 등을 심어놓으니 제법 농장 같다.

사람들이 제일 쉬운 작물이 들깨라 해서 구석에 씨를 뿌려 크기를 기다렸다가 모종을 옮기기도 했다. 웬만하면 들깨는 산다고 들었는데 내 모종이 작았는지 올해 비가 안 와서인지 말라죽으려고 했다. 두세 번을 다시 옮겨 심어 현재는 그래도 살아 있다.

들깨를 보면 애잔하다. 다음 날 애태우며 가보면 잎이 다 탄 채 생명이 끝난 것 같기도 한데, 그렇게 죽을 듯 살 듯한 것이 그래도 살아 있다. 올해 들깨가 어느 정도 클지, 다른 집처럼 성장할 수 있을지 기대를 가지고 나는 요즘 들깨에 엄청 신경 쓰고 있다. 물도 주고 잡초도 뽑고 계속 바라보고 있다. 들깨도 살려고 엄청 애를 쓴다.

생명이 무엇인지, 산다는 것이 뭐가 그리 대단한지 살려고 애를 쓰고 있다. 밭에 있는 작물들 모두가 그렇다.

잡초는 더욱 그렇다. 내가 초대하지 않은 불청객이라 보기만 하면 뽑아버리는데, 어느 정도 시간이 지나니 호미로도 뽑을 수 없는 정도가 되어버렸다. 얘들은 왜 이렇게 잘 클까? 이유가 없다. 그냥 큰다. 우리에게 소용도 없다. 그런데도 자기 생명력만큼 크고 있다.

나는 이것을 보고 왜 살아야 하는지 묻는 것이 얼마나 사치스러운 일인지 느낀다. 이제껏 가치 있는 삶이 중요하다 생각했는데, 살아내는 것이 먼저임을 알았다. 살아내고 견뎌내는 것이….

초보 농부이지만 나는 요즘 밭에서 매일 수확물을 들고 온다. 수박, 호박, 깻잎, 옥수수, 양배추…. 내가 한 결과가 아니라 비와 태양과 하늘의 힘이 보탠 결과이다.

AI(인공지능)가 대세인 시대지만 자연에 순응하는 것이 농부의 일이다. 농사를 알아갈수록 인간의 애씀에는 한계가 있다는 것을 인정해야 할 것 같다.

"흙은 말이 없지만, 그 안에 모든 생명이 자란다. 나의 노년은 뿌리를 내리는 시간이다."

운동을 시작한 계기, 인간 생명에 대한 연민

그리고 그 연민은 시간이 흐르며 동물의 생명으로, 다시 식물의 생명으로 확장되어왔다. 이제는 인간에게 학대받는 동물을 마주할 때, 마음 깊은 곳에서 아픔이 솟구친다. 그럼에도 청춘의 열정처럼 행동하지 못하는 자신을 바라보며 안타까움이 밀려온다. 그저 소소한 후원으로 마음을 달래고, 내 곁에 있는 생명을 돌보는 것만으로도 충분하다며 스스로와 타협하고 있다.

때로는 마음이 아플까 봐 외면하는 자신을 발견할 때, 무기력한 노년으로 흘러가는 듯해 안타까움과 동시에 미안함이 스친다. 하지만 이제는 분명히 알고 있다. 내게 주어진 생명을 온전히 돌보는 것이야말로, 남은 인생의 가장 숭고한 사명이라는 것을.

그리고 그 사명을 다하는 길 위에서, 내 한계 안에서라도 동물권 보호를 위해 작은 힘을 보태고자 한다. 그것이 내가 이 생을 살아가는 마지막 방식이자, 가장 진실한 연민의 표현이다.

"어쩌다 살아온 인생이지만, 그 모든 어쩌다에는 내가 있었다. 그리고 사랑이 있었다."

3부

먼저 간 그대

1980년 서울의 봄은 봄이 아니었다.
성대 새내기들은 시대의 불의를 외면하지 않고
기꺼이 시대의 부름에 몸을 던졌다.
그로 인해 우리 곁을 먼저 떠난 이들이 생겼다.
하지만 그들은 지금까지 그랬듯이
앞으로도 우리와 함께할 것이다.

故 정상윤 열사

지금까지 그랬듯
앞으로도 함께할 친구

이근덕

사학과

우리는 그를 '정상윤 열사'라 부른다. 하지만 난 정상윤 하면 대학교 1학년 후반에 처음 만났을 때의 모습이 머릿속에 각인된 때문인지 치열한 투쟁의 삶을 살아온 투사 이미지보다 감색 바바리코트의 깃을 세우고 담배를 치켜 문 채로 씨익 웃던 모습이 먼저 떠오른다.

상윤이는 1960년 인천에서 월남하신 아버지와 어머니의 막내 아들로 태어났다. 억척스러운 노력으로 제분소 사업을 일으키신 아버지 덕분에 생활이 넉넉한 편이어서 상윤이는 부족함이 없이 밝은 친구였다.

하지만 1980년 비상계엄과 광주민중항쟁을 겪으면서 낭만의 전당이라던 대학 공간은 삼엄한 군부 독재정권의 탄압에 직면하고 있었고, 신문방송학회와 서클 활동을 통해 독재정권과 맞서 싸우는 정의로운 선택을 한 상윤이는 부잣집 막내아들의 순진하고 나약했던 모습에서 점차 눈을 부릅뜬 투사의 모습으로 변해갔다.

상윤이는 '흥사단 아카데미 성균관대학교 도산연구회' 회장이었다

오랜 기간 언더서클로 활동해왔던 도산연구회는 1980년 서울의 봄을 맞아 공개서클로 등록하면서 많은 회원의 입회를 받을 수 있었고, 활발하게 활동을 전개했다. 하지만 그것도 잠시, 광주민중항쟁을 무력으로 진압하고 계엄 체제하에서 권력을 휘두른 살인마 전두환의 지배가 시작되면서 도산연구회는 다시 언더서클로 전환되어 비공개적인 활동에 주력할 수밖에 없었다.

상윤이는 1980년 가을 그런 상황에서 도산연구회에 가입했으니 이후 서클 활동이 순탄하지는 않았다. 심지어 상윤이와 내가 2학년이 되던 1981년 초, 소위 '학림사건'이 터졌고 우리를 지도하던 선배들이 줄줄이 구속되면서 도산연구회는 사실상 이정표 없는 쪽배 신세가 되기도 했다. 일부 선배의 도움이 있었다지만 힘든 시간이었다.

도산연구회는 설립 초부터 '회장', '주당' 그리고 '가수왕'이라는 삼두체제로 서클을 운영해왔다. 이런 전통은 서슬 퍼런 전두환 독재정권의 치하에서 언더서클로 활동하는 과정에서도 유지될 수 있었다. 다만, 1981년 초 선배들이 대거 구속·제적된 상황에서 주당(김영봉,

금속80)과 가수왕(이근덕, 사학80)은 이미 정해져 있었지만 회장을 선출하지 못하고 있었기에 삼두체제가 정상적인 역할을 하기 어려웠다. 이때 상윤이가 회장에 나서는 쉽지 않은 결정을 하면서 '서클 다시 세우기'에 전력을 집중할 수 있었다.

※ 당시 주당 김영봉은 1982년 이공계가 율전캠으로 이전하면서 그쪽으로 활동의 주 무대가 바뀌었다.

상윤이는 기득권 포기를 선택했다

같은 세대의 약 10퍼센트만이 대학을 갈 수 있었던 시절, 대학 졸업장은 기득권의 대표적 표상이었다. 하지만 당시 세상은 우리에게 그러한 따스한 기득권을 누리도록 놔두지 않았다.

상윤이는 1982년 10월 원풍모방 노동조합 탄압을 규탄하는 노동자 집회에 참석했다가 연행되어 10일의 구류 처분을 받았다. 당시는 집시법 위반 등으로 연행되는 경우 곧바로 입대 영장이 발부되었으니 상윤이도 예외가 아니었다. 상윤이는 앞으로의 일생이 걸린 심각한 고민을 하게 되었다. 군부독재의 탄압에 굴해 군대로 끌려갈 것인가? 아니면 군부독재와 맞서 정의로운 투쟁의 길로 나설 것인가?

상윤이는 1982년 11월 2일 선배 2명과 함께 '전두환 군부독재 타도하자!'는 학내 시위를 주동한 후, 경찰에 폭력적으로 연행·구속되었고(징역 10월 선고) 학교도 제적되는 '기득권 포기'를 선택했다.

상윤이가 학내 시위를 주동하기 바로 전날 저녁 나에게 한 말은 지금도 생생하게 기억난다. "학교를 졸업하지 못하리라 생각했지만 내가 너보다 먼저 나가게 될 줄은 몰랐다." 우리는 서로 부둥켜안고 후일을 기약했다.

상윤이는 노동운동에 투신했고
열사가 되었다

감옥살이를 하고 나온 상윤이는 당시 학생운동을 거친 후 당연한(?) 코스처럼 여겨졌던 노동현장에 들어가 노동운동에 투신하기로 결정했다. 상윤이는 부천 지역을 활동 무대로 선택했고 ㈜신일정밀이라는 회사에서 노동자로서의 삶을 시작했다. 이후 ㈜건화상사에서 다른 노동자들과 하나 되는 활동을 지속했다.

상윤이의 노력으로 ㈜건화상사의 노동자들은 근로기준법을 위반한 사용자에 맞서 함께 싸울 수 있었고, 시간외수당을 지급받는 성과를 얻기도 했다. 하지만 조직적 기반이 충분하지 않은 상태에서 상윤이는 근로기준법을 준수하라고 싸웠던 전태일의 후예들 6명과 함께 악덕 기업주에 의해 해고되는 상황을 맞았다. 상윤이는 해고된 노동자들과 함께 출근 투쟁을 전개하면서 향후 대책 마련을 위해 수련회에 참석했다 불의의 사고로 사망하게 되었다. 그날이 1985년 9월

12일이었다.

장례는 부천 석왕사에서
치렀다

당시 반월공단 노동현장에서 일하던 나는 가장 친했던 상윤이가 세상을 떠났음에도 그 사실을 알 수가 없었다. 지금처럼 휴대전화가 있던 시절도 아니었고 공장 생활을 하느라 집에서 나와 자취를 했기에 연락을 받을 수 있는 조건이 아니었기 때문이었다.

그런데 참으로 이상하게도 상윤이가 사망한 다음 날인 1985년 9월 13일 저녁, 나는 어머니께 전화를 드렸다. 그 이전에는 주중에 한 번도 전화해본 적이 없었는데….

어머니는 전화를 받으시자마자 "아이고, 상윤이가 죽었단다"는 믿기 어려운 말씀을 하셨고 그다음 날 발인한다는 소식도 들었다. 전화를 끊고 뭘 어찌해야 할지 몰라 당황했는데 어떤 생각이었는지 가게에서 소주 한 병을 사 들고 들어와 방에서 상대 없는 소주잔 하나를 더 놓고 주거니 받거니 하며 술을 마셨던 기억이 난다. 아마 술을 좋아했던 상윤이와의 마지막 술자리가 갖고 싶었던 모양이었다.

그다음 날 아침, 발인식에 참석하긴 해야겠는데 고민이 생겼다. 당시에는 지금과 달리 휴가를 내기가 하늘의 별 따기였기 때문이었다. 그래도 장례식에 빠질 수는 없었으니 일단 통근 버스에 올라탄

후 버스에 있던 과장에게 가장 친한 친구가 사망해서 장례식에 가야 한다고 통보했고, 승낙 여부도 확인하지 않은 채 다음 정차하는 곳에서 내려 바로 장례식장으로 향했다.

발인식은 부천 석왕사에서 상윤이의 가족, 학생운동과 노동운동을 함께해온 친구·선후배 그리고 ㈜건화상사 해고 노동자들과 함께 서글프게 진행되었다. 당시 상윤이의 학교 서클 친구인 정우택(국문 80)이 읽은 추모사에 그곳에 모인 모든 사람이 통곡했다(아쉽게도 그 추모사는 찾을 수 없다). 한 가지 그나마 큰 슬픔을 위로할 수 있었던 것은 그날 상윤이가 비슷한 시기에 세상을 뜬 덕성여대 82학번의 아름다운 여성과 영혼 결혼식을 올렸다는 사실이었다. 지금도 하늘나라에서 오순도순 잘살고 있겠지?

그날 상윤이의 위패는 부천 석왕사에 안치했고, 화장해 뼛가루가 된 상윤이의 육신은 나와 친구 몇 명에 의해 월미도 앞바다에 뿌려졌다.

※ 상윤이의 위패는 어머니의 개종으로 현재는 주안성당에 안치되어 있다.

상윤이는 죽어서도 우리 곁에 살아 있다

세월이 흐른 뒤 결혼하고 아이들까지 낳은 나는 상윤이에 대한 생각을 그대로 묻어버릴 수 없었기에, 명절 때마다 함께 서클 활동을 했던 처 신희정(사회81)과 두 아이를 데리고 어머니께 인사를 드리러 가곤 했다. 어머니는 제분소를 하던 형님 내외와 함께 지내셨는데 항상 상윤이가 온 듯 우리를 반겨주셨고 아이들에게 세뱃돈을 주시기도 하셨다.

그러던 어느 날, 어머니는 우리뿐 아니라 누구에게도 연락처를 남기지 않으신 채 이사를 가버리셨다. 생활이 어려워졌다고 들었는데 이후 우리는 어머니를 비롯한 상윤이의 가족을 다시 만나지 못했다. 살아 계신다면 아마 지금 100세가 넘으셨을 텐데….

나는 1990년대 중반부터 상윤이가 세상을 뜬 9월이 되면 서클 선후배들과 신문방송학과 친구들에게 연락해 몇 명이 모이든 상윤이를 추모하는 자리를 갖기 시작했다. 다만, 다른 추모식이 토요일 또는 일요일 오전에 치러지는 것과 달리 상윤이의 추모식은 항상 토요일 오후 5시에 진행했다. 왜? 술을 좋아했던 상윤이와 한잔하기 위해서였고 실제로 추모식은 항상 술자리로 연결되었다.

이제 민주동문회가 활성화되고 열사 추모 사업이 일반화되면서 상윤이는 내 친구로서가 아니라 '열사'로서 민주동문회가 추모식을 주관하고 있다. 역시 토요일 오후 5시에…. 상윤이는 지금까지 그랬듯이 앞으로도 우리와 함께할 것이다.

성균가요제 깜짝 수상의 전말

이희용
신문방송학과

1981년 봄 대학가는 술렁거렸다. 1년 전 광주에서 자행된 참혹한 학살극이 소문으로 번져가기 시작했다. 전두환 정권은 5월 말 여의도에서 관제 축제인 '국풍81'을 개최하면서까지 분위기를 바꿔보려 했으나 민심은 싸늘했다.

성대도 마찬가지였다. 학도호국단은 봄 축제인 문행축전을 강행했으나 거부하는 움직임도 만만치 않았다. 그러나 당시 2학년 가운데 일부는 1년 전 문행축전이 유신 철폐와 직선제 개헌을 요구하는 대학생 시위로 무산된 상태여서 처음으로 대학 축제를 즐기고 싶은 마음을 드러내기도 했다.

그 가운데 한 명이 상윤이었다. 어느 날 상윤이가 친구들에게 오더니 성균가요제 예심에 '정상윤 외 4명'으로 참가 신청을 했다고 말했다. 우리와 상의도 하지 않은 채 멤버도 자기 마음대로 짜놓은 것이다. 클래식 기타를 치는 황규인, 통기타를 치는 나와 강만석, 그리고 자기와 권두원이었다. 상윤이는 노래를 즐기기는 했지만 노래 솜씨가 빼어나거나 음악성이 뛰어난 것은 아니었다.

의견은 분분했다. 반대 의견도 있었으나 즐거운 추억을 만들어보자는 의견이 우세했다. 물론 독단적으로 참가 신청을 한 상윤이가 가장 적극적이었다. 우리는 내 집과 권두원의 사당동 집에서 연습했다.

이정선의 〈뭉게구름〉이란 노래로 예심을 통과한 뒤 본심에는 창작곡을 갖고 나가기로 했다. 권두원 형 친구가 작곡해놓은 〈합쳐진 마음〉이란 노래였다. 노랫말이 상투적이고 멜로디 흐름이 밋밋하긴 하지만 풋풋한 아마추어적 감성이 가요제 성격에 잘 맞아떨어진다고 생각했다. 다른 대안이 있는 것도 아니어서 며칠간 더 연습해 참가했다.

우리가 성균가요제 본심에 나간다고 하니 학과 동기생을 비롯한 일부 선후배가 "시국이 어느 때인데 그런 향락적인 행사에 나갈 수 있느냐?"며 비난했다. 찜찜하긴 했지만 어차피 각오한 일이었다. 사회는 1980년 TBC '대학개그제'로 데뷔해 인기를 끌던 김형곤이었고 심사위원은 MBC 디제이 박원웅과 가수 이정선이었다.

참가팀 20개 가운데 우리는 금상을 받았다. 대상은 놓쳤지만 가요제 참가 경력도 없는 친구들을 급조한 팀으로서는 기대 이상의 성과였다. 학교 앞 술집에서 수상 뒤풀이를 하는데 우리를 비난했던 학과 친구들도 술을 마시러 몰려왔다. 당시는 통금이 있던 시절이라 참가 멤버들이 염창동 우리 집에까지 몰려와 술을 더 마셨다.

이튿날 황규인은 "외박하면 집에서 혼나는데 트로피를 보여주면 봐줄 것"이라며 트로피를 가져갔다. 이후 트로피의 행방은 지금까지 묘연하다. 황규인은 기억나지 않는다고 한다. 공식 수상 기록에는 정상윤 대신 내 이름만 남아 있다. 학도호국단 기록은 이미 망실되었을 테고, 성대신문 학생기자였던 내가 '정상윤 외 4명'을 '이희용 외 4명'이라 기사를 작성했기 때문이다.

상윤아, 너와 이별한 지 벌써 30년이 되었구나

정우택

국어국문학과

너는 여전히 20대의 청년으로 남아 있고, 나는 50대의 중년이 되어 부단히 늙어간다. 여기는 여전히 팍팍하고 어렵고 버겁다. 좋은 세상을 만든다고 했는데, 상윤이 네가 보기에 어떤 세상이 되었는지 모르겠다.

상윤아, 그곳은 어떠니? 얼마나 적막하니? 거기도 가을바람이 부니? 꽃이 피고 새들의 노랫소리 들리니? 내가 보이고 여기 있는 친구들이 보이니?

여전히 너의 18번은 차중락의 〈낙엽 따라 가버린 사랑〉이니? 어쩌자고 가을을 남기고 너만 떠났니? 너의 노래가 듣고 싶다. 바바리코트를 멋지게 입고 부르던 네 노래가 간절히 듣고 싶구나.

너를 보내고 돌아와 한 일주일 정도 지난 어느 날 밤 꿈에 내

신발이 냇물에 떠내려가고 나는 그것을 잡으려고 안간힘을 쓰다가 결국 한 짝을 떠내려 보내고 말았다. 네가 간 것이 현실로 확인되는 것 같았다.

하지만 너와 함께했던 숱한 기억은 내 몸에 새겨져 있다. 그 속에 네가 살아 있다. 그 기억이 나를 살게 한다. 저버리지 못할 약속이 있기에, 나는 산다.

시를 하나 읽어줄게.

동방은 하늘도 다 끝나고
비 한 방울 나리잖는 그때에도
오히려 꽃은 빨갛게 피지 않는가
내 목숨을 꾸며 쉬임 없는 날이여

북쪽 툰드라에도 찬 새벽은
눈 속 깊이 꽃맹아리가 옴작거려
제비떼 까맣게 날아오길 기다리나니
마침내 저버리지 못할 약속約束이여!

한 바다 복판 용솟음치는 곳
바람결 따라 타오르는 꽃 성城에는
나비처럼 취醉하는 회상回想의 무리들아

오늘 내 여기서 너를 불러보노라.

— 이육사, 〈꽃〉

상윤아… 보고 싶다.

2015년 9월 12일
영원히 상윤이의 친구이고 싶은 우택이가
〈30주기 추모사〉에서

故 최동 열사

짧은 만남 긴 여운

서강석

사학과

1980년 서울의 봄은 봄이 아니었다. 캠퍼스는 생동, 활력이 넘쳤다. 열기가 뜨겁다. 광장의 열기는 더했다. 그동안 눌린 만큼 용수철 튀듯 솟아올랐다. 샘물 넘치고 넘쳐 대지를 적셨다.

당시 성대 새내기는 조선 제일의 새내기였다. 군부독재의 상징 중 하나였던 문무대 병영집체훈련을 거부했고 열띤 대화와 토론이 여기저기에서 펼쳐졌다. 연일 집회와 시위가 이어졌다.

"군사독재 문화의 잔재 문무대 입소를 거부한다!"

"우리의 사고를 획일화, 고착화하지 마라!"

"전쟁 나면 주영복 국방장관 아들보다 우리가 먼저 총 든다!"

새내기가 새내기 같지 않았다. 똘똘 뭉쳤다. 거센 투쟁이었다. 1차 문무대 입소를 대다수 학우가 거부했다. 일부 교수의 설득이 있었다. 그래도 2차 문무대 입소도 거부했다. 성대의 문무대 입소 거부 투쟁은 타 대학으로 확산되었다. 서울에 이어 지방으로 확대되었다. 그동안 대학 입시를 위해 참았던 자유인데 누가 일주일간의 병영 생활을 좋아하겠는가! 들불처럼 확산되는 것은 당연한 일이었다.

쿠데타 세력들은 놀랐다. 빠른 확산이었다. 엄청 많은 참여였다. 그들은 이를 막지 못하면 더 큰 위기가 올 수 있다는 판단을 했다. 막아야 했다. 저지시켜야 했다. 내부를 분열시키는 획책을 준비했다. 1960년생 87명에게 징병검사 통지서가 배달되었다. 아예 군대로 보내겠다는 것이었다. 모두 어처구니가 없었다. 크게 분노했다. 통지서를 받지 않은 학우들도 마찬가지였다.

더 많은 학생이 모였다. 무기한 교내 농성에 돌입했다. 연일 정부를 규탄했다. 설득하던 교수들도 이건 아니다 하며 돌아섰다. 명분 없는 징병검사 통지서는 화약고가 되었다. 학우들의 단결은 더 단단해졌다. 교내에 머물지 않았다. 교문 밖으로 나가 가두시위를 모색했다. 연일 교문에서 막는 경찰과 나가려는 학생들이 거세게 붙었다.

정부가 타협에 나섰다. 징병검사 통지서를 취소했다. 충분하지 않으나 소기의 성과를 거두었다 판단했다.

우리는 경북 영천에 있는 육군3사관학교로 입영했다. 일주일 후인 5월 16일 용산역에 내렸다. 그 전날은 서울역 회군이었다. 그다음 날은 전국에 비상계엄과 휴교령이 선포되었다. 봄도 봄이 아니었는데 여름, 가을도 거치지 않고 바로 겨울이 되었다.

이 모든 과정에 동이도 같은 현장에 있었다. 그때까지 우리는 서로 잘 몰랐다.

심산연구회 출범
심산으로 만나다

2학년 새 학기도 봄 같지 않았다. 새내기들의 활기는 생각보다 적었다. 그래도 연둣빛 새순은 돋아나고 있었다. 청룡상 아래 땅에서도 그렇다. 3월 말 며칠째 나는 많은 시간 동안 청룡상 앞에 서 있었다. 전주고등학교 동문회장으로 신입생 환영회비를 걷기 위해서다. 지금의 시스템이라면 그럴 일이 없을 것이다. 저 멀리서 누가 나에게 다가옴을 느꼈다. 두 다리를 약간 벌리며 걸었다. 팔도 다소 벌려 흔들었다. 가까이 와 한쪽 눈을 덮은 긴 머리를 손으로 쓸어 뒤로 젖혔다.

"니가 서강석이냐?" 다짜고짜 반말로 물었다. "어! 그런데…" 약간 당황스러워 말끝을 흐렸다. "나 국문과 80 최동." "어~~~."

덥석 손을 잡고 악수했다. 말을 놓은 이유를 알았다.

"나랑 같이 서클 만들어볼래?"

이어 성균다방에서 대화는 이어졌다. 대화라기보다 동이의 얘기를 듣는 시간이 훨씬 많았다. 놀라웠다. 해박한 지식에 현재의 정세, 앞으로 나아갈 방향 등등. 즉석에서 의기투합했다.

심산연구회 기초 준비는 되어 있었다. 문과대 2층에 서클룸도 있었다. 다른 서클은 신입생 모집을 마쳤을 때다. 늦은 출발로 신입생 모집이 관건이었다. 서로 머리를 맞대고 1학년 수업 전후에 강의실을 돌기로 했다.

우리 둘이 교실에 들어가면 역할이 나뉘었다. 동이는 칠판에 크게 '심산연구회'라고 썼다. 나는 연설을 했다.

"심산 김창숙 선생은 민족 성대 창립자시다.""일제강점기 때는 독립운동, 이승만 정권 때는 반독재운동을 하셨다.""심산 선생의 정신을 이어 뜨거운 가슴으로 오늘을 살고자 하는 학우는 문과대 2층 서클룸으로 오라!"

틈만 나면 교실을 돌았다. 일주일이 어떻게 지나갔는지 모르겠다. 다행스러운 것은 교실에서 쳐다보는 신입생들의 반응이 괜찮았다는 점이었다. 고교 시절 웅변대회에 나갔던 덕분이기도 했다.

그러나 서클룸에서 기다리는 마음은 초조했다. 이미 신입생 모집 기간이 한참 지났기에 불안했다. 하나둘씩 노크를 했다. 혼자 오는 사람도 있지만 2~3명이 함께 오기도 했다. 이렇게 81학번 38명이 모였다. 아마 당시 이념서클로서는 최다 신입생이 아니었을까?

대학로 진아춘에서 신입생 환영회를 열었다. 분위기가 좋았다. 짬뽕 국물 안주에 술도 많이 먹었다. 80학번들도 많았다. 당시 고지환, 곽노길, 김병덕, 서민원, 오경희, 정우택, 최원정도 함께했다. 기존 이념서클은 지하로 가고 새로운 공개서클이 필요한 시기였다. 이렇게 심산연구회는 출범했다.

심산으로 함께하다
선두에서 싸우다

심산연구회는 세 가지 활동을 했다. 개별 학습과 세미나, 실천 활동이다. 예상보다 신입생이 많아 2학년의 세미나 지도가 어려웠다. 나도 바로 투입되기 어려웠다. 나는 학습이 짧다. 사학과 학회 활동이 전부였다. 그것도 휴학으로 공백이 길었다. 동이는 이 문제를 해결하기 위해 더 바빠졌다. 1학년 세미나 지도를 하면서 2학년도 함께한 것이었다. 동이는 동기이자 선생의 역할을 같이했다.

1981년 5월 12일 교내 시위는 심산을 대외적으로 알렸다. 푸르른 금잔디광장 선두에서 스크럼을 한 여학생도 한몫했다. 청바지에 빨간 티셔츠, 긴 생머리에 예쁜 외모는 주목받기 좋았다.

"쟤들 누구냐?" "심산이래!"

그러나 그 주목보다 더 어려운 현실이 기다렸다. 바로 동기 김병덕이 연행된 것이었다. 조사 결과 단순 가담인데도 학칙 처벌 후 군대로 보내졌다. 데모 참여 인원이 많은데 놀랐기 때문이라고 생각했다. 김병덕의 입대 환송식 후 나의 역할이 늘었다. 동이의 역할은 더 늘었다.

2학기도 끝나갈 시점이었다. 동이가 내게 제안했다.

"네가 회장을 하는 게 좋겠다."

그동안 애쓴 초대 회장인 국문과 79학번 김형석 형과 동기들도 그리하는 것이 좋겠다는 말을 덧붙였다.

다른 판단을 할 수 없었다. 동이는 심산뿐만 아니라 학회나 다른 서클로 배출되어 활동하는 81학번 후배들을 지도하는 역할을 해야 했기 때문이었다. 그건 내가 못 하는 일이었다.

심산은 창립 2년 만에 교내 이념서클의 대표로 부상했다. 당시 전두환 독재정권에 항의하는 각종 교내 집회와 시위에 많은 학생이 참여했다. 우리는 선두에서 싸웠다. 동이의 지도로 학회나 다른 서클에서 활동하는 81학번의 활동도 빛났다. 심산은 공개적 대외 활동도 넓혔다. 처음에는 휴머니스트, 고전연구회, 선정회와 함께 4개로 출발했다. 고 이윤성의 인문사회연구회, 성불회 등으로 이어져 자연과학캠퍼스까지 총 47개 중 41개를 조직해 서클연합회 결성을 준비했다.

귀대 후 나를 기다린 것은
프락치 공작 사업이었다

서클연합회는 6개월여 조직 기간을 거쳐 출범을 앞두고 있었다. 외국인 총장의 묵인으로 결성된 연대에 이어 전국에서 두 번째였다. 총학생회도 뺏긴 상황에서 서클연합회 창립은 중요했다. 교내 지도부인 79학번의 오더도 떨어졌다. 당시 정국을 흔든 일본 교과서 왜곡에 대해 일본을 규탄하고 정부에 항의할 수 있는 조직은 서클연합회뿐이다가 그 근거였다. 당연히 동이와 상의했다. 반대했지만 단대 상황을 봤을 때 방법이 없다는 결론을 내렸다. 그해 9월 3일 창립식과 더불어 일본 교과서 왜곡 규탄 집회를 했다. 그날 학교는 긴급회의 소집 후 내게 무기정학을 결정했다. 입영영장도 거부하고 경찰을 피해 다니다 연행되어 동대문경찰서에서 4박 5일 조사를 받았다. 바로 군대로 강제징집되었다. 동이와 학생운동의 작별이었다.

기다리던 첫 휴가! 설렘이 그득했다. 그리움이 반가움으로 바뀐 시간이었다. 휴가를 나와서 친구들을 만났다. 먼저 여친을 만났다. 5·23 데모팀도 만났다. 동이도 만났다. 함께 여러 번 만났다. 5·25 데모팀도 만났다. 서클연합회를 함께한 하근철, 서범석이다. 잠깐의 군대 얘기, 아주 긴 데모 준비 얘기를 들었다. 동이의 태도는 결연했다. 그럼에도 활짝 웃었고 못다 한 얘기로 즐거워했다. 절묘하게 여학우 6명이 데모하는 5월 23일이 귀대 날이었다. 전방으로 가면서 '이 시간이면 도서관 위에서 잡히겠다', '모레는 10명이 잡히겠지', '동대문경찰서에서 엄청 맞겠구나' 생각했다.

그런데 귀대 다음 날 보안대로 끌려갔다. 나는 크게 놀랐다. 다 만나고 다녔는데, 혹 모를 미행도 신경 썼는데… 15박 16일 보안사 프락치 공작 사업이었다. 안도의 한숨을 쉬었다.

휴가 나와서 동이에게 한 말이 씨가 되었다.

"네가 1년 6개월 빵 살면 난 그 뒤에 제대한다." 유화 조치로 1984년 초 동이가 석방되었다. 부천으로 가서 노동운동에 투신했다. 1985년 초 제대 후에 나는 안산으로 갔다. 서로 만나기 어려운 조건이었고 서로 조심했다. 보안이라는 이름이었다. 그래도 간간이 만났다. 동이를 만나기 위해 경원세기 가두 지원 투쟁도 함께 참여했다. 동이는 바빴다. 만남은 짧았다. 인천 5·3에서도 마찬가지였다. 우리는 격변의 한국을, 몸은 따로 마음은 같이 지냈다.

동이의 두 번째 구속 소식을 들었다. 그러나 놀라지 않았다. 주변에서 흔한 일이었다. 다만 대공분실을 경험한 나로서 건강하기를 바랐다. 간간이 가족과 친구들에게 소식을 들었다. 집행유예로 풀려났다길래 안도했다. 몇 차례 만났다. 이상했다. 동이가 아니었다. 나의 동료이자 선생이었던 그 모습이 없다. 눈동자가 불안했다.

결국 뜨거운 8월 7일 고문에 대한 항거로 분신을 택했다. 장례 기간 내내 빈소를 떠날 수 없었다. 망월동까지 가는 동안 우리를 따뜻하게 맞아준 어머니의 오열을 잊을 수 없다. 큰자식을 가슴에 묻고 바로 세상을 떠나신 아버님으로 인해 우리는 더 큰 슬픔을 느꼈다. 동이는 살아 30년, 죽어 35년이다. 나는 10년 만나고 35년을 추모한다. 한 해도 빠짐없이 추모식에 참여했다. 그 그림자를 나에게서 지울 수가 없다. 이제 추모한 시간보다 만날 시간이 가깝다.

동아! 보고 싶은 마음을 시로 전한다.

길고 긴
짧음

35년이다
늘 땡볕 쪼아대는 여름 한복판
한 번도 빠지지 않았다
살아 10년 만나고
죽어 세 곱절 반이다
이제
헤어져 만난 시간보다
함께 볼 날이 가깝다
그날
우리는
첫날 얘기부터 하겠지

1981년 3월 31일이다
겨울을 넘어온 바람에 매서움 남아 있다
동이가 내게 왔다
긴 머리 손으로 쓸어 올린다
눈동자 빛나고 목소리 낮춘다
같이 서클 만들지 않을래?
이미 신입생 모집이 끝난 캠퍼스

장날 지난 장터 같았다
동이와 함께 강의실을 돌았다
뜨거운 가슴으로 살고자 하는
심산 81학번 38명이 모였다

1981년 5월 12일
금잔디광장은 새순 돋아 푸르다
스크럼을 짠 학생들이 외친다.
"독재 타도…"
대오 앞에 유난히 눈에 띈다
청바지에 빨간 티셔츠
긴 머리 휘날리는 K다

동이는 나에게 K를 자주 언급한다
둘만의 시간을 만들어준다
K와 새로운 관계로 전환된다
1981년 9월 12일 추석이다

1983년 5월 22일
강제징집 후 첫 휴가
귀대를 하루 앞둔 날이다
동이, K와 함께 만난다

내일은 K가
글피는 동이가
교내 시위를 주동한다
격변의 1980년대를
우리는 서로
몸은 따로
마음은 하나로 지난다

1990년 8월 7일
뜨겁던 여름에 온몸을 불태웠다
분노는 들끓는다
빈소를 한 발짝도 떠날 수 없다
오열하다 혼절하는 동이 어머니
이렇게
30년 살아온 동이와
35년을 이승 저승으로 떨어졌다

매년 8월 첫 주 일요일 만난다
올해 특별히 많이 모였다
2025년 8월 3일이다.

나는 아직도
그를 떠나보내지 않았다

박종근
산업심리학과 81학번

1990년 무더위가 기승인 8월 한여름, 최동 선배가 분신했다는 소식이 전해졌다. 집회나 시위 현장도 아니고 모교도 아닌 한양대학교 건물 내 누구의 주목도 받지 않는 곳에서 홀로 온몸에 시너를 끼얹고 불을 댕겼다. 왜 무엇이 그를 그러한 선택으로 몰고 갔을까.

1985년 여름 학내 활동을 정리하고 노동현장으로 또 다른 출발을 준비하고 있을 때였다. 어느 지역으로 갈지 정하지 못했는데 한 선배가 부천으로 가자며 다가왔다. 최동 선배였다. 이름은 알았으나 학내에서 같이 활동해본 적이 없어 낯선 선배, 그러기에 그의 제안에 갈등할 법도 했는데 선뜻 따라갔다. 부천 YMCA노동청년회에서의 활동을 권했을 때도 내향적인 성격에 비합법 서클에서만 활동해온 터라 주저할 법도 했는데 흔쾌히 따랐다. 묘하게 거부할 수 없는 흡입력! 그렇다고 카리스마가 있는 선배도 아니었다. 오히려 어리숙해 보이고 멋쩍은 웃음을 잘 짓는, 카리스마하고는 전혀 거리가 멀었다. 그러나 조금은 느릿느릿 신중한 한 마디 한 마디에서 느껴지는 진정성, 순수함에서 느껴지는 믿음이 그를 따르게 만드는 힘이었을 것이다.

어쩌면 순수성을 지켜내기 위한 최후의 저항이었을지도

그의 순수성은 같이 학습했을 때 가장 잘 느꼈다. 고지식할 정도로 텍스트 그 자체를 가감 없이 받아들이는 그의 모습에 새로운 것을 삐딱한 시선으로 보려 하고 경계와 의심을 품고 주저하는 속성을 보여왔던 내가 부끄러워졌다. 순수하게 운동한다는 것은 성립하지 않는다고 생각했다. 가능할 것 같지 않은 순수성을 가지고 1980년대 격랑의 현장에서 힘겹게 버티다 결국 그러한 선택을 할 수밖에 없었던, 어찌 보면 형의 희생은 순수성을 지켜내기 위한 최후의 저항이었는지도 모른다.

1989년 4월 28일, 최동 선배는 치안본부 홍제동 분실에 연행되었다. 그리고 다음 날 아침 나도 같은 조직사건으로 연행되었다. 조사실에 들어서자마자 제일 먼저, 목욕하는 용도와는 너무도 어울리지 않은 칙칙한 욕조가 눈에 들어왔다. 자해방지와 방음 효과를 주기 위해 벽은 푹신한 소재로 되어 있고 탁자 하나와 의자 둘 역시 바닥에 튼튼하게 고정해놓았다. 폭은 좁고 창틀을 깊이 해 최대한 시야를 좁혀 위치를 알 수 없도록 만든 창문, 그리고 안에서는 문을 열 수 없는 손잡이. 세상으로부터 단절, 무장 해제시켜버리는 공간이었다.

그곳에 들어서는 순간 무엇보다 빠르게 머리가 돌아간다. 오로지 모면하기 위한 전쟁이 시작된다. 그때 옆방에서 갑자기 비명과 함께 큰 소란 소리가 들렸다. 당시에는 최동 선배의 연행 사실을 몰랐다. 그것이 최동 선배의 자해를 통한 저항이었다는 것을 한참 후에 알았다. 형사들의 심문에 이리저리 도망치고 있을 때 선배는 같은 공간에서 타협을 거부하고 마음을 닫고 강력한 저항으로 맞섰다. 그냥 조금은 적당히 빠져나갔으면 그렇게 정신까지 놓지 않아도 되었을 텐데….

선배가 가석방될 당시 인천에서 자그마한 찻집을 시작했다. 불안정한 심신 상태의 선배를 몇몇 후배들이 돌아가며 보살폈다. 찻집에도 기분 전환 삼아 두어 차례 찾아왔다. '나는 이미 폐인이 되었으니 너희들은 잘 지내라'는 말을 남기고 특유의 멋쩍은 웃음을 지으며 찻집을 떠나는 그 마지막 뒷모습의 의미를 헤아리지 못해 아쉽다.

치안본부에서 조사받으면서 가장 사랑하고 믿었던 후배의 배신을 무엇보다 직감적으로 의심했을 텐데도 가석방 이후 그 후배의 이름을 단 한 번도 입에 올리지 않았다. 그렇게 그는 떠났다.

살아오면서 착하다는 소리를 숱하게 들어왔다. 자꾸 듣다 보면 이 험난한 세상 적응 못 하는 바보다, 무능력하다는 표현처럼 들려

결코 달갑게만 느껴지지 않는다. 하지만 나의 진면목을 아는 사람은 외양만 착해 보인다는 것을 금방 알아차린다.

1980년대 암흑의 시대, 내면까지 착하고 순수한 그의 삶이 공존하기에는 너무도 힘들었을 것이다. 어떠한 양보와 타협도 용납하지 않은 채 너무도 짧은 인연만을 남기고 우리의 곁은 떠날 수밖에 없었던 정말 한없이 착한 선배로 내 마음속에 남아 있다.

故 이헌필 열사

17년 만에 다시 만나는 아빠

이유진
딸

그전까지는 단 한 번도 그런 기미를 느낀 적이 없었다. 집에서 마주하는 아빠는 늘 평범한 가장이었고, 회사에 다니며 가족을 부양했다. 모르는 사람은 인지조차 하지 못하는 세계가 있다는 것, 그리고 세계가 얼마나 좁고 한정적일 수 있는지 그때 처음 실감했다.

'사랑도 명예도 이름도 남김없이…'라는 행진가를 따라 부를 줄 알면서도 그게 정확히 무엇을 의미하는지 몰랐다. 여름휴가에 아빠의 학교나, 지금 와서 알았지만 사회운동을 같이한 친구들과 놀러 갔던 기억, 생태환경모임에서 열던 계절 학교나 한겨레 NIE 클럽 같은 활동도 떠오른다. 그럼에도 그 의미를 전혀 몰랐다는 것이 지금 돌이켜보면 신기할 따름이다.

NL과 PD라는 말도 사회생활을 시작하고 나서야 알았다. 은근히 이야기를 나누다 보면, 부모님이 한때 사회운동을 했던 친구들이 있었다. 공적으로 드러내놓고 말하기 어려운 분위기였지만, 우리끼리는 자랑스럽게 공유하는 성질의 무언가였다. 사회인으로서는 정치적 이슈가 얽히면 자리가 무거워져 드러내지 않았지만, 그렇기에 오히려 조심스럽게 꺼내놓는 그 공통분모 덕분에 더욱 가까워진 친구들도 있었다.

아빠가 학생운동을 했다는 사실을 아빠가 세상을 떠나고서야 알았다

최근 기자, 변호사로 활동하는 내 동갑내기 친구 셋이 모였다. 한 친구의 부모님은 공장에서 노동운동을 하다 만나셨고, 또 다른 친구의 부모님은 사회운동을 하다 만나셨으며, 우리 부모님은 대학에서 만나 가정을 이루셨다. 생각해보면 수많은 지식인이 그 시절 운동을 했는데, 그 2세대들은 지금 어디서 무엇을 하고 있을까? 나는 늘 그게 궁금했다.

　아빠는 옛날이야기를 잘하지 않으셨다. 두 번이나 감옥에 다녀온 기억을 잊고 싶었는지, 아니면 딸들을 그런 위험에 노출시키고 싶지 않으셨던 건지 알 수 없다. 엄마와는 아이들이 성인이 되어서 혼자 선택할 수 있게 되면 이야기하자고 하셨다던데. 하지만 아빠가 계속 어울리던 친구들과 선택해온 삶의 궤적을 보면, 자신의 삶을 부정하고 싶었던 것은 아니었던 것 같다. 다만 가장과 사회인이라는 두 영역에서 아빠는 스스로를 달리 구분했던 것 같다.

어릴 적 기억 중 하나로 군대를 다녀오지 않았다고 의심하는 동생의 질문에, 아빠가 군가를 흉내 내어 불러주었던 장면이 있다. 그때는 몰랐지만, 나는 아빠가 어린 딸 앞에서 군대를 다녀왔다고 거짓말을 하기 위해 어설프게 군가를 부르던 기억을 떠올리면 마음이 서글프다. 굳이 거짓말을 해야 했을까, 왜 그랬을까? 사회의 탓일까 아빠의 선택일까? 그런 생각이 든다. 동생은 그게 웃기다고 말하기도 하는데, 또 바꾸어 생각해보면 서른 후반의 아빠가 부른 적 없는 군가를 흉내 내던 모습을 상상하면 그럴 수도 있겠다 싶다.

아빠에게 직접 듣지 못한 이야기들은 파편처럼 흩어져 있다. 나는 그 시절 운동권이었던 회사 선배들과의 술자리―성대가 매파였다든가―에서, 아빠 친구들의 회상 속―아빠가 호소문을 잘 썼다든가―에서, 혹은 서로 '운동권 2세'라 칭하곤 하는 친구들과의 대화―아빠가 여전히 사회운동을 하는 친구 아버지에게 후원을 했다든가―속에서 언뜻언뜻 들려오는 아빠의 모습을 찾아 맞추어본다. 내가 보지 못한 각도에서 본 아빠의 모습들. 친척들이나 엄마가 예전에 말해주지 않았던 어린 시절의 아빠 이야기도 그때그때 맞춰본다. 그 파편들을 맞추며, 시대와 성격과 선택의 이유를 가늠해본다.

나는 자주 상상한다. 그 시대의 흐름 속에서, 아빠의 성격을 가진 사람이 아빠의 상황에서 어떤 선택을 했다면 왜 한 걸까 하고. 그리고 만약 아빠가 지금 내 상황이었다면 또 어떤 선택을 했을까. 아빠의 성격, 시대적 상황, 그 속에서 형성된 취향과 기호와 삶의 선택을 이야기해보면 참 재미있었을 텐데. 나는 직업인으로서도 아빠의 길을 많이 좇아왔는데 말이다. 많이 싸웠을 것 같다는 생각도 강하게 든다. 더 재밌는 건, 파편을 맞추며 알게 된 대학 시절 아빠가 했을 법한 일과, 내 삶 속에서 느꼈던 아빠가 나에게 "하지 말라"고 했을 법한 일이 겹칠 때가 있다는 것이다. 부모가 된다는 것은 결국 자기가 했던 일 중 많은 것을 "굳이 할 필요 없다"라고 말하게 되는 것이 아닐까.

그리움은 그리워할수록 커진다

상실의 감정은 강하다. 이상하게도 사회인이 되고 나서야 아빠의 빈자리가 더 크게 느껴진다. 아빠가 돌아가신 해에는 장례식장에서 마지막 날 밤 딱 한 번 울었을 뿐이었다. 대학 시절까지도 거의 울지 않았다. 그런데 지금은 다르다. 아빠가 내 나이보다 어렸을 때의 모습을 떠올리면, 짠하고 그리운 마음이 함께 올라온다. 요즘은 '아버지, 격변하는 사회, 시대, 그리움, 상실' 같은 단어에 너무 쉽게 눈물이 난다. 나만 그런 건 아닐 것 같다. 드라마 '폭싹 속았수다'나 '응답하라' 시리즈를 보면서 사람들이 함께 우는 것도 같은 이유일 것이다. 특히나 격변해온 한국 사회에서 전쟁, 군사정권, IMF와 얽힌 가족사 없는 집이 어디 있겠는가.

나는 다행이라고 생각한다. 나와 엄마, 그리고 이 그리움을 함께 나누고 채워줄 수 있는 사람들이 있다는 것이. 그리움은 결국 강력한 사랑의 한 종류다. 톨스토이가 말했듯, 사람이 살아가는 힘은 결국 사랑이다. 나는 오늘도 그 사랑으로 조금 더 살아가고, 조금 더 생각하며, 세상을 넓혀간다.

이 글을 쓸 기회를 마련해주셔서 감사드린다.

그리운 감방 동지 헌필 형

이재영
인천5·3동지회

나와 헌필 형과의 첫 만남은 육중한 철문 안에서 이뤄졌다. 죄지은 이들을 사회와 격리하기 위해 만들어놓은 일명 감방으로, 일제강점기에 지어진 학익동 인천소년교도소였다. 담장 높이가 5미터 이상, 그 위로 3미터 높이의 철조망이 쳐 있다. 항일 독립운동을 하던 만 18세 미만의 소년을 수용하기 위해 지었으며 8·15 광복 당시 800여 명이 수감되어 있었던 것으로 전해진다.

1989년 변모를 거듭해 현재 인천지검·지법이 나란히 들어섰고 구치소는 15층 규모 매머드급 건물이 되어 위용을 뽐내고 있다. 이곳은 단순한 감옥이 아니라 우리 사회의 가치와 정의, 인간의 양심과 본성이 접점을 이루는 공간이라 해도 과언이 아니다.

헌필 형과
감옥에서의 조우

1986년 5월 3일 인천시민회관 앞 사거리 일대에서는 1980년 5·18 이후 군사 독재정권을 타도하려는 10만여 명의 민주 세력과 수만의 경찰이 일진일퇴 혈투를 벌이는 최대 규모의 시위가 벌어졌다. 권력에 눈먼 신군부가 광주학살로 정권을 찬탈하고 폭정을 일삼은 지 6년 만의 일이었다. 전두환 군사정권은 이를 좌경용공 세력에 의한 체제 전복 기도로 단정하고 319명을 현장에서 연행해 129명을 구속하고 60명을 지명수배했다.

지명수배된 나는 보름 뒤 5·18 광주학살 원흉 처단 투쟁 시위를 주도한 뒤 체포되어 인천동부경찰서로 압송되었다. 경찰은 검은 천으로 눈을 가린 채 어디론가 끌고 가 일주일 동안 잠을 안 재우고 머리카락을 뽑고 '통닭구이'에 물고문을 자행했다.

그들은 내게 재야 세력과 연대해 인천시경을 습격해서 무기를 탈취한 다음 인천을 해방구로 선포하고 청와대로 진격해 국가를 전복하려 했다는 허위 사실 자백을 강요했다. 끝끝내 버텨내기는 했으나 몸은 만신창이가 된 채 5월 말 인천소년교도소로 송치되었다.

나는 5사 5번 방으로 배정되었다. 처음에는 하혈이 심해 교도소 내 병원에서 매일같이 치료받아야 했다. 육체적·정신적으로 피폐해진 나를 위로하고 어루만져준 건 나보다 두 살 많은 헌필 형이었다. 수감자 대부분이 교도소 초짜인데 헌필 형만 두 번째 감옥살이였기에 차분함과 냉철함을 잃지 않았다.

교도소 생활이 어찌 보면 전두환의 포로 생활일진대, 폐쇄된 공간에서 안락함과 편안함이 존재할 수는 없는 법. 여름에는 그 흔한 선풍기 하나 없이 버티고, 겨울에는 차디찬 바닥에서 담요 몇 장만으로 영하의 추위를 감내해야 했다.

감옥 투쟁, 일명 빵투와 슬기로운 감방 생활

6월 초 공안당국이 우리에게 형법 115조 소요죄를 적용한다는 소식이 전해졌다. 한국 근현대사에서 소요죄가 적용된 사건은 1919년 3·1운동, 1960년 4·19혁명, 1964년 6·3 한일회담 반대시위, 1979년 부마 민주항쟁, 1980년 5·18광주민주화운동에 불과하다. 5·3사건을 민중 봉기 수준으로 보고 권력 존립을 위태롭게 만든다고 인식했던 것이다.

우리는 소요죄 적용 분쇄를 위한 투쟁에 돌입했다. 일체의 출정을 거부하고 연이어 단식을 감행했다. 처음에는 강경파가 주도했으나 나중에는 소요죄 적용 부당성을 법정에서 신랄하게 밝히자는 합리적 온건파 헌필 형의 주장으로 10여 일 만에 단식을 풀었다.

그러나 며칠 뒤 부천서 문귀동 형사가 5·3시위로 연행된 서울대생 권인숙을 성고문한 사건이 전해지면서 또다시 전면적인 '빵투'

가 전개되었다. 저녁 8시 취침 나팔소리를 신호로 일제히 철제문을 두드리며 "강간 경찰 문귀동을 처단하라"는 구호를 외쳤다. 주변이 온통 논두렁 밭두렁이라 적막감만 흐르던 교도소가 함성 소리로 진동해 초비상이 걸렸다. 또다시 단식 투쟁과 똥물 전투가 벌어졌다.

당시 인천소년교도소는 화장실이 재래식이었다. 우리는 세면도구로 똥물을 퍼내 농성을 진압하려는 교도관과 경비교도대에게 투척했다. 격렬한 이 투쟁은 바깥 민주화실천가족운동협의회(민가협) 어머니들에게 전달되어 사회적 이슈로 떠올랐다. 결국 문귀동은 형사처벌을 받아 부도덕한 전두환 정권의 민낯을 드러냈다.

두 차례 광풍이 지나가고 내부적으로 사회구성체 논쟁이 벌어졌다. 한국 사회 모순구조의 중심을 민족과 계급의 관점에서 보는 반미민족해방 노선과 군사독재와 재벌 반대에 초점을 맞춘 민중민주주의 노선으로 대변되는 일명 NLPDRNational Liberation People's Democracy Revolution 논쟁이었다. 마치 평행선을 달리는 철로처럼 접점을 찾을 수 없는 상황의 끝은 헌필 형에 의해 정리될 때가 많았다. 늘 차분하고 기승전결 논리가 간결했기 때문이었다.

어느 날 하루 20분씩 주어지는 운동 시간, 기껏해야 사동 안 자그마한 운동장을 몇 바퀴 돌다 끝나버리는 무미건조한 시간에 헌필 형이 2~3방이 함께 축구를 하자는 아이디어를 제안해 교도소 측의 동의를 얻어냈다. 그것도 30~40분. 바뀐 운동 시간에서 하루의 활력소가 뿜어져 나왔다.

8월 중순, 헌필 형은 빵잽이 구력을 살려 모두를 놀라게 했다.

요구르트를 다량으로 구매해 양동이에 부은 다음 건빵과 과일을 넣고 빵 봉지로 덮어 일주일 뒤 때밀이수건으로 짜내 그럴싸한 막걸리를 제조하는 경이로운 기술을 선보인 것이다. 특수 제조된 요굴막걸리가 각방으로 배달되었다. 석 달 만에 맛보는 술이라서 그런지 한 잔을 들이켜자 헤드가 빙빙 알딸딸해졌다.

추석이 다가오자 헌필 형은 합동으로 차례를 지내자는 의견을 냈다. 우리가 빚은 막걸리와 과일로 차례상을 사동 복도에 차려놓고 1번 방부터 차례로 부모님을 생각하며 조상께 절을 올렸다.

실형 선고와
영등포교도소로의 이감

우여곡절 끝에 1심 선고일이 다가왔다. 인천 5·3사건은 사법부 역사상 전무후무한 기록을 많이 남겼다. 재판 거부도 그리했지만 헌필 형의 경험으로 모두발언 기회를 최대한 활용해 5·3의 정당성을 일갈하는 전술을 구사한 것이다. 오전 10시에 시작된 재판이 12시간을 넘기는가 하면 당시 현장을 지휘했던 경기도경 상황실장을 매섭게 몰아붙여 경찰의 과잉 진압과 폭력시위 유도를 실토하게 했다. 후일 인천 5·3시위 사건을 당시 국가안전기획부(현 국가정보원)가 직접 지휘·조정한 사실이 사건 발생 33년 만에 처음으로 밝혀지기도 했다.

9월 26일 1심 선고로 큰 변화를 맞이했다. 많은 수가 집행유예로 풀려나고 실형을 선고받은 12명은 10월 6일 영등포교도소로 이 감되었다. 나와 헌필 형은 사이좋게 '열두 제자'가 되었다. 영등포교 도소 수감 생활은 인천소년교도소와는 180도 딴판이었다. 먼저 방 배정부터 잡범들과 혼거를 시키고 방 번호 위에 빨간 딱지를 붙였다. 수의에도 빨간 명찰, 방 번호 위에도 빨간 딱지, 한마디로 요시찰 대 상이라는 뜻이었다.

양심수들은 8시 취침 나팔이 울리면 운동가요를 부르며 창가 로 나와 매일 집회를 개최했다. 하루는 한양대 81학번 김훈 선배와 연대 81학번 박래군 선배가 짜고 '방금 들어온 소식'이라며 "전두환 이 암살당했다"라고 큰 소리로 외쳤다.

순간 교도소에서는 일반 재소자, 양심수 할 것 없이 난리가 나 버렸다. "정말이냐!"며 모두가 환호성을 질러댔다. 그도 그럴 것이 정 권이 바뀌면 대대적인 특별사면 조치가 뒤따르니 일순간 야릇한 희 망 바이러스가 번진 탓이다. 잠시 뒤 "그랬으면 좋겠다는 뜻에서 말 씀드린 것입니다"라고 하자 사방에서 폭소가 터져나왔다.

이튿날 이들은 징벌방으로 보내졌다. 이에 항의해 우리는 "야만 적 금치 철회"를 외치며 교도소 문을 발로 차고 밥그릇으로 드르륵 드르륵 쇠창살을 긁어댔다. 수백의 경비교도대는 보안계장의 지시로 저항하는 양심수를 하나둘 보안과 지하실로 끌고 가 육모 방망이질 에 팔을 뒤로 젖혀 수갑을 채우고 포승으로 묶은 뒤 마찬가지로 징 벌방인 일명 먹방에 처넣었다.

아이러니하게도 이 악질 보안계장은 2017년 개봉된 영화

〈1987〉에서 남영동 치안본부 대공분실 요원들이 박종철 고문치사 사건의 축소·은폐를 기도하고 있다는 내용을 수감 중인 이부영 선생에게 알려준 의인으로 묘사된다. 박종철 사건은 헌필 형과 내가 항소심에서 1심대로 실형이 확정되어 안양교도소와 경주교도소로 각각 이감되기 하루 전 벌어진 일이었다. 불과 2~3개월 남짓한 시간에 무엇이 그를 변화시켰는지 의아하고 신기할 따름이다.

출소, 감방 동지들과의 해후

1987년 6월 항쟁으로 이한열 장례식 전날 전국에서 양심수가 대거 특별사면, 가석방되었다. 5·3 동지들은 감동의 해후를 하고 '국립핵교동창회'를 결성했다. 초대 두령으로 연대 79학번 황언구 엉아를, 부두령으로 헌필 형을 옹립했다.

그리고 첫 행사로 1990년 여름, 홍천 팔봉산으로 잊지 못할 추억의 여행을 추진했다. 고속도로도 미비하고 변변한 차도 없던 시절에 황 두령이 회사 차량 두 대를 조달해 하나는 황 두령이, 하나는 부두령이 운전대를 잡았다. 물놀이 한 번 제대로 한 기억 없이 피 튀기고 삭막하게만 살아온 인생이다 보니 MT를 떠나듯 어린애마냥 오죽 신나지 않았겠는가. 민박에 천렵… 생각만 해도 가슴 벅찬 힐링의 시간을 함께 나눌 수 있다는 것이 참으로 은혜로웠다.

그런데 두고두고 회자되는 사건이 발생했다. 귀경길, 춘천에서 서울로 오는 유일한 국도가 마비되어버렸다. 1시간에 고작 100미터나 가려나…. 황 두령이 운전하는 차에는 시원한 에어컨이 나오는데 헌필 형이 운전하는 차는 하필 에어컨이 나오지 않았다. 그 차에는 헌필 형의 영원한 반려자 노길 형수가 탔는데, 첫째 딸 유진이가 뱃속에서 자라고 있었다. 30도가 웃도는 폭염에 움직이지 않는 차 안은 그야말로 찜통으로 지옥 체험이나 다름없었다.

이 사달로 황 두령은 돌이킬 수 없이 평생 욕을 먹었다. 결국 새벽 3시경 대성리 인근에서 차를 길가에 세워두고 노상에서 새우잠을 청한 뒤 아침에야 서울로 출발할 수 있었다. 1시간 정도면 되는 거리를 1박 2일이 걸려 돌아온 셈이다.

이렇게 해마다 여름에는 MT 가듯 물가로 휴가를 갔고, 겨울에는 강화도 등 1박 2일 송년모임이 정례화되기 시작했다. 부모를 꼭 닮은 2세들도 하나둘 태어나 5·3의 행사에 빠질 수 없는 존재가 되었다. 2005년 겨울에는 스키를 타러 홍천 대명리조트로 향했다. 대부분 스키를 배우지 못한 까닭도 있었거니와 따뜻한 콘도 방구석에서 술 한잔에 노가리를 푸는 것이 좋아서였던지 스키 타러 갈 생각을 도통 하지 않자 아이들의 불만이 이만저만이 아니었다.

입이 삐죽 나온 아이들에게 희망 천사가 등장했다. 바로 헌필 형이다. 헌필 형은 아이들을 영하 10도의 추위가 기다리고 있는 스키장으로 데리고 나가 스키 타는 법을 자상하게 가르쳤다. 나중에 알았는데 헌필 형도 당시 컨디션이 썩 좋지 않은 상태였다. 그러나 아무도 나서지를 않자 희생적 행동을 한 것이다.

작별,
그리고 새로운 기약

그것은 헌필 형의 건강상 이상 징후였다. 안타깝게도 이때부터 악화하기 시작했다. 당시 형은 페인트 제조업체에 다니면서 성실함과 능력을 인정받아 비교적 이른 시기에 임원이 되었다. 한 가정의 가장으로서 행복하고 안정된 생활을 꾸려나갈 즈음에 그만 뇌종양 판정을 받고 만 것이다. 그렇게 2년여 투병 끝에 형은 사랑하는 아내와 눈에 넣어도 아프지 않을, 형을 닮아도 너무도 똑 닮은 두 딸을 남기고 불혹의 나이에 풍진 세상에 작별을 고했다. 참으로 운명은 가혹하고 인생은 무상하다.

5·3 가족은 매년 봄이 오는 길목에 두 동지를 기린다. 한 명은 1989년 스물다섯 나이에 성남 노동현장에서 분신한 국민대 83학번 김윤기의 마석 모란공원 추도식에 참여하는 것이고, 또 다른 한 명은 2008년 3월 14일 하늘의 별이 된 헌필 형을 만나러 안성 일죽 추모공원을 찾는 일이다.

연례행사가 된 헌필 형 추도모임에는 형의 끈끈한 동지인 성대 80학번 형들이 잔뜩 온다. 형수가 정성스레 준비한 음식으로 제를 지내고 음복도 나눈다. 간혹 을씨년스러울 때도 있지만 양지바른 언덕이라 노래도 부르고 형과 덕담을 나누다 보면 하나로 연결되어 여전히 곁에서 함께 호흡하고 있음을 느낀다. 해를 거듭하다 보니 이제는 1년 365일 중 가장 기다려지는 날이 되었다. 그럼에도 여전히 첫 만남 같은 설렘도 느껴진다.

천사 같은 두 딸은 어느새 성인이 되어 첫째는 변호사 시험에 합격해 변호사로, 둘째는 아픈 사람을 돌보는 간호사로 일하고 있다. 곧 짝을 찾아 가정을 이룰 것이다. 형처럼 자상하고 따뜻하면서 냉철한 눈빛을 소유한 사람을 만났으면 좋겠다.

불현듯 형이 있는 그곳이 어떤지 내심 궁금해진다. 시인 천상병은 천당과 지옥 중 어디로 가고 싶으냐고 물었을 때 지옥으로 가고 싶다고 했다. 지옥에는 재미난 사람이 많을 것 같아서란다.

형과 재회하면 신나는 일을 하고 싶다. 연옥의 수문장이 되어 아름다운 세상을 어지럽게 만든 녀석들, 한 번뿐인 인생에 먹칠을 한 녀석들을 수거해 꼭 주리를 틀고 싶다. 인과응보의 무한법칙성을 증거하고 싶은 것이다. 냉철한 이성의 소유자 헌필 형이 동의할지 내 가슴은 벌써부터 뛴다.

그리운 감방 동지 헌필 형, 보고 싶소! 시 유 어게인~.

故 전경희 열사

화학과

뭘 하든 열심히 살았던 '인성 부자'

김은옥   오경희
화학과   교육학과

경희야~.

2019년 9월 13일 세상을 뜬 전경희. 우리의 친구를 다시 불러 봅니다. 학생운동 이후 노동현장에서도 만나며 내 삶의 반경에 들어온 친구, 내 이야기를 들어주고 함께하는 것만으로도 따뜻한 기운을 주던 친구입니다.

경희의 죽음 이후 주변 친구는 경희를 그리워하며 개인적으로 추모공원을 따로 찾아가기도 했습니다. 경희의 흔적을 매만지고 경희와의 추억을 이야기하며 그곳은 평안한지, 아프진 않은지 묻곤 했습니다.

같은 지역권에 살아도 각자의 삶과 일상으로 바쁜 우리는 오래간만에 점심 식사를 같이하며 "건강하게 오래 잘살자"라고 서로 응원하며 다짐하듯 말했는데 전경희도 우리도 미래를 알 수는 없었습니다.

내가, 우리가 좋아한 전경희는 이런 친구였습니다

경희는 사람의 중심을 볼 줄 알았고, 활동을 같이했던 사람들은 경희를 좋아하며 따랐습니다. 편견 없이 사람의 내면을 보고 있는 그대로 존중해주었기 때문입니다. 예리하고 이성적이었지만 아프거나 힘든 상황에 있는 친구에게는 본인이 해줄 수 있는 것 이상을 해주지 못해 안타까워하던 따뜻하고 속 깊은 사람이었습니다.

조건에 따라 변하지 않고 한결같이 동료와 자기 자신 사이에 마음 길을 열어두고 오갔습니다. 노선이 어떻든, 운동을 그만두었든, 운동과 무관하게 사는 사람이든 만나는 이들 모두를 소중히 여기고 그 관계를 유지해 나갔습니다. 이성적이고 논리적인 면모 속에 따뜻한 온기가 느껴지는 '참으로 신기한' 동료였습니다. 누군가에게 하고 싶지만 아무한테나 말할 수 없을 때 털어놓을 수 있는 '누군가'가 경희였습니다.

이제는 나이가 드니 기억도 추억도 색이 바랩니다. 그 속을 헤집어보니 전경희와 함께한 몇 장면들이 뜬금없이 떠올랐습니다.

1980년대 후반, 안양 지역 가두시위에서 제가 시민들에게 유인물을 나눠주며 한 말과 몸짓을 경희는 열정으로 바라봐주었습니다. 그리고 나중에 제게 그 말을 다시 들려주었죠. 그 순간 친구가 제 안의 단면을 긍정적으로 보며 이해해주고 있다는 따뜻한 느낌을 받았습니다. 함께 연이어 늦은 밤에 수업을 받다가 끝난 날, 경희와 노래방에 갔던 기억도 납니다. 경희는 가무를 즐기는 스타일이 아니었고, 저도 노래방 가는 걸 좋아하지 않았는데 어떻게 둘이 노래방에 갔는지 의아하기만 합니다. 한창 애 키우며 정신없이 살던 시절, 또 다른 '삶의 고단함'을 푸념하고 싶어 했을까요? 경희는 푸념도 덤덤하게 하는 친구라 제가 못다 한 이야기를 노래로 풀고 싶어 한다고 생각해서 기꺼이 노래방에 동행하지 않았나 싶습니다.

이성적이면서도 친구의 장점을 부각시킬 줄 알고, 늘 따뜻한 숨결을 불어넣어 주는 친구이기에 어느 날 "몸이 쑤시고 아프다"는 경희에게 제 안방의 터줏대감인, 보온팩이 들어 있는 전기밥솥을 갖다주었던 장면도 떠오릅니다.

거꾸로 돌아가는 기억 속에서 초롱초롱한 눈빛으로 당당한 모습의 아우라를 뿜어대던 결혼식장의 신부 전경희, 그 빛나는 20대 모습도 만났습니다. '경희가 저렇게 예뻤나' 싶을 정도의, 제가 몰랐던 아름다운 신부의 모습입니다.

뭘 하든 열심히 살았고
삶에 충실했습니다

경희와의 이별이 멀지 않게 느껴지던 2019년 가을, 친척들과 한가위 명절을 보내던 중 '딸 은정이'에게서 경희의 부고를 들었습니다.

장례식장에서 경희의 막내동생이 말했습니다. "우리 언니는 인성 부자예요." 언니를 자랑스러워하며 한 그 말에 고개가 끄덕여졌고, 내 마음에 크게 울렸습니다. 한편으론 경희 또한 '삶의 아픔과 고단함'이 있었을 텐데 '너무 누르고 살지는 않았을까' 생각을 하며 경희의 길지 않은 삶에 마음이 저려왔습니다.

친구 전경희는 남북 어느 쪽에도 적응하지 못한 아버지 밑에서 이주민 알몸투쟁이 벌어지는 사당동 한복판에서 어린 시절을 보냈습니다.

중·고교 시절 친구들에게 마음을 열 수 없었던 경희는 1980년 성대 이과대학에 입학 후 학생운동에서 만난 우리들과의 관계가 '비로소 친구를 갖게 된' 시간으로 다가왔다고 했습니다. 성대의 농촌문제연구소 동아리 활동을 통해 어린 시절부터 느껴왔던 문제의식을 체계화하기 시작한 경희는 율전캠에서 동료, 후배들과 새로운 동아리를 꾸려 활동했습니다. 독일 유학을 보내주겠다는 학교 측 회유에도 끄덕하지 않고, 1983년 5월 엄주범, 박경희, 배기홍 등과 학내 시위를 주도해 구속되었습니다.

학교 제적 뒤 1984년 노동운동을 위해 안양 지역 공단으로 들어갔고, 1985년 태광산업에서 노동자를 조직하는 활동을 하다 다시 한번 옥고를 치렀습니다. 그 당시 같은 현장에 있던 저와 전경희, 김은옥 중 제 이름으로 들어갔던 저만 빼고 친구들은 위장취업으로 구속이 되고, 전 더 이상 현장에 있을 수 없었던 일도 꼬리를 물고 기억납니다.

이후 전경희는 안양 지역에서 현장 활동가들을 지원하는 활동에 매진했습니다. 당시 만난 후배는 "언니는 현장 투쟁 방향과 실천에 대해 고민하던 때 만나서 정말 도움받았던 존경하는 선배님이에요"라며 회고했습니다. 경희가 현장 활동가들의 어려움을 이해하며 전체적 상황 속에서 중심을 잡고 일할 수 있도록 지원하지 않았나 싶습니다. 후배가 경희를 그리워하며 진정 애정과 존경의 마음을 담아 한 말이 지금도 또렷하게 들립니다.

1989년부터 중앙노동상담소 간사로 노동상담과 노조 간부들 교육 사업을 진행한 경희는 노동운동이 활성화된 뒤 지원 사업의 한계를 느끼며 이후 유능하고 따뜻한 학원 선생님으로 오랜 시간 종사하기도 했습니다.

2000년대에는 안양 지역에서 자연생태체험 교육 해설가로, 2010년대 중반 이후로는 안양도시농부학교, 청소년환경텃밭수업, 가족텃밭수업 등 다양한 프로그램을 개설해 체험강사로 일했습니다. 그 연장선에서 경희는 암이라는 삶의 복병을 만나기 직전까지 새로운 지역공동체를 조직하기 위해 새벽부터 나가 생태 활동가들과 농사짓고, 교육 및 조직 활동에 매진했습니다.

경희의 삶의 행적을 따라가면 '뭘 하든 열심히 살았다'라는 말의 질량과 무게감, 온도가 느껴집니다. 사후 알게 된 경희의 여러 자격증들은 특히 삶의 하반기에 자신이 하고자 하고, 하고 싶었던 생태 활동에 필요한 공부를 한 결과이지 않을까 싶습니다. 자격증으로만 경희의 삶을 재단할 수는 없겠지만 경희의 노력과 꿈이 담겨 있기에 마지막까지 생태 활동가로 최선을 다한 모습의 반영이라는 생각이 듭니다.

무엇을 했든 삶에 충실했음에도 만날 때마다 "난 게을러"라고 했던 경희! 정작 자신의 건강은 돌보지 못한 채 60세를 두 해 앞둔 2019년 복막암으로 우리 곁을 떠났습니다.

나날이 여위어가고, 점차 고통스러운 시간을 보내던 경희의 투병 생활을 지켜볼 수밖에 없었던 우리는 친구로서 할 일이 많지 않았습니다. 아니, 거의 없었습니다. 가끔 병문안을 가서 경희의 존재를 확인하고 돌아오는 길, 삶의 구멍 같은 슬픔과 무력감을 느끼며 '죽음을 준비할 수 있을까' 깊이 걱정만 했던 시간들이었습니다.

경희가 사랑했던 두 자녀는 단란한 가정을 이뤘고, 전경희는 이제 하늘나라에서 할머니가 되었습니다. 온전한 민주주의와 평등한 사회의 건설을 위해 학생운동과 노동운동을 했던 친구는 중년에 자신의 불씨를 살려 생태 환경주의자로서 지역공동체를 꿈꾸며 이를 실현시키기 위해 노력했습니다.

경희와 함께하고 싶었던 소소한 일상들을 뒤로하며 편지를 띄워봅니다.

"경희야~ 잘 지내지? 보고 싶다! 여기는 선선한 가을이 되었어. 거기는 평안하니? 어때?"

"우리는 지상에서 잘 지내. 때론 삶에 흔들리며 잘살아가고 있어. 너와 함께한 소중한 시간 기억할게."

故 박호열 열사 　　　　　　　　　　　　　　金속공학과

다시 만날 때까지, 안녕!

김은경

아내, 영어영문학과 81학번

당신이 떠난 지 벌써 아홉 달. 시인이 되고 싶었으나 조국과 민족을 너무나 사랑해 투사가 되어 청춘을 바친 사람, 세상과 타협하지 않고 꼿꼿하게 한 길을 간 사람, 풀뿌리 민주주의가 단단히 꽃피는 세상이 이루어지길 바라며 눈을 감았을 사람, 내 남편 박호열!

1984년 대학 4학년 때 신촌에서 당신을 처음 만난 날이 떠오르네. 1985년 1월 겨울에는 눈 쌓인 설악산을 등반했는데 그때 당신을 뭘 믿고 같이 갔는지…. 당신의 불온(?) 유인물을 몰래 인쇄해 '공무원으로서의 품위 유지 의무'를 위반했다고 발령받은 지 6개월 만에 학교에서 해직된 일, 수배 중이던 당신을 따라 전국 곳곳을 돌아다니던 일, 머리에 붉은 물이 든 전과자는 절대 안 된다는 부모님의 반대를 무릅쓰고 결혼식을 올리고 혼인신고를 해버린 일도 있었지. 또 안양 명학역 근처 작은 공장에 위장취업한 일도 있었고. 짧은 기간이었으나 그때가 당신이 유일하게 월급이란 것을 받아온 때였지.

안산역 앞 원곡동에 노동상담소를 열어 활동할 때, 한밤중에 쌍절곤을 휘두르는 깡패한테 테러를 당한 일, 시화공단·반월공단 노동자들이 밤늦게 들이닥치면 내가 담근 술이 동나고 냉장고가 텅 비어버리던 일도 생각나네.

2002년부터 당신이 맡은 강연회 '아침논단'에 초빙된 거물급 인사를 보며 많이 놀랐지. 안산 지역의 시민운동이 막 시작되는 시점에 '아침논단'은 정치·경제·문화·역사와 민생 전체를 아우르는 전문가 강연과 토론으로 시민사회 형성과 지도력 양성에 큰 바탕을 만들었다는 평가를 받더군.

당신이 1996년부터 지역 언론운동의 일환으로 시작한 '참언론 안산21'에 이어, 2009년 봄날 시작한 안산 지역 인터넷신문 '그래스루티'를 통해 당신의 꿈, 당신 삶의 목적을 일부분 이루었다고 생각해. 물론 극히 일부분이겠지만. 안타깝게도 정론·직필의 마음으로 고군분투하던 '그래스루티'를 이어갈 마땅한 임자를 아직 못 찾았어.

미국의 스콧과 헬렌 니어링 부부처럼 삶과 이별하자고, 백년해로하자고 했는데 하늘은 우리의 소망을 허락하지 않네. 언제나 내 곁에서 나의 든든한 버팀목이 되어줄 거라 생각하던 당신이 이제는 그리움이 되었고, 내게 남은 시간은 낯설고 서글프게 흘러가고 있어. 우리가 만난 지 40년, 결혼생활 38년은 그냥 함께한 세월이 아니야. 우리 둘의 뿌리까지 내려갈 만큼 긴 시간이었어. 거센 바람 몰아치던 겨울 숲에 나란히 서서 눈보라를 함께 맞았던 나무와도 같은 우리.

당신의 빈자리가 얼마나 크고 깊은지 이제야 알다니 나도 참 미련스럽지? 날이 좋아도, 날이 궂어도, 꽃이 피고 져도, 공원을 걸어도, 바람이 좋아도, 좋은 사람을 만나 수다를 떨어도 가슴 한켠이 시리고 뻥 뚫린 기분이 들곤 해. 누구에게도 설명할 수 없는 나만의 서글픔이야. 갑상선기능항진증 때문에 추위를 많이 타서 온 집 안 곳곳에 뽁뽁이를 두 겹씩 붙인 걸 보고 내가 잔소리하던 일, 2021년쯤부터 당신이 주방 살림을 맡아 요리에서 해방되던 날 만세를 불렀는데, 생의 마지막 무렵 서 있을 기운도 없는 당신 대신 다시 주방에 선 내게 당신이 잔소리하던 일도 그리워. 당신이 마지막으로 읽은 책인 《아버지의 해방일지》를 나도 들춰보며 당신을 보았어. 울고 웃고 사랑하고 실수도 하는 당신을. 이런 일상을 생각하다 보면 아픔이 솟구치고 혼자 울음을 삼키곤 해. 일상은 이렇게 강력한 힘이 있어, 어디에나 배어 있고 어디에나 스며 있으니까.

황망하게 당신이 떠난 뒤 당신의 죽음을 깊이 애도하시던 많은 분께 송구하고 감사한 마음은 이루 다 표현할 수가 없어. 당신의 이른 죽음을 안타까워하며 굵은 눈물을 흘리시던 당신 선배들의 모습을 잊을 수가 없어. 머리 희끗희끗한 초로의 남자들이 꺼이꺼이 우는 그 모습, 내게 깊이 새겨 있어.

당신이 간 뒤 정말 많은 일이 있었어 그중 몇 가지만 들려줄게.

가장 큰 변화는 4월 초, 20년 살던 보네르 빌리지와 작별하고 성포동 파크에서 윤하네와 함께 살게 된 거야. 판단이 빠르고 실행력이 뛰어난 윤하가 밀어붙인 덕에 새집에서도 살아보게 되었네. 윤하가 든든하나 성인이 되어 독립한 자식과 함께 사는 게 서로에게 녹록지 않다는 걸 매일 실감하고 있어. 이사하던 그날, 당신에게 극도의 스트레스를 주던 윤석열이가 탄핵당했어. 당신이 살아 있었다면 정말 기뻐했을 텐데.

5월, 아이들과 당신을 보러 갔잖아. 나로서는 당신과 엄마 아버지를 한곳에서 볼 수 있어서 다행이야. 엄마 아버지께서 깜짝 놀라셨을 거야. 당신이 벌써 그곳에 갔으니 말이야.

6월, 당신이 그다지 의미를 부여하지 않는 당신의 생일을 혼자 조용히 기억하며 보냈어. 당신이 좋아하는 〈첨밀밀〉의 애잔한 곡조와 함께.

7월, 해마다 내 생일에는 당신이 아름다운 꽃바구니를 보내주었는데 이번 생일엔 우리 부서 선생님들이 당신 대신 한 아름 꽃다발을 주며 축하해주었어. 송호중학교의 사랑스러운 아이들도 함께 생일 축하 행사를 준비했더라고. 나 몰래 은밀하고 거창하게 생일 파티를 준비하느라 입이 근질근질해서 힘들었대.

함께 기념할 짝꿍이 없는 결혼기념일에는 1987년 결혼식을 올린 종로2가 한일관부터 신혼살림을 차린 호계동과 가난한 우리가 가장 오랫동안 살았던 마지막 셋방 금정역 앞 할머니 다세대 주택까지 가보았지. 당신이 좋아하던 시인 백석의 〈나와 나타샤와 흰 당나귀〉를 읊으며 말이지. 책볶음 7월 모임에서 난 당신을 떠올리며 이 시를 외워서 낭송했어.

8월 31일자로 길었던 교직을 마쳤어. 정년퇴직! 당신 말대로 강철 체력인 나 아직은 팔팔해서 한 5년은 더 할 수 있을 것 같은데 그만두라니 아쉬웠어. 영어쌤 가지 말라고 아이들이 대성통곡하고 성대한 퇴임식을 치러주었다는 거 믿어지시나? 내가 자식들한텐 별로 인기 없어도 학교 아이들한텐 인기짱이었잖아. 내가 이래 봬도 노년돌이라구. 아이들은 중년돌이라고 불러주었지만 말이야.

9월, 퇴직 후 처음으로 한 일은 첫 발령 받은 학교인 방배동의 이수중학교를 찾아간 거야. 40년 전 학교 모습은 전혀 생각나지 않고 가파른 언덕길만은 또렷이 기억해. 당신과 나의 인연의 끈을 단단히 엮어준 학교잖아. 당신을 위해 몰래 불온(?) 유인물을 인쇄해 '공무원으로서의 품위 유지 의무'를 어겼다는 이유로 발령받은 지 6개월 만에 해직된 그 학교 말이야. 다음엔 긴 복직 싸움 끝에 부임한 다른 학교도 가볼 생각이야. 한 바퀴 다 돌고 나면 진짜 퇴직할 수 있을 것 같아. 나의 교직 인생을 돌아보는 순례길이라고나 할까? 태어나 지금까지 57년 동안 학교만 다닌 나로선 퇴직하면 새로운 삶을 살기로 했는데 아직은 학교 울타리를 벗어나지 못하네, 여전히 학교라니!

9월 2주 차부턴 아침 운동을 시작했어. 당신이 늘 내게 잔소리하던 운동! 1시간 반 정도 빨리 걷기와 달리기를 반복하는 거야. 요즘엔 노적봉을 오르고 있어. 처음에 가던 호수공원 가는 길보다 짧으나 오르막과 내리막, 탁 트인 풍경에 오솔길도 있어 훨씬 아기자기하고 좋아. 그 시간은 오롯이 나만의 시간, 당신에게 혼자 조잘조잘

말 거는 시간이지. 난 우리가 니어링 부부를 처음 만나 공감했던 그대로 100살까지 살아보려구 해. 당신은 나를 외롭게 만든 벌로 다시 나를 만나려면 좀 오래 기다려야 해, 앞으로 한 40년쯤!

빅 뉴스가 있어, 내년 4월이면 우리에게도 손주가 생길 거야. 지금 소연이 뱃속에서 잘 자라고 있대. 이렇게 한 세대가 가고 다음 세대가 등장하며 세계가 이어지는 거겠지.

이사 온 지 여러 달 지났는데 새집에 대만족인 윤하네와 달리 난 아직도 낡아빠진 옛집이 그립고 남의 집에 셋방살이하는 기분이 들곤 해. 나름 적응의 귀재인데도 말이야. 새집 어디에도 당신은 없어. 다만 다 비우고 남긴 몇 권의 책과 몇 개의 액자 속 사진으로만 있을 뿐. 카메라 앞에만 서면 굳어지는 당신이라 어렵사리 고르고 고른 당신의 영정 사진을 안방에 두고 매일 보며 인사하고 말을 건네곤 해. 좋아하는 수국꽃을 뒤로하고 생각에 잠긴 당신의 모습. 너무나 익숙한, 그러나 이제는 닿을 수 없는 당신!

이제 65년 세월 동안 입고 있던 육신의 옷을 벗고 고문과 고통 없는 그곳, 투사가 되지 않아도 되는 그곳에서 편히 쉬기를 빌어.

박호열 씨, 나와 우리의 아들들은 '박호열'이라는 이름을 가슴에 간직하고 씩씩하게 살아갈 테니 잘 지켜보시게.

다시 만날 때까지, 안녕!

아빠, 고생하셨어요, 사랑해요

박윤하
아들

2025년 1월 13일까지는 여느 때와 마찬가지로 또 다른 한 해가 시작되었다고 생각하고 있었다. 하지만 바로 다음 날, 아빠가 세상을 떠나면서 미처 준비하지 못한, 지금까지와는 완전히 다른 시간이 시작되었다.

어린 시절, 친구들은 아빠를 '선비'라고 불렀다. 나도 친구들의 말에 선뜻 동의하곤 했다. 실제로 그랬다. 지금도 '선비'라는 말만큼 아빠를 잘 표현하는 말이 또 있을까 싶다. 아빠는 보통의 가장과는 달랐다. 아빠는 아파트를 위해 살지도, 차를 위해 살지도, 유흥을 위해 살지도 않았다. 내가 아는 아빠는 오직 세상을 위해 살았다. 체제와 구조, 사회와 정치개혁을 위해 살았다. 당신의 건강과 수명을 돌보지 않을 만큼 헌신하면서.

금정역 앞 빌라 4층, 13평 좁은 방에서 네 식구가 살 때, 아빠는 자주 다쳤다. 남보다 쉽게 다쳤다. 출근을 준비하시던 중 일어난 일, 정강이가 나무 의자에 살짝 부딪혔을 뿐인데, 아빠의 살이 쉽게 벗겨지고 피가 흘렀다. 아빠는 자연스럽게 과산화수소를 꺼내서 상처에 거품을 내고, 거품을 닦아낸 뒤 출근하셨다. 이런 일이 거의 매일 일어났기 때문에 초등학생이었던 나도 알아챘다. 아빠는 다른 사람보다 약하다는 걸.

나중에 알고 보니 아빠에게는 건선이라는 자가면역질환 피부병이 있었다. 아주 심하게 앓고 있었다. 민주화운동, 노동운동에 전념하느라 스테로이드가 잔뜩 들어간 독한 약을 처방 없이 사용해, 부작용으로 건선이 나날이 심해졌고 합병증까지 겹쳤다. 내가 중학생 때 아빠는 말 그대로 생사의 고비를 넘었다. 엄마 말씀으로는 아빠의 온몸이 평소의 2~3배 크기로 부풀었다고 했다.

그 이후 아빠의 삶은 변한 것과 변하지 않은 것이 함께 있었다. 살아남기 위해서 하루의 절반은 건선을 다스리는 데 써야 했기에 보통의 사회생활을 하기는 어려웠다. 하지만 아빠는 그 상황에서 할 수 있는 것을 찾아서 사회에 기여하고 싶어 했다. 그래서 매일 글을 쓰고, 뉴스를 보고, 몸이 조금 회복되신 후에는 카메라를 들고 현장으로 취재를 나가셨다. 약해진 몸으로 한계는 있었을지언정, 공동체를 위해 헌신하고자 하는 태도에는 변화가 없었다.

학창 시절, 아빠의 모습은 영웅 같았다. 주변의 유혹이나 사적인 욕심에 휘둘리지 않고, 모든 시련과 고난을 정면으로 마주하면서 꿋

꿋이 한 방향으로 나아가는 영웅 말이다. '우리 아빠는 다른 아빠와 달라', '우리 아빠는 특별해'라고 믿어 의심치 않았고, 내 성격과 가치관의 상당 부분도 아빠의 영향을 받아서 형성되었다.

하지만 내 머리가 쑥쑥 자라면서, 아빠와의 갈등도 점차 커졌다. 아빠는 청렴하고 강직했지만, 당신 뜻만 내세우고 고집불통이기도 했다. 자녀와 대등한 관계를 만들고 싶어 했으나, 실제로는 권위적인 경우가 많았다. 나는 그런 모순을 보고 느끼며, 아빠에 대한 원망과 서운함을 키웠다. 심지어 아빠를 증오한다고 느낄 때도 있었다. 어느 순간부터는 아빠와의 대화와 소통을 포기하기도 했다. 한때는 '영웅'이었던 아빠가 언제부턴가 '말이 안 통하는 사람'이 되어버린 것이었다.

하지만 시간은 또 흐르고, 생각은 또 바뀐다. 나도 그랬다. 언제부턴가 아빠가 '세상을 위해 싸우는 투사'나 '정의를 위해 헌신하는 영웅'이 아닌 그저 한 명의 사람으로 느껴졌다. 아빠는 1961년에 태어나 월남한 실향민 집안의 둘째 아들로 자랐고, 알코올 중독이었던 부친 밑에서도 삐뚤어지지 않았고, 힘들고 고통스러웠던 1980년대를 외면할 수 없었던 따뜻하고 곧은 마음을 가진, 자신만의 사연과 이야기를 가진 평범한 사람이었다.

그렇게 생각하게 되니 그 시대가 슬펐고, 아빠의 삶이 가여웠다. 안쓰러웠다. 평범한 사람이 감당하기에는 너무 큰 짐을 자청해서 메고 있는 아빠가 보였다. 그런 식의 '영웅'은 그 누구도 될 수 없는 것이다. 하지만 아빠는 그 짐이 무겁다는 말도 할 줄 모르는, 어찌 보면 미련할 정도로 순수하고 곧은 사람이었다.

그런 아빠가 나와의 관계에서 권위적이거나, 독단적이거나, 고집불통처럼 느껴질 때가 있는 게 이상한 일인가? 1961년에 태어나 권위주의로 가득 찬 세상에서 힘든 유년기부터 고된 중년까지 한평생을 보냈는데 말이다. 그때부터 아빠에 대한 원망과 미움이 사라지는 게 느껴졌다. 그전까지 꽤 오랫동안 아빠와의 대화를 피하고, 얼굴을 보는 것도 멀리했는데, 이제는 그러지 않을 수 있겠다는 생각이 들었다.

하지만 삶은 우리를 기다려주지 않는다. 이제 괜찮다고, 아빠가 밉지 않다고, 나도 이제야 어른이 되어서 아빠의 삶을 있는 그대로 볼 수 있게 되었다고 채 말씀드리기도 전에 아빠가 세상을 떠났다. 장례식장에서 마지막으로 아빠를 보면서 인사를 드릴 때 꺼이꺼이 눈물을 흘리면서 아빠는 들을 수 없는 뒤늦은 위로와 사랑을 전할 수밖에 없었다.

아빠는 평생 세상을 위해 살았지만, 그 안에는 엄마와 나, 동생도 항상 포함되어 있었다. 물질적으로 풍족하지 않은 건 아무 문제도 아니었다. 정답이 없는 삶에서 아빠는 당신만의 방향을 올곧게 추구하며 살았고, 매일매일의 그 실천이 우리에게 힘을 주었다. 모든 것이 좋았다고 거짓말하고 싶진 않다. 그 어느 인생에도 달콤함만 있을 순 없으니까. 하지만 나는 뒤늦게 그 모순까지 사랑하게 되었고, 연약한 자녀로서가 아닌, 서로를 소중히 여기는 사람 대 사람으로서 아빠를 바라볼 수 있게 되었다.

그렇기에 모든 위로와 사랑은 늦지 않게 표현되어야 한다. 그러지 못했다는 사실이 내 마음속 가장 큰 아쉬움과 미련으로 남는다. 평생을 유물론자로 살아온 아빠는 동의하지 않으시겠지만, 직접 표현하지 못했던 내 마음이 이 글을 통해서 아빠에게 전해졌으면 좋겠다.

아빠, 고생하셨어요, 사랑해요.

서로가 활동의 근거이자
희망이었다

김갑곤
사단법인 경기만포럼 사무처장

저는 고 박호열 님과 1997년 전후에 만나 20여 년 이상 지역 시민사회 활동을 공유해온 후배입니다. 저는 안산에서 환경운동을 해왔으며 고인은 노동운동, 시민교육센터, 지역신문, 인터넷 언론운동을 했습니다. 각자 독자적인 활동이었으나 지역의 선후배와 시민운동의 동료로서 함께하는 시간이 많았습니다. 장기간 투병으로 재택 생활을 하기 전까지는 얼굴을 마주하면서 근무했습니다.

지역 노동운동 1세대인 고인은 노동교육 활동을 그만두고 '참언론 안산21'을 설립해 지역 언론운동을 시작했습니다. 이는 당시 민선 1기 지방자치 시대에 부응하는 것이며 수도권 신도시로 발전하는 안산 시민사회의 부흥을 찾아가는 역할이었습니다.

또한 고인은 안산YMCA와 함께 안산 '아침논단'이라는 지역 리더십 강좌 프로그램을 새롭게 개설해 독립적으로 운영했습니다. 상층 생활 정치 운동만으로는 지역을 바꾸기 쉽지 않다는 점, 풀뿌리 시민교육과 지도자 육성이 요청된다는 점, 시민사회 운동이 아래로부터 자강 자립 전략을 제시해야 한다는 문제의식에서 한 선택이었습니다.

안산 '아침논단'은 지역사회와 나라의 여러 문제에 대해 안산지역 각계각층 오피니언 리더가 지혜와 의견을 모으는 장으로서 안산 YMCA에서 제1회를 개최했고 월평균 1회씩 약 20회를 운영했습니다. 2002년 전후 고인이 열린시민교육센터 안산 '아침논단' 사무국장을 맡아 멤버십으로 운영하면서 2006년 전후까지 총 100회 정도를 개최했습니다. '아침논단' 초청 강연회의 진행 경과를 보면 안산 지역의 정치, 경제, 문화, 역사, 민생 전체를 아우르면서 전국적 전망을 담아냈습니다. 이를 통해 안산의 시민사회 형성과 여러 부문의 지도력을 양성하는데 큰 바탕을 만들었다고 봅니다. 무엇보다도 한 번도 거름 없이 100회 가까이 꾸준히 이어졌다는 것, 안산 '아침논단'이 중앙에 상응하는 지방도시 강연 프로그램으로 자리 잡았다는 것은 고인의 지도력 덕분입니다.

고인은 2008년도 광우병 사태로 촉발된 광화문 촛불 투쟁, 직접민주주의 시대를 예고하는 웹 2.0의 도래를 보며 지역 인터넷 언론 '그래스루티'를 창간합니다. 이는 더불어 살아가는 꿈과 희망의 안산 공동체를 건설하자는 모토로 권력에 기생하고, 토호의 돈에 휘둘리며, 이해집단을 위한 여론 조작에 익숙한 지역 언론의 행태를 극복해

가는 1인 뉴미디어 운동이었습니다.

고인은 '그래스루티'를 통해 광우병 촛불 항쟁에서 시작해 세월호 참사 집중 보도, 박근혜 탄핵 촛불과 2025년 윤석열 내란 극복 빛의 항쟁에 이르기까지 다양한 기사를 게재하며 18여 년간 유지해왔습니다. 시민 주주 방식으로 운영된 인터넷 언론 활동은 그야말로 풍찬노숙하는 독립군 운동이나 다름없었습니다. 지병을 안고 살아가야 했던 고인으로서 지역 언론을 끌고 가는 것은 자신의 몸과 마음을 수련하는 과정이면서 역경과 고통의 과정이었습니다.

코로나19가 시작된 즈음부터는 점점 나빠지는 자신의 몸을 돌보며 활동해야 했기에 재택 근무로 활동 방식을 바꿨습니다. 이는 마치 숲을 찾아 들어간 초월주의 운동가들이 자발적 가난을 선택한 것처럼 자신과 이 세상에 대한 뜨거운 사랑이며 헌신이 아니었나 생각됩니다.

지역운동에 있어서나 제 개인 삶에 있어서나 고인은 인생의 간난신고를 이겨내며 불타는 생의 투지를 끝까지 보여준 선배였습니다. 안산에서 풀뿌리운동을 시작했던 제가 고통에 처했을 때마다 봄볕 같은 따사로움으로 붙잡아준 선배가 그였습니다. 우리는 짜릿한 운동의 승리를 경험하지는 못했으나 운명처럼 지역 활동을 계속했고, 서로가 활동의 근거이자 희망이 되어왔습니다. 지역운동의 희망을 '노선과 이념, 계층, 계급'이 아니라 일하는 사람에게서 찾고자 했던 시간이었습니다. 이게 '노이무공勞而無功'이었는지 모르나 투병으로 지난 몇 년간 자리를 비운 고인의 책상에 놓여 있던 시구를 전하고자 합니다.

精金百鍊 出紅爐(정금백련 출홍로)

梅經寒苦 發淸香(매경한고 발청향)

"좋은 쇠는 백 번 담금질해야 붉은 화로에서 나오며,

매화는 추운 고통을 견디고 나서야 맑은 향기가 나온다."

성대 학생운동사 1980~1983년 주요 일지

1980년

79.12.5   총학생회부활준비위원회 출범.

- 11월 말 김찬(경제77), 장신규(철학77, 새문안교회), 복학생 방진영(경제74) 등이 제안하고 학내 서클, 공식 과학회 등이 결합해 총학생회부활준비위 추동.

- 12월 초에는 복학생인 방진영(경제74), 77학번인 김찬, 장신규, 최금희, 기칠능 등과 5대 서클의 민병두(무역78, 도산연구회), 강홍구(경영78, 언어문화연구회), 이정현(경영78, 휴머니스트), 이현배(사학78, 농촌문제연구회), 권선준(경제78, 동양사상연구회) 등 20여 명, 진아춘에서 총학생회준비위 결성 등 학원민주화 투쟁 논의. 김의종(법학78, 도연)을 총학생회장 후보로 추대 결정.

80.2.22   성대·서울대·이대·동대 총학생회부활추진위원회와 고대 학원자율화총연

합회, '학원민주화를 위한 공동성명서' 발표. 김옥길 문교부 장관이 밝힌 학도호국단 개선방안은 학원민주화를 향한 교수·학생의 의사를 묵살한 것이라고 비판.

2.26   긴급조치 1, 4, 9호 위반 등으로 제적됐던 장준영, 김수길, 신형철, 이기승, 유영훈, 김위경, 박영석, 김명숙, 박준승, 정원재, 성종대(경제76), 이채구 (경영78) 등 12명 복교. 3~4월 초 총학생회(4.8), 단과대학생회 등 구성.

- 총학생회장단 선거(4.8)에서 운동권의 김의종·김주희 팀, 200여 표 차이로 윤승수 팀에게 패배.

- 단과대 중 문과대(장신규), 경상대(김재훈, 경제78), 법정대(이광희, 행정 78), 이공대, 가정대(이경영, 가관78)와 총여학생회(김난희, 국문78) 장악.

- 대의원회(의장 박중원, 경제75), 서클연합회장(이정현) 등 주요 기구의 장도 확보.

3.18   문과대 학생회장 장신규 등이 주도 현승종 총장 퇴진 투쟁.

4.9   80학번 중심으로 병영집체훈련 거부투쟁 시작.

- 교련교육의 일환으로 10일간 문무대에 입소해 군사훈련을 받는 입소 거부 → 다음 입소 차례였던 서울대와 서강대를 비롯(성대가 첫 번째, 서강대가 두 번째, 서울대가 세 번째였음) 여러 대학으로 확산 → 학원민주화와 병영화 반대투쟁은 점차 '계엄 해제'와 '유신 잔당 퇴진'을 겨냥한 대대적인 정치투쟁으로 발전.

- 4.11 동국대, 서강대, 서울대, 숙대, 성대, 성신대, 숭전대, 연세대, 이대의 서울 지역 9개 대학 대표 공동성명 발표. 병영집체훈련 거부, 학원 족벌체제 비판, 언론 왜곡 보도 강력 항의.

- 4.14 입영거부긴급대책위 집행위원 김인봉(화공80)이 대구 계명대 앞에서 군사교육 반대 유인물 배포로 4.15 검거되었다가 4.23 석방됨. 1980년 최초로 경찰이 학생을 검거한 사건이며 포고령 1호 위반사건.

| 5.1 | **'병영집체훈련 거부 등'에서 '계엄령 해제 등'으로 구호 전환.** |

- 1시부터 금잔디광장에 모여 병영집체훈련을 거부한 87명에게 징병검사 통지서가 발부된 것 항의. 철회 요구하며 농성 시위 → 문과대, 법정대 등 단과대학별로 징병검사 통지서가 철회되지 않을 경우 전원 자퇴하겠다는 학생회의 선언에 따라 서명운동 전개 → 오후 3시 10분쯤 학생들은 대성로를 따라 '영장 철회', '계엄 해제' 등의 구호를 외치며 교문까지 달려나가 경찰과 세 차례나 투석전.

- 박경민(산공1) 등 36명의 학생 부상 입원, 경찰 17명 입원. 이채구, 박중원, 노동진(사학78, 학회장), 강길모(경제76, 대학원), 성종대, 장신규(문과대 학생회장), 윤승수(총학생회장), 구승완(부총학생회장), 전인권(행정78, 도연회장), 강명식(78, 동사회장), 주경민, 조규형(경영79, 동사회원) 등이 연행되고 수배당함. 10·26 이후 학원민주화 투쟁으로 학생과 경찰이 충돌한 첫 사례.

- 서울대총학생회(회장 심재철)는 5월 2일 문무대 입소 거부를 중단, 4일 응소키로 결정 → 병영집체훈련 거부투쟁 연대전선 균열.

| 5.7 | **병영집체훈련 입소를 거부하던 성대 1학년 200여 명이 영천 육군3사관학교에 입소, 성대민주제와 서울역 시위에 참여하지 못함.** |

| 5.13 | **낮 연대생 500여 명, 농성 해제 뒤 광화문 일대에서 계엄 철폐 기습시위, 첫 도심시위.** |

- 저녁 9시 성대 등 서울 시내 6개 대학의 학생 2,500여 명이 가두로 진출. 학생 다수가 연행되고, 취재기자 6명이 기동경찰대로부터 폭행당함. 시위는 1시간 30분간 계속된 후 해산. 성대, 서울대, 고대, 서강대, 숙대, 중대, 경희대, 외대생은 각각 5.14까지 교내 시위와 시국 토론회 개최.

- 저녁 10시 27개 대 총학생회장단(고대에서 모임) 대규모 평화적 가두시위 결의.

- 성대총학생회, 5.13~16일을 '성대민주제' 기간으로 정하고 성토대회, 시국 강연 등 개최. 민주제 기간 오전 수업만 받기로 결의.

5.14   **전국 27개 대학 총학생회장단, 신군부의 퇴진 시까지 전국에서 무기한 가두투쟁 및 계엄 확대 시 각 지역 거점에서 재집결 투쟁 결의.**

- 대학생 8만여 명 서울 영등포, 신촌, 청량리 등 도심 진출 시위. 오후 4시부터 비가 내렸음에도 새벽까지 시청 앞에서 시위.

5.15   **대학생 10만 명 서울역 광장 집결, 성대생 2,000여 명 교내 집회 후 낮 12시 40분 학교를 나서 혜화동로터리, 종로5가, 퇴계로를 거쳐 서울역까지 '계엄 해제' 등 구호 외치며 서울역 집결, 가두투쟁에 합류. 서울, 지방 가두시위 절정 → 서울대총학생회장 심재철 등이 10만 대오 해산을 주도.**

5.17   **21시 40분 국무회의, 비상계엄을 전국으로 확대.**

- 5.16 전국 주요지휘관회의 소집(44명 참석) '시위 진압 위해 군 투입할 것' 을 결의.

- 5.17 계엄 확대, 포고령 10호. 전·현직 국가원수 비방 금지, 정치 활동 중지, 대학 휴교 등.

- 23:00 계엄사령부, 민주인사, 복적생 등 예비 검속. 김대중 등 26명 연행.

- 24:00 비상계엄 전국 확대와 동시에 공수부대 각 대학에 진입. 학생회 간부, 복학생 대대적 체포 개시. 윤승수 등 성대생 10명을 포함 전국 170여 명 구속됨.

8.9   **이채구, 박중원, 강명식, 노동진, 강길모, 성종대, 장신규, 윤승수, 구승완 등 11명 제적. 장을병(정외), 이우성(국문), 탁희준(경제), 송상용(사학) 교수 등 4명 해직.**

9.4   **이채구, 강길모, 강명식, 김명희, 노동진 등 강제징집.**

- 9월 개강과 함께 서울대 등 중심으로 학생운동 방향을 둘러싼 논쟁 본격화…무학 논쟁.

- 선도투쟁론…분노하면서도 좌절하고 있는 대중 앞에서 학생운동이 선봉에 나서야.
- 이른바 '서울역 회군'에 대한 반성, 적극적 투쟁의 조직화 주창. 이후 학림그룹으로 발전.
- 성대는 김찬이 초기 77모임(서울대 박성현, 이덕희, 이대 홍영희 등) 참여. 흥사단 아카데미를 중심으로 78과 79학번 연대 조직 결성 시도. 성대 민병두, 최경환(사학79) 참여. 김찬은 학내 유인물 건으로 구속 후 강제징집. 성대는 78학번을 중심으로 선도투쟁론 입장에서 학내 상황 정비.

9.18   최경환, 김두일(사회79) 등이 유인물 살포, 교내 건물 벽에 페인트로 반정부 구호 씀. 10.8 연행, 10월 말 구속되어 계엄포고령 위반죄로 징역 1년 선고받음.

10.6   교내에 유인물 배포 투쟁. 이내학(기계78), 이성실(79) 등 2명 연행, 10.17 석방.

11.6   성대생 '계엄 해제', '광주학살 규명' 등 내세우며 시위. 78학번이 주도. 긴급조치 9호 이후 탄압 국면에서 이루어진 최초의 조직적인 학내시위.
- 문과대 앞에서 "불이야!"를 외치며 10분 정도 전격적 시위. 주동자 강홍구, 김동범(산공78), 이내학, 장종택(전자79), 이성실 등 6명 계엄포고령 위반죄로 구속됨. 앞 3명은 징역 2년, 집행유예 3년 선고받고 뒤 3명은 기소유예를 받음.

12.12   김두일 무기정학 후 강제징집.

1981년

1.12   신석균, 이삼용 강제징집.

1.14	김두일, 장신규 강제징집.

3.3   전두환, 임기 7년의 12대 대통령으로 취임, 제5공화국 출범.

- 80.9.1 통일주체국민회의, 전두환을 11대 대통령으로 선출. 유신헌법에 의한 선출.
- 81.2.25 대통령선거인단(5,271명), 전두환을 12대 대통령으로 선출. 5공헌법.

3.31   윤익수, 강석신, 이현배, 윤일권 등 고공시위 주도. 1981년 투쟁의 시작.

- 81.3.16 서울대 시위에 이은 1981년 봄학기 대학가 시위를 추동하는 선도투쟁.
- 학내에 사복경찰 상주하는 상황에서 시위 지속을 위해 옥상에서 시위를 선동함.
- 문과대, 경상대 옥상 등 동시다발적 시위를 통해 학생 결집. 금잔디광장 중심으로 1시간 가까이 시위. 시작 시점에 교문을 걸어 잠가 경찰 진입 방해.
- 윤익수, 이현배, 강석신 등 3명 구속. 윤일권, 박호열, 최훈열(사회80)은 도피.

4.16   민주주의 쟁취 유인물 교내 살포. '우리는 지금 무엇을 해야 하는가'라는 유인물 교내 살포. 학원 탄압 규탄.

4.30   고대 학생회관 등 건물 벽에 붉은색 페인트로 반정부 구호를 쓴 사건으로 4명 구속. 이형엽(서울공대3), 신태호(서울사회3) 이상 징역 8월, 은우근(성대 철학3) 기소유예.

5.6   최훈열 강제징집.

5.7   사회대 앞 시위. 수배 중이던 이정현, 윤일권(철학80) 등이 주도.

- '집시법, 언론기본법, 노동법 등의 모든 악법의 제정은 전두환 집단의 마각을 드러내고 있다'는 내용이 담긴 '81년 민주학우투쟁선언문'을 500여 장 뿌리며 시위.
- 이정현, 윤일권 집시법 위반으로 구속, 징역 10월 선고.

| 5.12 | 고공시위, 동대문경찰서 앞까지 진격. 심재환(경제78), 권선준, 손중양(철학79), 이정우(전자78) 등. 5공 들어 첫 번째 대학가 가두 진출로 5월 광주 투쟁을 선도. |

- 교수회관과 가정대 건물 옥상에서 '5월 광주사태를 기억하자'는 플래카드를 걸고 '학우여, 반파쇼 투쟁의 대열로 나서자'라는 유인물 살포.
- 5월 14~27일을 광주 희생자 위령 기간으로 정해 민주화대제전에 임할 것 선포.
- 500여 명은 종로4가 동대문경찰서 앞까지 진출. 경찰과 충돌해 학생 상당 수 부상.
- 10명 연행. 권선준, 박호열(금속80), 이정우 3명은 징역1년, 심재환, 손중 양, 김안희(사학80) 3명은 징역 10월 받음.
- 서범석(사회80), 김종박(산심79), 정병진(무역79) 3명은 7일 구금에 벌금 1만 원. 백일석(영문80)은 7일 구금에 5일 구류. 오영수(경제80), 김병노(경제78), 김병덕(정외80), 이충섭(경제80) 4명은 집시법 위반으로 구류 선고받음.

6.23	김병덕 강제징집.
6.30	오영수 강제징집.
7.14	5·7시위 배후조종 혐의로 이정현, 윤일권 구속됨.
7.23	전학련, 전노련 사건.

- 5·17 이후 학생운동 내에서 선도투쟁론과 현장준비론이 대립하는 가운데 1980년 가을부터 선도투쟁론 주장하던 흥사단 아카데미 그룹 중심으로 구축된 대학 간 연계조직 피검.
- 이 사건으로 민병두(징역·자격정지 2년), 최경환(사학79, 징역·자격정지 1년6월) 구속. 조원민(산공79), 함동명(건축79) 등 연행 조사 후 일부는 강제징집.

448

- 노동현장 활동 중이던 길문숙(낙농76, 협성전자) 전민노련 사건으로 수배.

7.28	주경민 강제징집.
9.22	율전캠퍼스 반정부 구호 벽서사건. 건물 외벽에 붉은색 스프레이로 구호를 쓴 사건으로 황용훈(물리80), 정병근(수학80) 연행됨.
10.1	율전캠퍼스 '학원민주화를 열망하는 수원 형제에게' B4 2쪽 유인물 살포.
10.2	교내 시위 '주구 파쇼 이규호(문교부 장관)는 자폭하라', '막대한 외화를 들이는 스포츠 중계를 즉각 중지하라'는 등의 격렬한 구호를 외치며 시위.
10.6	공대팀 중심으로 율전에서 교내 시위. 파쇼 타도와 이규호 장관의 퇴진을 요구하는 등의 유인물 '반파쇼 학원민주화 선언'을 살포하며 플래카드를 들고 1,000여 명이 시위. 김인봉, 윤부철(기계78), 김형기(섬유3), 김광중(섬유80) 등 집시법 위반으로 구속되어 각각 징역 1년을 선고받고 1982년 8월 24일 만기 출소. 함동명은 이후 배후로 구속됨.
10.7	교내 시위. 명륜캠퍼스 시위. '반파쇼 학원민주화 선언' 유인물을 뿌리며 사이렌을 울려 학생들을 집결시킨 후 구호 등을 외치며 시위. 권정호 징역 2년, 차종채(경영78), 염석종(신방79), 김현국(경영79), 이충섭, 고대영(무역79) 등은 징역 1년6월 선고.
10.20	이정학, 허상필 강제징집.
11.10	김종선 강제징집.
11.11	율전캠퍼스에서 율전역에 이르는 도로변에 반정부 유인물 살포. 정종덕(기계80) 1982년 1월 30일 구속, 징역 1년을 선고받고 만기 출소.

1982년

1.13	총장과 교수들에게 반정부 유인물 우송하고 교내에도 살포. 김현철(무역

79, 징역 1년), 정상호(경제80, 징역 1년6월) 집시법 위반으로 구속.

1.16	노시균 강제징집.
2.9	이성실 강제징집.
4.19	4·19기념탑 대학 연합시위, 유인물 살포 미수.

- 장종택, 유병진(신방79)이 수유리 4·19기념탑 대학 연합시위를 위해 준비한 반정부 유인물을 가방에 넣어 이동 중 기념탑 앞에서 경찰 검문에 발각되어 체포됨. 장종택은 휴가 중인 군인 신분이어서 국가보안법과 집시법 위반죄로 징역 및 자격정지 3년형을, 유병진은 집시법 위반죄로 징역 1년 형을 선고받음.

5.10	교내 시위. 김종박, 정병진, 허태곤(사학79, 징역 10월), 김위선(교육80) 등이 낮 12시경 대학원 건물 옥상(5층)에서 메가폰으로 구호를 외치며 '민주화를 향한 투쟁 선언문' 200여 장 살포. 문과대 앞 등 교내 여러 곳에서 오후 1시를 넘기며 시위 진행.
6.1	최연희(농경80) 강제징집.
9.2	'민주 학우여, 역사는 부른다'라는 제목의 유인물 교내 살포.
9.3~15	3일 학내 금잔디광장 시위.

- 13일 성균관대의 예산 문제와 관련, 유학대 학생장을 구타한 총단의 폭력 사태에 대해 유학대생 150여 명이 구호를 외치며 총단의 사퇴와 공개사과를 요구하며 시위.

- 14일에도 문과대 총회의 결의에 따라 학원민주화, 일본 교과서 왜곡 문제 규탄, 폭력 총단과 어용교수 사퇴 등을 담은 선언서 '한국의 자유와 민주주의를 위하여'를 발표한 뒤 시위.

- 15일 사회과학대도 총회 개최 후 학원민주화, 폭력 총단 공개사과, 한일관계 등에 관한 선언문을 채택한 후 유학대, 문과대, 경상대, 사회과학대생 3,000여 명이 시위.

9.22	교내 시위 전개. 이어서 이화동사거리까지 300여 명 가두시위.
	- 고진두(독문77), 이재연(통계79), 이건수(독문80), 채정자(사학80)가 낮 12시 50분경 문과대 앞에서 '반독재 투쟁 선언'을 뿌리며 시위. 처음 200여 명의 학생이 호응하였고 주동자가 체포되었음에도 흩어지지 않은 채 금잔디광장으로 옮겨간 시위는 인원이 1,000여 명으로 크게 불어나 1시 반경까지 이어짐. 3시경 명륜다방 앞에서 300여 명의 대오를 형성, '전두환 독재정권 타도' 등의 구호를 외치며 이화동사거리까지 거리시위. 1981년 5월 12일 가두시위에 이어 두 번째로 성균인의 강고한 면모를 보여준 투쟁.
9.24	범대학 가두투쟁, 일본 교과서 왜곡 규탄 연대투쟁.
	- 오후 4시경 (성균관대, 서울대, 고려대 등) 학생 1만여 명의 명동YWCA 앞 시위를 시작으로 남대문, 시청, 종로2가 허리우드극장 등을 돌며 밤 10시경까지 6시간 이상 도심 시위.
10.5	율전캠 교내 시위.
	- 학생식당 안에 유인물을 뿌리며 운동장으로 집결. 식당 옆 건물 옥상에서도 유인물을 뿌리고, 맞은편 건물에 플래카드를 걸고 구호를 외치며 200여 명이 2시간 동안 시위를 계속하여 나중에는 1,000여 명으로 늘어남.
	- 조원민(징역 1년), 홍순주(생물79, 징역 1년), 황용훈(징역 1년), 안성대(전자80, 구류 15일), 천봉기(건축81, 구류 15일), 유인선(농기계80, 구류 12일).
10.11	서강석(사학80) 강제징집.
11.2	교내 시위, 종로5가 진출 경찰과 투석전.
	- 정오 무렵 대학원 건물 3층에서 구호를 외치며 시위를 시작해 경상대 앞에서 스크럼을 짜고 시위. 100여 명은 종로5가 쪽을 향해 가두시위를 벌여 경찰과 투석전. 조재봉(신방79), 김현호(사학79), 정상윤(신방80) 집시법 위반으로 각각 징역 1년 선고.
11.3	학생의날을 맞아 종로연합 가두시위 전개.

- 이날 성대생 400여 명 연행되고 김용민(무역79) 등이 구속됨. 김현철(수
교), 이기옥(역철), 이주열(수교), 황호식(사회) 등 4명은 이후 강제징집됨.
이날 역사철학 계열에 입학해 1982년 인문과학연구회 회장이 된 81학번
이윤성 연행되고 11월 6일에 강제징집됨. 보안사의 프락치 강요 공작을 당
하다 1983년 5월 4일 의문의 죽임을 당함.

11.6	고정범, 김돈하, 김승진(81정외), 김영수(정외80), 김철웅, 박기욱, 설명기, 유성철, 이덕규, 이용진, 이윤성, 이종식, 이종일, 조병희(유학81), 조희도(국문), 최주열(경제), 남규만(철학81), 이상우(공학), 이창진(교육) 강제징집.
11.10	장중수 강제징집.
11.12	김진태 강제징집.
11.17	교내 시위. 안성대와 유인선 시위 주동으로 구속. 최성중(낙농81) 구속, 전경희(화학80) 등 4명은 구류 7일 받음.
11.24	백일석 강제징집.

1983년

1.19	윤보선 강제징집.
2.9	도병삼 강제징집.
3.9	김용식 강제징집.
3.22	학내 시위.

- '학원 탄압 즉각 중지하라', '졸업정원제 폐지하라', '강제입영 중지하라', '대
일종속 시정하라' 등의 구호를 외치며 '83 민주학우 대정부 투쟁선언', '전
두환 독재정권 타도하라' 등의 유인물 뿌리며 약 3시간 동안 시위.
- 문과대 건물 안, 동시에 경상대에서 100여 명이 유인물 살포와 투쟁가를

부르고 스크럼 대형으로 밀고 나오며 시위를 벌임. 중앙도서관 베란다에서 이헌필(도서관80)이 메가폰을 들고 서창호(도서관81)는 횃불을 들고 구호 외침. 경찰은 소화기를 쏘아대며 연행. 이 시위 과정에서 목영대(독문81)는 기관원이 던진 돌에 맞아 안면 손상 한 달간 입원 치료, 손정진(산심80)은 돌에 맞아 10바늘 이상 꿰맴, 이계만(독문2)은 머리가 찢어지는 부상당함. 남봉우(중문80, 징역 3년), 홍갑표(사학80, 징역 2년6월), 김대영(중문80, 징역 2년6월), 서한석(철학81, 징역 2년6월), 서창호(징역 2년), 이헌필(징역 2년), 김성한(정외81, 징역 2년), 한상철(사학80, 징역 1년6월), 이근덕(사학80, 징역 1년6월), 김용기(신방79, 징역 1년6월) 받음.

3.30	감일근, 고현덕, 정화용(낙농) 강제징집.
3.31	박경식(국문81) 강제징집.
4.2	공춘성, 김순호(정외81), 김현동(사회81), 박경식, 박현동, 신중선, 이의근, 기찬석(역철), 이희영(신방) 강제징집.
4.8	김학철, 방은호, 이종인, 최정선(기계) 강제징집.
4.16	나석만, 남준기, 임만혁 강제징집.
4.18	권호(토목공학80) 강제징집.
4.20	이용성(81) 강제징집.
4.21	임종명(경제81) 강제징집.
5.18	율전역 앞 가두시위. 전경과 치열한 투석전. 이 시위로 문교부는 5월 21일 〈학원 질서의 확립 촉구〉라는 경고서한을 발송하고 학생처장, 사무총장 경질함. 전경희, 박경희(약학80), 엄주범(화공80), 김봉태(화공80, 83.4.1 제적), 배기홍(금속81, 83.2.22 제적) 구속.
5.23~24	여학생 주도 학내 시위(여학생만의 시위팀은 비여대에서 처음). 23일 제일 먼저 1시에 김희순(사학80)이 경상대에서, 고미경(생미80)과 오경희(교육80)는 교수회관 옥상에서, 조해정(철학80)이 대학원 뒤쪽에서 시위 주동.

시차를 두고 오후 2시 30분에는 윤인숙(독문80)이 나섬. 그날 오후 원유미(의상80)가 아세아극장 앞에서 투쟁을 이끌었고 다시 24일 윤인숙과 함께 경상대 앞과 중앙도서관에서 시위 주동. 조해정, 오경희, 김희순, 원유미, 윤인숙 각각 징역 1년6월 고미경은 징역 1년 선고받음.

5.23   김동완, 황명래 강제징집(81학번 이 둘은 5·18시위 주동자인데 규모 축소 위해 구속 대신 강제징집).

5.25~26 교내외 시위. 이날 시위는 학교 밖에서 먼저 최동(국문80)이 대오를 이끌어 교문을 지키던 경찰을 공격하면 수선관에서 서민원(행정80)이 뜨고, 경찰 병력이 양쪽으로 분산되는 사이에 교수회관 굴뚝 위에서 손정진이 전성호(경제81)와 함께 메가폰을 잡는 작전. 계획은 순조롭게 되어 금잔디광장에서 대성로까지 장악했고 경찰이 학내에서 밀려남. 오후 늦게 200여 명이 길음시장에서 다시 시위 이어감.

        〈구속자〉 하근철(정외80), 서민원, 이화영(사회81), 나한훈(국문80), 서범석, 손정진, 최동, 전성호, 목영대.

5.31   김성한, 맹민호, 안원수, 정창홍(토목공학) 강제징집.

6.1   김영봉(금속80) 강제징집.

6.3   이덕구 강제징집.

6.7   맹강현 강제징집.

6.16   교내외 시위.

        - 6월 16~18일 축제를 총단과 단대, 서클의 주도하에 개최하기로 했으나 학교 측이 소비 지향적인 프로그램으로 변경하고 서클 행사를 제지하자 '어용축제 거부한다' 등의 구호를 외치며 시위.

7.23   정재의(전자) 강제징집.

7.27   박기혁 강제징집.

8.19   권태경, 이경식, 조동일(조경), 유근정(중문), 이기호(금속), 정옥현(수학),

정욱수(경제) 강제징집.

8.20   심효섭 강제징집.

8.22   한근수(통계82) 강제징집.

8.23   강호준(정외82) 강제징집.

8.24   김재석 강제징집.

8.26   윤호희(경제) 강제징집.

9.1   박태혁(경제) 강제징집.

9.26   교내외 시위.

- 12시 40분경 문과대 분수대 앞에서 김남호(경영80)가 '군부독재 타도하자' 구호를 외치며 시위를 선도하고, 민혜숙(가관80)이 문과대 강의실과 복도에서 유인물 500여 장을 뿌리고 '독재 타도' 구호를 외치며 시위를 시작. 이어서 도서관 옥상에서 박동규(경제80)와 허동혁(산심80)이 '학원민주 정치민주' 플래카드를 걸고 '전두환 타도하자' 구호를 외치며 유인물을 뿌리며 시위. 고지환(법학80)은 혜화동로터리 고압선 철탑에 올라 '독재 타도' 구호를 외치며 시위 주동. 이후 거리시위 계속됨. 다수의 학생 연행되었다가 강제징집 당함.

〈구속자〉 고지환, 허동혁, 김남호, 박동규, 민혜숙은 징역 1년6월 선고받고 복역하다 1984년 3월 2일 형집행정지로 석방됨.

〈강집자〉 천명광(산심81), 서필봉(문정81), 황종현(행정81), 한형모(81), 이기춘(사학82).

10.5   김도형, 위두환, 이재득, 정화운(산공), 조제현(금속) 강제징집.

11.2   율전의 진세욱(농경80), 한덕권(금속80), 이순임(농경80) 시위 주동.

11.9   문과대 3층 강의실에서 쇠파이프 휘두르며 '시대의 양심은 죽었는가'라는 구호 외치고, '민주의 겨울을 깨는 함성'이라는 제하의 반정부 유인물 300여 장 뿌리며 문과대, 경상대 앞 시위. 황운성(유학80), 김현수(사학80), 이종

무(독문80), 김태연(행정80), 정종승(사회80).

11.11	문과대 건물 1층 복도에서 반정부 유인물 50여 장을 뿌리며 시위. 김희종 (신방81) 구속, 징역 1년6월 선고.
11.18	최동호(기계) 강제징집.
12.21	문교부, 1980년 5·17 이후 '학원 사태'로 제적된 대학생 1,363명에게 전원 복교 허용 발표.
	- 문교부 발표 주요 내용: '개전의 정이 뚜렷한 사람'에 대해 1984학년도 1학기를 기해 복교 허용. 학생 지도 방향 전환, 학원 사태 일으키고 면학 방해한 학생들도 획일적 처벌보다 예방과 선도에 주력.
12.22	학원 시위, 광주민주항쟁 등 관련자 사면, 형집행정지, 복권 실시. 1,765명 특사로 석방(대학생 131명 포함).
12.27	11·9시위로 구속됐던 김현수 징역 1년에 집행유예 2년으로 석방.

80학번 구속자 명단

번호	이름	학과	구속일자	형
1	윤일권	철학과	1981년 3월 31일	징역 10월
2	박호열	금속공학과	1981년 3월 31일	
			1981년 5월 12일	징역 1년
3	김안희	사학과	1981년 5월 12일	징역 10월
4	김인봉	화학공학과	1981년 10월 6일	징역 1년
5	김광중	섬유공학과	1981년 10월 6일	징역 1년
6	이충섭	경제학과	1981년 10월 7일	징역 1년6월
7	정종덕	기계공학과	1981년 11월 11일	징역 10월
8	정상호	경제학과	1982년 1월 13일	징역 1년6월
9	김위선	교육학과	1982년 5월 10일	징역 8월
10	이건수	독어독문학과	1982년 9월 22일	징역 1년
11	채정자	사학과	1982년 9월 22일	징역 1년
12	황용훈	물리학과	1982년 10월 5일	징역 1년
13	정상윤	신문방송학과	1982년 11월 2일	징역 1년
14	안성대	전자공학과	1982년 11월 17일	징역 1년6월
15	유인선	농기계학과	1982년 11월 17일	징역 1년6월
16	남봉우	중어중문학과	1983년 3월 22일	징역 3년
17	홍갑표	사학과	1983년 3월 22일	징역 2년6월
18	이헌필	도서관학과	1983년 3월 22일	징역 2년
19	한상철	사학과	1983년 3월 22일	징역 1년6월
20	이근덕	사학과	1983년 3월 22일	징역 1년6월
21	전경희	화학공학과	1983년 5월 18일	징역 1년6월

22	박경희	약학과	1983년 5월 18일	징역 1년6월
23	엄주범	화학공학과	1983년 5월 18일	징역 2년6월
24	조해정	철학과	1983년 5월 23일	징역 1년6월
25	고미경	생활미술학과	1983년 5월 22일	징역 1년
26	오경희	교육학과	1983년 5월 23일	징역 1년6월
27	김희순	사학과	1983년 5월 23일	징역 1년6월
28	원유미	의상학과	1983년 5월 23일	징역 1년6월
29	윤인숙	독어독문학과	1983년 5월 23일	징역 1년6월
30	하근철	정치외교학과	1983년 5월 25일	징역 3년
31	서민원	행정학과	1983년 5월 25일	징역 3년
32	나한훈	국어국문학과	1983년 5월 25일	징역 3년
33	서범석	사회학과	1983년 5월 25일	징역 3년
34	손정진	산업심리학과	1983년 5월 25일	징역 2년6월
35	최동	국어국문학과	1983년 5월 25일	징역 1년6월
36	고지환	법학과	1983년 9월 26일	징역 1년6월
37	허동혁	산업심리학과	1983년 9월 26일	징역 1년6월
38	김남호	경영학과	1983년 9월 26일	징역 1년6월
39	박동규	경제학과	1983년 9월 26일	징역 1년6월
40	민혜숙	가정관리학과	1983년 9월 26일	징역 1년6월
41	진세욱	농경제학과	1983년 11월 2일	징역 1년6월
21	한덕권	금속공학과	1983년 11월 2일	징역 1년(집행유예 3년)
43	이순임	농경제학과	1983년 11월 2일	징역 1년(집행유예 3년)
44	황운성	유학과	1983년 11월 9일	징역 1년(집행유예 3년)
45	김현수	사학과	1983년 11월 9일	징역 1년(집행유예 2년)
46	이종무	독어독문학과	1983년 11월 9일	징역 1년6월

| 47 | 김태연 | 행정학과 | 1983년 11월 9일 | 징역 1년6월 |
| 48 | 정종승 | 사회학과 | 1983년 11월 9일 | 징역 1년6월 |

80학번 강제징집자 명단

번호	이름	학과	구속일자
1	최훈열	사회학과	1981년 5월 6일
2	김병덕	정치외교학과	1981년 6월 23일
3	오영수	경제학과	1981년 6월 30일
4	최연희	농경제학과	1982년 6월 1일
5	서강석	사학과	1982년 10월 11일
6	김영수	정치외교학과	1982년 11월 6일
7	백일석	영어영문학과	1982년 11월 24일
8	권호	토목공학과	1983년 4월 18일
9	김동완	조경학과	1983년 5월 23일
10	황명래	조경학과	1983년 5월 23일
11	김영봉	금속공학과	1983년 6월 1일
12	이용운	유학과	1983년 가을

1980 서울의 봄, 그 후

성균관대학교 민주동문회 80학번

펴낸날	2025년 12월 15일
펴낸이	김남호
펴낸곳	현북스
출판등록일	2010년 11월 11일	제321-2010-333호
주소	서울 영등포구 양평로 157, 801호
전화	3141-7277
팩스	3141-7278
홈페이지	www.hyunbooks.co.kr

편집위원	민병래 위원장, 이희용, 원유미, 김인봉, 오경희, 김남호 위원
편집	심은정
디자인	페이지제로

ISBN 979-11-5741-452-9 03300